AF474166

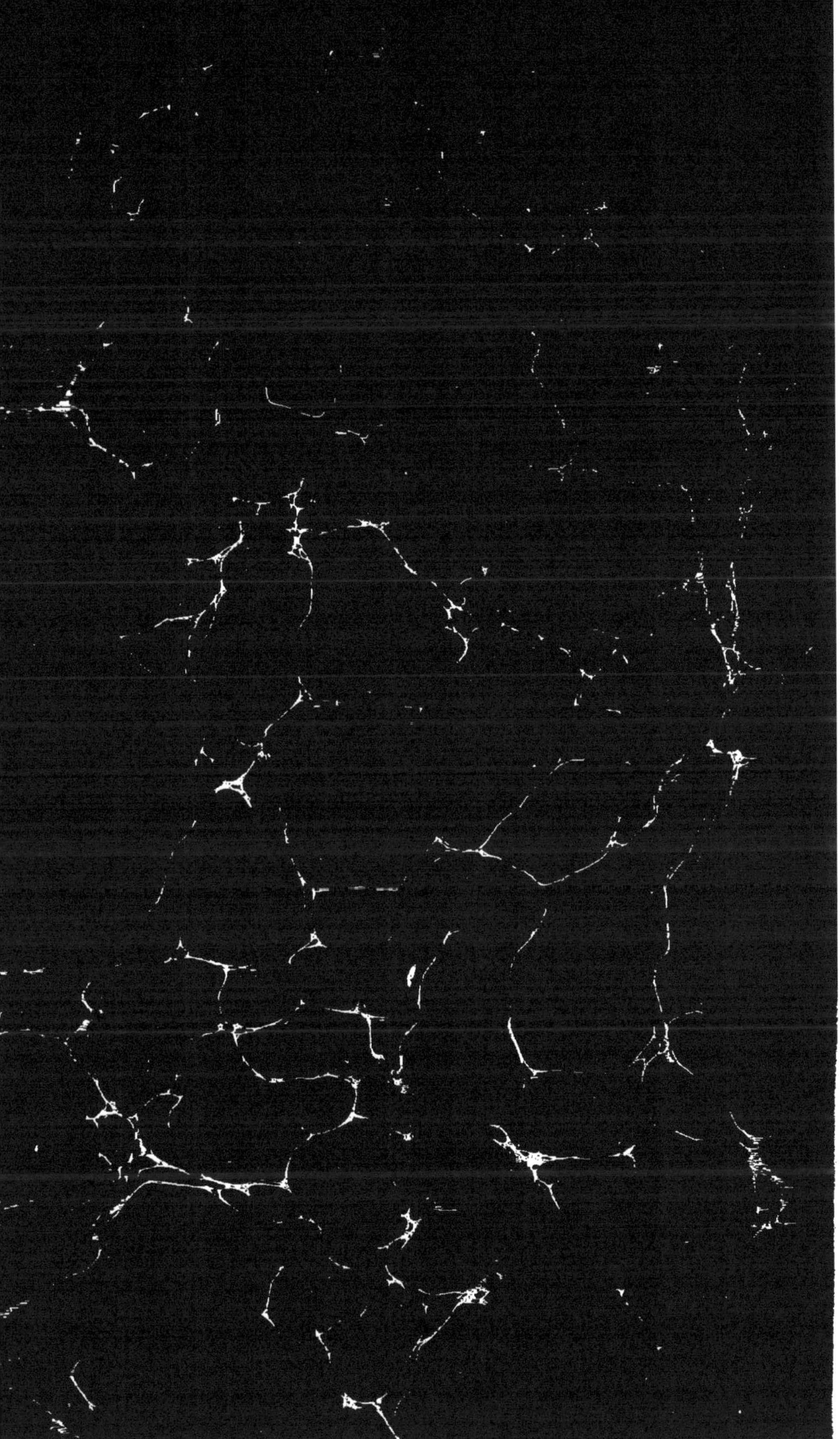

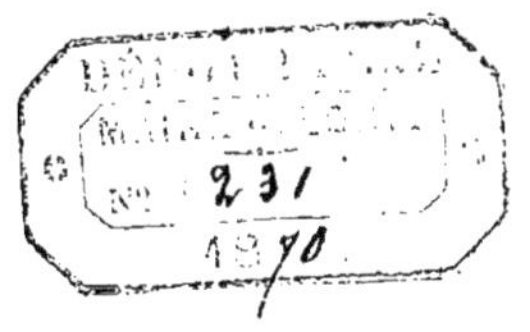

ESSAI

SUR

LA TERREUR EN ANJOU.

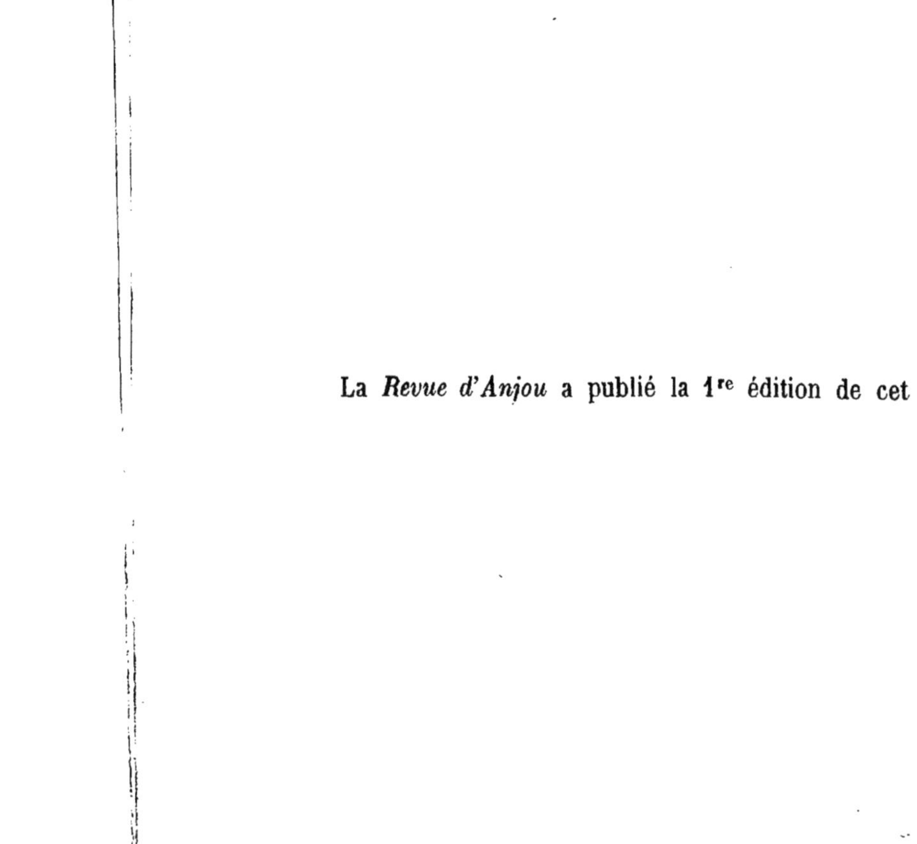

La *Revue d'Anjou* a publié la 1re édition de cet

ESSAI

SUR

LA TERREUR

EN ANJOU

Par M. CAMILLE BOURCIER

PRÉSIDENT A LA COUR IMPÉRIALE D'ANGERS.

DEUXIÈME ÉDITION.

ANGERS

E. BARASSÉ, IMPRIMEUR-LIBRAIRE-ÉDITEUR

Rue Saint-Laud, 83.

PARIS

DIDIER, LIBRAIRE

35, Quai des Augustins, 35.

PARIS

J.-B. DUMOULIN, LIBRAIRE

13, Quai des Augustins, 13.

1870

ESSAI

SUR LA

TERREUR EN ANJOU

> Il faut garder fidèlement ces douloureux souvenirs; les hommes vaudraient infiniment mieux qu'ils ne valent, s'ils avaient toujours présente à l'esprit la vive image des iniquités et des douleurs qui ont rempli leur histoire, et le mal ne reparaîtrait pas si aisément, s'il n'était pas si vite oublié : la terreur révolutionnaire, etc., etc.
>
> (GUIZOT, *Méditations sur l'état actuel de la religion,* t. II, p. 114.)

INTRODUCTION.

Les révolutions les plus légitimes, celles qui répondent le mieux aux aspirations les plus impérieuses et aux plus nobles instincts, sont toujours une crise redoutable, un moyen extrême pour un peuple de revendiquer ses droits méconnus, et auquel il ne doit recourir qu'après avoir épuisé tous ceux que lui fournit la loi ; mais quand la charte de ses droits et de ses devoirs a été violemment lacérée ; quand l'arbitraire et la tyrannie ont pris audacieusement la place de la justice et de l'équité, la protection de la loi lui faisant défaut, il fait appel aux armes et s'insurge contre le pouvoir. Cet appel était-il nécessaire dans toutes les révolutions dont nous ou nos pères nous avons été les témoins ou les acteurs ? N'y en a-t-il pas qui pouvaient être prévenues par de prudentes mesures et de loyales concessions ? Toutes au moins, une fois effectuées, ne pouvaient-elles rester pures de crimes odieux et de sanglantes exécutions? L'Assemblée Constituante, par exemple, composée de l'élite de la nation, imbue des sentiments les plus généreux, avait déjà opéré de grandes réformes, lorsque, par une erreur et un désintéressement qui l'honorent, mais que l'histoire n'approuve pas, elle crut devoir interdire la réélection de ses membres : c'était exclure de l'Assemblée législative ceux que les provinces avaient choisis parmi la noblesse, le clergé et le tiers-état, et jugés les plus éclairés, les plus dignes d'exprimer leurs doléances et de faire droit à leurs vœux. C'était une faute immense. Qui sait, en effet, ce qu'il fût advenu sans cette abnégation inopportune? Une conciliation était-elle impossible entre les Français et l'un de leurs meilleurs rois ? Et si cette entente désirable se fût réalisée, que de forfaits, vraiment inouïs dans les annales du monde civilisé, eussent alors été épargnés à la France! Ce ne fut qu'après de longues souffrances que, pénétrée de la honte de sa dégradation morale, et se sentant digne de meilleures destinées, elle ne songea plus qn'à se jeter dans les bras d'un chef, dont le génie la relevât de cette déchéance : ce chef se révéla les 13 vendémiaire et 14 brumaire par son audace, son coup d'œil et sa rapidité d'exécution. A partir de ce moment, l'anarchie fut vaincue, et l'ordre rétabli ; mais pour être juste, il faut bien reconnaître que le souvenir des saturnales qu'on venait de traverser fit oublier vite les principes sacrés proclamés en 89 ; les populations, soulagées de tant de misères, se laissaient doucement enivrer par l'enthousiasme, aveugler par l'éclat des victoires, et menaient insouciantes et joyeuses, dans la sécurité dont elles jouissaient, le deuil de nos libertés naguère si péniblement conquises ; mais cette ère de gloire et d'oppression ne pouvait durer : l'abus de la force, la lassitude, l'épuisement avaient envahi les âmes; des sujets dévoués retirèrent leur affection au héros qui avait sauvé la France, et ce grand homme, devenu plus grand encore par ses malheurs, expia cruellement sur un rocher sa gloire et ses fautes.

Un sage monarque monta sur le trône après lui; il vécut trop peu d'années, et n'eut pas le temps d'accomplir son œuvre de rapprochement et de consolidation.

Son frère, roi chevaleresque, mais peu éclairé, n'ayant rien retiré des enseignements de l'exil, méconnut profondément l'esprit de son temps : il proposa des lois politiques et religieuses qui nous ramenaient à un siècle en arrière; elles émurent vivement cette jeune génération des écoles toute pénétrée des idées libérales puisées par elle dans l'étude sérieuse de l'histoire, dans les discussions à jamais mémorables des deux chambres de la Restauration, et dans les leçons de ses maîtres illustres et vénérés, Royer-Collard, Guizot, Villemain et Cousin.

De fatales ordonnances furent publiées le 25 juillet 1830. Cette œuvre insensée, ce défi audacieux ne pouvaient avoir une issue douteuse : après quelques jours d'une lutte sanglante, la dynastie des Bourbons reprenait tristement le chemin connu de l'exil.

Moins de vingt ans s'étaient écoulés, et comme si c'était une nécessité, pour notre mobile pays, de renouveler son gouvernement à des périodes déterminées, la branche cadette était réduite à se réfugier sous un ciel étranger. Celle-là n'a pas violé ses serments : elle a commis des fautes, sans doute, mais quel est le gouvernement qui n'en a commis! C'est pour ces fautes, dont l'impartiale histoire jugera la gravité, qu'elle a été renversée par un choc inattendu, et s'est éloignée lentement aux faibles échos des cris, oubliés depuis longues années, de *Vive la République !*

Je ne veux point raconter l'histoire du gouvernement provisoire, ni de la présidence : je dirai seulement que du jour où s'éleva un conflit sérieux entre une assemblée composée d'opinions et d'éléments si divers, et le chef de l'Etat, il n'était douteux pour quiconque avait sérieusement interrogé les annales du passé, que le conflit se terminerait à l'avantage du profond politique, cachant avec art ses grands desseins, bien résolu à ne pas abdiquer devant une chambre désunie, et à ne pas laisser retomber la France, que son nom seul rassurait, dans les déplorables excès de la licence et de l'anarchie; je crois intimement à l'intervention de la providence dans la direction des affaires humaines, et, suivant ma conviction, le second empire était devenu, dans les évolutions diverses que nous avions subies, aussi nécessaire que l'avait été le premier : les journées de juin, l'ouverture des clubs, leurs étranges et sauvages théories, les cérémonies bizarres renouvelées de celles de la grande révolution, n'ont point été étrangères à l'avénement de Napoléon III et à l'immense majorité des voix qui l'ont acclamé, de même que le couronnement de Napoléon Ier s'explique par les sentiments d'aversion et de dégoût qu'avaient laissés dans les esprits le règne de la populace, les maximes du comité de salut public et du jacobinisme, se traduisant par le meurtre et les scènes atroces de 93.

On m'adressera, je m'y attends, le reproche banal d'évoquer le spectre rouge, afin d'effrayer les faibles imaginations par des scènes devenues impossibles : tel n'est point mon dessein. Je sais que, dans le domaine de l'histoire, les mêmes causes ne produisent pas invariablement les mêmes effets, à la différence de ce qui se passe dans le domaine des sciences physiques : les tableaux qui représentent les grands événements de la vie d'un peuple varient à l'infini ; et par ce qui s'est fait un jour, il serait bien téméraire de vouloir prédire ce qui se fera un autre jour ; mais ce que je sais aussi, c'est que des passions ardentes inassouvies, des convoitises brutales et destructrices s'agitent dans les bas-fonds de nos sociétés : les plus confiants dans l'avenir ne peuvent rester indifférents aux leçons édifiantes des professeurs du *Pré-aux-Clers,* de la *Redoute,* etc., etc. Je dis qu'il ne serait pas d'une sage politique de regarder avec dédain et comme de nulle importance ces appels insolents à l'abolition de la propriété, de la religion, et à l'assassinat. Si ces doctrines devaient jamais triompher, je ne puis affirmer que ce que l'on a vu déjà, nous le verrions encore, mais à coup sûr elles amèneraient de grands malheurs et de grands crimes.

C'est le produit de ces abominables doctrines, si persévéramment mises en pratique dans nos contrées, que j'ai pour but de faire connaître. Ce travail n'a rien de nouveau, mais il sera plus complet que ceux qui ont paru jusqu'à ce jour, pour ce qui regarde l'Anjou : il se réfère, sur beaucoup de points, à des actes qui ont reçu dans le temps la plus grande publicité, à des jugements affichés à un nombre considérable d'exemplaires ; il reproduit des documents que contient en partie l'ouvrage de M. Berriat-Saint-Prix sur *la Justice révolutionnaire ;* des extraits des délibérations du comité de surveillance d'Angers, de sa correspondance avec les généraux de l'armée de l'Ouest, les représentants du peuple, les autorités du département. J'ai consulté principalement les volumineux dossiers de la justice révolutionnaire, confondus sans ordre aucun dans la poussière d'un greffe, comme papiers sans importance et sans valeur. J'ai passé de longues et pénibles heures à dépouiller ces procédures, horribles témoignages d'une époque, qui, je puis le dire, n'a de précédent chez aucun peuple ; il m'a fallu une patience persistante pour débrouiller ce fatras sanglant ; plus d'une fois, saisi d'un immense dégoût, j'ai été sur le point de laisser là l'œuvre entreprise : j'y rencontrais d'ailleurs d'énormes difficultés par rapport à la précision des chiffres des incarcérations et des exécutions. On peut en juger par la lettre du 3 thermidor an II ; le comité révolutionnaire écrivait à l'agent national du district d'Angers :

« Nous nous occupons sans relâche des recherches nécessaires à » la confection des tableaux que tu nous a adressés hier ; leur in- » exactitude rend cette opération très-difficultueuse : nous avons » renvoyé aux Carmélites celui de cette maison, pour y faire ajouter » les dates des incarcérations, et par ce moyen accélérer notre tra- » vail, etc. »

Follenfant, officier municipal et de police, déclare au comité, le 12 brumaire an III, qu'il a demandé différentes fois au concierge des prisons une liste des prisonniers soit noyés, soit fusillés, et ce, pour constater l'état civil et les droits des héritiers ; qu'on lui répondait « que la commission militaire et le comité révolutionnaire promet- » taient d'en donner l'état, ce qui n'a jamais été effectué malgré les » différentes réclamations qu'il a faites, etc. »

Joseph Trotouin, administrateur du Calvaire, déclare, le 21 prairial an III, au juge du district, Macé Desbois, « que, dans la prison, » la confusion était portée au dernier degré. La commission militaire » avait reçu, à la fin de pluviôse, des certificats favorables à plusieurs » femmes. Le 3 ventôse, elle fit demander six de ces femmes, dont » il donne les noms, pour les mettre en liberté ; elles avaient été fu- » sillées le 29 nivôse, deux ou trois jours après la visite des mem- » bres du comité révolutionnaire. »

Trotouin avait maintes fois signalé les excès et les horreurs qui se commettaient sous ses yeux : il fut dénoncé par Desmarchais, maréchal des logis de gendarmerie, pour avoir dit que la commission militaire avait seulement pris le nom de quelques détenus, et les avait envoyés de suite à la fusillade sans les interroger, etc.

Trotouin, arrêté le 25 pluviôse an II, avait été mis en liberté le même jour après interrogatoire.

L'arrêté est signé : BONIFACE P., OBRUMIER.

Ainsi donc pour beaucoup de détenus, absence d'interrogatoires, de jugement, d'*inscription* même sur les registres d'écrous. Ajoutons : dossiers incomplets, pièces égarées ou soustraites, celles d'un procès confondues avec celles d'un autre : que de causes de difficultés et même d'erreurs ! Je me suis efforcé d'éviter celles-ci et d'altérer même involontairement d'une façon quelconque la vérité : je n'ai voulu rapporter comme authentiques que des faits incontestablement démontrés ; ceux douteux, je les ai exposés comme tels. J'ai conservé de nombreux documents qu'il pourrait être utile de produire en cas de discussion des faits avancés. Quant aux noms, j'ai cité ceux que la notoriété publique a rendus tristement célèbres, et qui ont une place marquée dans les arrêts de l'histoire; mais je n'ai point oublié qu'il ne faut pas être impitoyable envers ceux qui n'ont agi qu'en sous-ordre, misérables subalternes, faibles ignorants subissant la domination d'hommes plus forts ou plus éclairés, envers ceux surtout qui ont pleuré leurs fautes, et paru les expier par le repentir.

Dans ce labeur si ingrat, je me suis senti soutenu par la pensée si noblement exprimée par M. Guizot, et que j'ai inscrite en tête de ce volume; et après avoir terminé ma tâche, je puis bien dire comme M. Berriat-Saint-Prix, qui a compulsé les divers dépôts et greffes de la France révolutionnaire :

« Pour la cruauté et le cynisme, nulle part les tribunaux révolu» tionnaires de l'Ouest n'ont été dépassés » Cette sentence même est modérée, et je puis aller au delà sans blesser la vérité. L'honorable magistrat que je viens de citer, s'il avait pu tout lire, tout remuer dans ce fangeux charnier, triste monument des annales judiciaires de l'Anjou, n'aurait pas hésité à affirmer que ces tribunaux n'ont été nulle part égalés.

On oublie vite en France; mais des crimes comme ceux que j'ai à raconter, ne doivent jamais être oubliés. Puissent les enseignements qui en découlent servir d'utiles leçons aux générations auxquelles appartient l'avenir, et les préserver des malheurs irréparables qui désolent et déshonorent un pays!

CHAPITRE Ier.

La jeunesse angevine en 1789 ; elle pactise avec la jeunesse bretonne. — Insurrection de la Vendée ; causes de cette insurrection.

Amicitia societasque nostra in æternum rata sint.

Formons une amitié, une alliance éternelle.
(TACITE, *histor.*, lib. IV.)

Sous notre heureux ciel de l'Anjou sont nés à toutes les époques des hommes doués d'une imagination vive, impressionnable, d'un caractère franc et généreux, pénétrés de l'amour de la patrie, prêts à se dévouer pour elle. Notre province devait donc prendre une part active au grand mouvement de 89. Les premiers symptômes d'une régénération sociale et politique, s'annonçant au monde comme devant se renfermer dans les limites de la justice et de la modération, excitèrent au plus haut point l'enthousiasme de la jeunesse angevine : il s'y trouvait des esprits élevés sur lesquels la société avait le droit de compter, quand le temps serait venu de reconstituer l'édifice et de le rétablir sur de nouvelles bases, quand il faudrait aussi la défendre contre les attaques les plus insensées et les doctrines les plus démoralisatrices. Au premier rang, l'on aperçoit Brevet de Beaujour, Couraudin, Viger, Delaunay jeune, et, quoiqu'ils aient eu leurs moments de faiblesse, l'on se demande comment de tels hommes ont pu succomber dans la lutte qu'ils avaient à soutenir contre des adversaires qui étaient loin de les surpasser en talents et en intelligence. Je ne suis point assez fataliste pour m'abandonner à cette idée désolante, que leurs efforts étaient nécessairement condamnés à la stérilité et à l'impuissance, que les révolutions ont à parcourir une carrière qui leur est tracée, qu'elles s'usent elles-mêmes et ne s'arrêtent qu'au terme qui leur est fixé Non, non, pour l'honneur de l'humanité, il n'en est point ainsi : le mal ne doit pas à toute force prévaloir sur le bien ; il n'est pas permis aux honnêtes gens de désespérer de la mission qu'ils ont à remplir, et de s'effacer devant les méchants et les mauvais citoyens. J'impute donc à faute à nos pères, aux partisans de l'ordre et d'une sage liberté, de ne pas avoir assez vigoureusement soutenu les hommes distingués que j'ai nommés plus haut, dignes chefs qui, entourés de soldats intrépides, auraient pu faire reculer celui que j'appellerai le Danton angevin, Louis Choudieu, et ses vils satellites du comité révolutionnaire et de la commission militaire. Secondés ainsi, quels malheurs, quels crimes n'eussent-ils pas épargnés à leurs concitoyens ! Ils étaient en 89 reconnus comme les guides de la jeunesse de nos écoles. Les noms de plusieurs d'entre eux se trouvent au bas de l'adresse à la jeunesse bretonne, adresse qui respire et le zèle pour les principes nouveaux, et l'ardeur à défendre la cause commune, dès qu'elle serait menacée.

Les journées des 26 et 27 janvier 1789 avaient été malheureuses pour la ville de Rennes ; des scènes de désordre y avaient eu lieu, et plusieurs jeunes gens du tiers-état avaient été violemment maltraités à l'instigation, était-il allégué, de quelques gentilshommes. Aussitôt que ces événements furent connus, les étudiants en droit d'Angers prirent, le 2 février, un arrêté par lequel *ils adhéraient aux pétitions de la vengeance due aux jeunes bretons... assassinés à Rennes*. Cet arrêté est signé Nicolas, prévôt ; Jubin, lieutenant de prévôt, etc.

Le lendemain, les membres de la Bazoche prennent un arrêté semblable ; il porte les signatures de Félicité-Henri Delaunay, chancelier ; Gouin, Ponceau, Duboys, secrétaire ; Guérin, Monden de la Gennevraie.

Le 2 février, les étudiants en médecine avaient pris dans le même sens une délibération revêtue des signatures Garreau de la Barre et autres.

L'année suivante, le 15 janvier 1790, eut lieu, à Pontivy, la réunion de la jeunesse de Bretagne et d'Anjou, dans le but d'y conclure un pacte fédératif. Faisaient partie de la députation de notre province : Delaunay aîné (Henri), Couraudin et Choudieu.

Cette députation reçut l'accueil le plus sympathique, et Choudieu, qui se faisait déjà remarquer par l'exaltation de ses idées patriotiques, et par la vigueur de son caractère, obtint de la courtoisie de nos voisins les honneurs de la vice-présidence. Le président était, dit M. Bougler, un jeune clerc de procureur, du nom de Moreau, qui fut depuis le vainqueur de Hohenlinden.

En 1815, une nouvelle fédération s'est formée entre les Angevins et les Bretons. Les premiers avaient pris pour devise :

Patrie, liberté, empereur.

Les seconds :

Il faut défendre le sol sacré de la patrie.

Puisse cette union se reproduire dans toutes les circonstances qui exigeront l'effort commun des Français !

En 1790, nous étions encore dans des temps d'illusions, de foi naïve et d'épanchements fraternels ; mais ces temps heureux s'écoulèrent bien vite ; les grandes et terribles scènes de la capitale eurent un fatal retentissement dans notre province : la défiance, l'irritation, la fureur même succédèrent bientôt à ces joies irréfléchies, à cette confiance de la première heure. Les plus funestes présages apparurent, des actes d'une cruauté inouïe s'accomplirent sur tous les points de notre malheureux pays, qui ne put échapper à l'incendie, au pillage et à tous les déchirements de la guerre civile : il se couvrit partout de ruines dont notre sol, après tant d'années, conserve encore l'empreinte.

Les outrages du 20 juin avaient pu faire augurer la déchéance de Louis XVI ; les massacres du 10 août annonçaient son jugement et sa mort. Le dernier rempart de la vieille monarchie s'était écroulé, et tout ce qui était attaché à la royauté devait être entraîné dans sa chute et participer à son infortune.

La noblesse et le clergé d'Anjou, puissants par leurs richesses et leurs influences, fournirent les premières victimes. Leurs biens furent séquestrés d'abord, puis confisqués et vendus ; leurs noms furent inscrits en grand nombre sur les listes de proscription ; mais ce fut surtout après l'insurrection de la Vendée, que les autorités révolutionnaires traitèrent les royalistes et les prêtres sans merci ni pitié. Les barbaries exercées contre eux m'ont plus plus d'une fois rappelé les scènes d'un autre monde, si remplies d'angoisses et d'émotions et si vivement décrites par Cooper : l'histoire de notre pays, du temps même des guerres de religion, n'en offre pas d'aussi repoussantes ; aussi leurs auteurs sont-ils traités de bourreaux et de cannibales par ceux-là même qui ont vécu avec eux et pris part, dans une certaine mesure, à leur politique et à leurs actions. (*Voy.* plus loin la lettre de Vial à la Convention, chap. 6.)

Les historiens sont en désaccord sur les causes réelles de cette insurrection. Les uns l'attribuent uniquement à la levée des 300,000 hommes décrétée par la Convention le 24 février 1793, pour repousser l'ennemi de nos frontières envahies ; d'autres, au fanatisme du clergé, aux menées de la noblesse, à l'or de l'étranger. Nous qui connaissons cette Vendée si malheureuse, qui avons sondé ses ruines, interrogé les débris vivants de sa lutte acharnée, qui avons longuement conversé avec des soldats de Cathelineau, Stofflet et de Bonchamps, nous pouvons affirmer que ce sont ces causes diverses réunies, ou du moins la plupart d'entre elles qui ont allumé et alimenté la guerre.

L'ancienne Vendée était un pays de traditions vivaces et profondes ; ses habitants aimaient d'une affection sincère des pasteurs dévoués qui éclairaient leur foi, réchauffaient leurs croyances, qui vivaient de leur vie simple et rude, les visitaient dans leurs champs, les conseillaient et les encourageaient dans leurs travaux, et ne se séparaient d'eux qu'à la mort ou à l'approche des infirmités de la vieillesse : les Vendéens étaient également pleins d'attachement et de vénération pour des maîtres qui dédaignaient le séjour des grandes villes ou de la capitale, pour passer leur vie au milieu de leurs fermiers et de leurs vassaux, qu'ils traitaient sans orgueil et ne pressuraient point. Aussi, dès que les curés et les nobles furent atteints et proscrits, forcés de quitter, les uns leurs presbytères, les autres, le manoir habité par leurs pères de temps immémorial, les paysans se considérèrent comme atteints et frappés dans leurs personnes, leurs familles et leurs biens ; il ne fallait plus dès lors qu'une occasion pour amener un soulèvement général de la Vendée. Cette occasion, ce fut la promulgation du décret du 24 février.

C'est le 10 mars que le tirage devait avoir lieu à Saint-Florent. Les jeunes gens s'y rendent avec empressement, mais disposés à la mutinerie et à la révolte ; en peu d'instants, après que tous ont épanché librement les sentiments qui les animent, les têtes se montent et la résistance s'organise. On veut recourir à la force pour intimider la foule : un canon est braqué sur les rebelles, et, après de vaines menaces, la pièce est tirée. Ce fut comme un signal d'insurrection pour toute la Vendée. Quant aux autorités du district, elles furent immédiatement dispersées, les papiers furent brûlés, et les auteurs de ces désordres ne se retirèrent dans leurs communes qu'à la chute du jour, comprenant bien que de telles violences ne resteraient pas impunies. Il fallait nécessairement se soumettre à la loi, ou bien se déclarer en état d'hostilité ouverte contre le gouvernement : c'est à ce dernier parti qu'on s'arrêta sans hésitation.

Un peuple qui prend les armes pour défendre sa foi politique, ses propriétés, la religion et ses ministres, un peuple doué de la patience et de l'énergie qui caractérisent le Vendéen, devait rester vainqueur ou bien être anéanti. Il a fait au point de vue militaire, tous lui rendent cet hommage, des actions héroïques qui étonneront les âges à venir ; mais il a été vaincu, et il devait l'être par les soldats disciplinés et aguerris de l'armée de Mayence et du général Hoche (1). Un horrible carnage d'hommes, de femmes et d'enfants a suivi les défaites de Cholet, du Mans, de Laval et de Savenay ; et quand les survivants de ces effroyables désastres sont revenus pour reprendre possession de leurs foyers, ils n'ont plus retrouvé que des décombres, des toits fumants encore, des châteaux en ruines, des champs couverts de ronces et de genêts. Un

---

(1) C'est dans sa proclamation aux Bretons, le 8 fructidor an IV, qu'on lit ces belles et simples paroles : Content d'avoir rempli mes engagements envers vous, envers le gouvernement, je revenais parmi vous avec le doux espoir de n'avoir plus à remplir d'autres fonctions que celles de juge de paix.

demi-siècle de paix et de travail a suffi à peine pour réparer tant de maux. En outre, ils ont laissé des traces plus douloureuses encore : les blessures et les maladies morales sont de toutes les plus difficiles à guérir.

« Ce qui me frappa fort dans la Vendée et ses alentours, dit
» Napoléon Ier, fut que les fous y étaient en nombre décuple peut-
» être que dans les autres parties de l'Empire... Voilà bien la
» guerre civile... et son effroyable cortége; voilà ses inévitables
» résultats, ses fruits assurés. »

(*Mémorial de Sainte-Hélène,* t. V, p. 102.)

Il y avait eu, sans doute, avant l'insurrection générale, des rigueurs injustifiables exercées contre les émigrés et les suspects de l'Anjou et de la Vendée ; mais ce fut surtout à partir de cette formidable levée en masse, que la justice révolutionnaire usa des moyens les plus atroces, et dans l'instruction des procédures, et dans l'exécution de ses jugements. Laubardemont ne peut donner qu'une faible idée des procédés des magistrats de ce temps : ils n'ont de précédent que chez un peuple voisin, qui, comme nous, a subi les rudes épreuves des guerres civiles et des révolutions. Pour bien s'en rendre compte et savoir à quel degré de bassesse peut descendre un juge inique égaré par ses passions, il faudrait se reporter en imagination au règne de Jacques II, suivre l'infâme Jeffreys, parcourant, suivi du bourreau, les comtés de l'Ecosse et de l'Angleterre, insultant les accusés par son langage ironique et grossier, et bafouant sans pudeur les victimes qu'il envoyait à la mort.

Aujourd'hui, après soixante-quinze années de repos, tout se répare, tant la race vendéenne est énergique et vivace : elle repeuple ses belles campagnes riches de nombreux troupeaux et de magnifiques moissons ; des routes superbes traversent le pays en tous sens et facilitent l'exportation de ses denrées et du produit de son industrie. Napoléon Ier n'aurait plus assurément à faire l'observation que j'ai consignée plus haut, car la Vendée a un tout autre aspect ; elle semble avoir oublié ses longues souffrances physiques et morales, et ne plus vouloir se distinguer que par sa foi religieuse, un patriotisme éclairé et son énergie dans le travail.

CHAPITRE II.

Choudieu, Delaunay jeune, Viger, de Soland, etc., etc.

Rara juventus.
Ils sont rares les jeunes hommes.
(Hor.. lib. I, *odes.*)

En parlant de la jeunesse angevine, je viens de dire quelques mots de Choudieu ; cela ne suffit pas pour un tel homme : il faut le connaître à fond avant d'aborder une histoire où il a la plus grande part. De tous les représentants de Maine-et-Loire, c'était, sans contredit, celui qui avait le caractère le plus audacieux et le plus énergique ; et ce caractère, il faut le dire, ne s'est démenti dans aucune des circonstances de sa vie. Impitoyable et cruel quand il était au pouvoir, on l'a vu supporter avec courage l'exil, la misère, et lutter avec une rare intrépidité contre l'abandon et le mépris des hommes.

Dans sa jeunesse, il avait embrassé la profession des armes et servait dans l'artillerie. Son humeur querelleuse lui avait attiré plusieurs affaires d'honneur ; son insubordination et ses habitudes licencieuses le firent mal noter de ses chefs et lui laissaient peu d'espoir d'avancement. Il revint bientôt dans son pays et s'y fit nommer substitut. Après la prise de la Bastille, il devint le chef du parquet, et plus tard accusateur public près le tribunal criminel de Maine-et-Loire.

Il vota la mort de Louis XVI *sans phrases,* comme Sieyès.

Sur 618 votants, 464 suffrages l'avaient porté à la Convention. Il y siégeait près de Chabot et de Couthon. Comme orateur, il avait de la vigueur dans les pensées, mais peu d'action, et son langage ainsi que son style épistolaire se ressentaient de l'éducation incomplète qu'il avait reçue et de la dissipation de sa jeunesse.

La hardiesse et le cynisme de son langage lui valurent, le 19 août 1793, la présidence des Jacobins de Paris. J'ignore sa conduite dans les journées de septembre ; mais voici ce que racontait un homme vénéré de tous, mort à Angers il y a quelques années, M. Laroche père : En 1793, il étudiait la médecine à Paris. Le 3 septembre, au matin, il arrive tout effaré chez Choudieu, qui se trouvait en compagnie de son ami Pirard. Choudieu ne parut nullement surpris (de ce qui se passait) et se borna à répondre d'un air riant et dégagé : « Ne vous occupez pas de tout cela, jeune » homme, et déjeunez avec nous. » (*Voy.* M. Bougler, t. I, p. 404.)

En pleine séance, à la Convention même, il a été traité d'assassin de sa mère. A Saumur, on montre encore, sur la place de la Billange, le balcon d'où il aurait vu passer sa mère arrêtée par ses ordres. Les faits, dit M. Bougler, protestent contre cette infamie.

L'évidence seule peut faire admettre une telle monstruosité. Choudieu s'en défend avec force dans ses Mémoires « C'est » Tallien, dit-il, qui a refusé à ses instances la liberté de sa mère. » A l'appui de son assertion, j'ai découvert parmi les délibérations du comité révolutionnaire d'Angers, celle du 29 frimaire an II, présidée par Choudieu :

« Le comité délibérant arrête que la femme Choudieu assertenée malade par certificats de chirurgien, sera élargie, et cela » provisoirement. »

J'aime à croire que le président, quoiqu'il n'ait pas signé la délibération, ce qui arrivait fréquemment alors, était pour quelque chose dans cette mesure d'humanité. — Je suis loin de vouloir excuser Choudieu ; mais, avant tout, je veux être vrai, même envers lui, et je n'ai pas hésité à exhumer ce document.

Peu de jours après, Choudieu donnait sa démission du comité révolutionnaire et optait pour les fonctions de commissaire près le tribunal criminel. Cette démission n'ayant pas été acceptée d'abord, Choudieu écrivait le 1er pluviôse an II : « Citoyens, j'ai » cru m'être expliqué assez clairement hier, quand je vous don» nai ma démission, vous tous étant présents. Apprenez que je » ne suis pas un enfant. Oui, je vous donne ma démission. » Les termes étaient assez clairs cette fois, et l'on ne refusa plus. La sauvage rudesse du montagnard se peint dans ces quelques lignes.

En 1791, il avait plaidé pour la succession de son père : une réconciliation avait eu lieu quelques années après, car Choudieu a vécu avec sa mère jusqu'à la mort de celle-ci en 1803. Cette réconciliation n'efface pas tous ses torts. Il n'a pas assez fait pour elle, dit avec raison M. Bougler : tout-puissant qu'il était alors, il ne tenait qu'à lui d'empêcher les rigueurs exercées contre cette royaliste honnête et dévouée.

Choudieu vécut à l'écart pendant le Consulat et l'Empire ; mais Fouché, qui connaissait sa vigueur et son activité, le fit nommer, en 1815, lieutenant extraordinaire de police à Dunkerque. Il y déploya une prodigieuse énergie. Dans la Vendée, il s'était souvent précipité sur l'ennemi à la tête des républicains, et deux fois il avait été blessé. A Dunkerque, il se souvint encore de son ancien métier de soldat; et dans un engagement très-vif qu'il eut, le 28 juin, avec les gardes nationaux royalistes, il montra que l'âge n'avait nullement amorti sa bravoure.— A la Restauration, il se retira à Bruxelles, s'y fit prote d'imprimerie, puis devint secrétaire de Merlin de Douai ; il se moquait des vieux montagnards qui sollicitaient la grâce de revoir leur patrie, et les appelait *les pénitents blancs*.

Pour lui, il ne rentra en France qu'à la révolution de juillet, et mourut à Paris presque dans le dénuement, quelques années après son retour.

Choudieu avait une âme fortement trempée; il avait dû puiser d'excellents principes dans l'éducation maternelle. Il pouvait donc faire de grandes choses et laisser une mémoire honorée. Mais il s'abandonna de bonne heure à ses vicieux penchants, à la dissipation, à la débauche, et commit ou laissa commettre des actes de cruauté qui ont à juste titre fait exécrer son nom ; d'autant plus coupable à mes yeux, et, en cela, je diffère de l'appréciation indulgente de M. Bougler, qu'il agissait froidement, avec réflexion, plaçant tous ses actes sous l'égide de la justice de cette époque, et ne trouvant rien à reprendre aux mesures et aux décisions régulières en apparence, inspirées par le régime de la terreur.

Parmi ses collègues et ses amis, qui pouvait s'opposer à ce mauvais génie, prévenir ses desseins et contrebalancer sa nuisible influence? Ce ne devait être Dieuzie, Couraudin, Viger, Bodi, Brevet de Beaujour, hommes d'un esprit cultivé, doués de qualités aimables, mais n'ayant pas à un degré suffisant cette ardeur passionnée des grands citoyens, ce feu sacré du patriotisme qui ne recule ni devant la haine, ni devant le danger : courageux et admirables au pied de l'échafaud, ils n'ont pas empêché le bourreau de le dresser. Delaunay l'aîné ne devait pas non plus être cet heureux antagoniste de Choudieu : il y avait chez lui trop de mobilité d'idées, trop d'habitudes de bien-être et de mollesse. Son talent de parole, quoiqu'il manquât d'action, était incontestable; mais il avait peu d'autorité et d'influence. On savait que la froideur de l'accueil que lui avaient fait le roi et la reine, surtout celle-ci, lorsqu'il avait été reçu aux Tuileries comme chef de la députation angevine, l'avaient blessé au cœur; les moqueries des courtisans, qui trouvaient ses manières gauches et embarrassées, avaient laissé dans son âme un profond ressentiment qui n'était pas étranger à sa conduite politique. Sa vie licencieuse entraînait de fréquents besoins d'argent, et l'on pouvait pressentir ce qui lui arriverait dans ces temps de désordre et de corruption. Sa fin a été misérable; mais, sans sévérité, l'on peut dire qu'elle a été méritée. Il a été condamnée le 16 germinal an II, après trois jours de débats avec Danton, Fabre d'Eglantine, Lacroix, Philippeaux, Camille Desmoulins, Chabot, Bazire, Westermann, Hérault de Séchelles, et exécuté le même jour avec eux, pour avoir pris la part principale dans une conspiration qui avait pour but de dissoudre la représentation nationale et de donner un roi à la France (1). Il était accusé, en outre, d'avoir, avec Fabre d'Eglantine, Chabot, Julien de Toulouse, falsifié le décret qui avait ordonné la suppression de la compagnie des Indes.

C'est cette accusation qui excita la colère et la verve injurieuse de Camille Desmoulins; jusqu'aux derniers instants il l'abreuva d'outrages et de mépris. Au tribunal révolutionnaire, en écoutant

(1) Rapport d'Amar à la Convention, 26 ventôse, an II.

le rapport de Saint-Just, il ne put se contenir, et exprima hautement son étonnement et sa douleur de se voir confondu avec des fripons (1). Henri Delaunay a longtemps occupé à Paris le même appartement que Choudieu ; on sent bien lequel des deux devait prendre de l'empire sur l'autre.

Un jugement plus favorable doit être porté sur son jeune frère, Joseph Delaunay, membre comme lui de la Convention. Il était doué d'avantages extérieurs plus remarquables : sa taille était élevée, sa voix n'avait pas la monotonie fatigante de celle de son aîné ; il avait des manières dignes et un air imposant ; comme président d'assises, il a laissé d'honorables souvenirs : c'était un criminaliste habile et juste. Toutefois, on lui reproche de ne pas avoir toujours évité l'écueil si redoutable pour les juges qui ont joué un rôle politique, et d'avoir montré de la passion dans une affaire célèbre, l'enlèvement du sénateur Clément de Ris, au mois de septembre 1800, et dans quelques autres procès. Les coupables tremblaient à son aspect parfois rude et trop sévère. Je n'entends point faire son éloge sur ce point, en ajoutant qu'il était redouté des membres du barreau · leur affection et leur respect valent mieux pour le magistrat. Joseph Delaunay avait tout ce qui met un homme en évidence en temps de révolution : capacité, passion, chaleur d'âme, générosité. Il lutta vainement contre Choudieu, et ne put empêcher son frère de voter la mort du roi ; mais, pour lui, il fut inébranlable dans sa résolution : il vota le bannissement, et, plus tard, le sursis et l'appel au peuple ; c'était vouloir sauver la victime. Aucun calcul d'intérêt ou de conservation n'arrêtait ses élans, quand il prenait la parole et s'abandonnait aux nobles instincts de sa riche nature ; jamais, à la tribune, les atrocités de septembre n'ont été plus impitoyablement flétries que par lui. Et, songeons-y bien, c'est le 2 octobre, à la face même des bourreaux, à la face de celui qui, ministre de la justice, avait laissé faire, qu'il lançait, comme un stigmate brûlant, ces belles et vigoureuses paroles, qu'on ne saurait trop répéter à sa gloire : « Il est de l'intérêt et de la dignité nationale de prouver

(1) Rapport de Saint-Just au tribunal révolutionnaire, 13 germinal an II.

» à la France que la personne des individus innocents ou coupa-
» bles jetés dans les prisons de Paris, est aussi sacrée que celle
» des autres citoyens, et qu'étant sous la protection de la loi, les
» assassiner, c'est assassiner la loi même... Il faut que nous pé-
» rissions ici, ou que le règne des lois renaisse, que l'anarchie
» expire et que la hache révolutionnaire ne soit plus dans les
» mains des scélérats un instrument de terreur, de crime et de
» vengeance. » (Mortimer-Ternaux, t. IV, p. 116.)

Delaunay jeune fut chargé du périlleux rapport sur la proposition de la mise en accusation de Marat. Cette mission ne pouvait tomber en de meilleurs mains ; elle fut remplie avec le courage dont le représentant de Maine-et-Loire avait déjà fait preuve : des interruptions répétées à chaque phrase ne l'intimidèrent point, et il acheva imperturbablement son rapport, dont les conclusions furent adoptées à une immense majorité. Marat fut donc renvoyé devant le tribunal révolutionnaire, mais il y fut acquitté, aux applaudissements du peuple, qui le couronna de feuilles de chêne, et le porta en triomphe à la Convention. Ce triomphe qui, du reste, ne surprit personne, ne fit que redoubler son cynisme et sa fureur. — D'un autre côté, l'échec qu'avait subi Delaunay, semble avoir produit pour quelque temps un effet désastreux sur l'esprit de cet homme de tête et de cœur. Eprouva-t-il un de ces accès de découragement qui s'emparent quelquefois des plus déterminés après un violent, mais stérile effort? Ou bien, athlète vaincu, non désespéré, comprit-il la nécessité pour lui de quitter l'arène et de n'y reparaître qu'après avoir réparé ses forces et dans un temps plus propice? Je suis très-porté à croire que cette dernière pensée fût la sienne : toujours est-il qu'il garda le silence pendant près d'une année, que son frère fut jugé et condamné sans qu'il intervint en sa faveur, convaincu que toute démarche de sa part serait nuisible à l'accusé. — Une trop longue inertie eût été coupable ; le repos pesait à Delaunay qui voyait tant de mal à prévenir ou à réparer, tant de bien à faire. Il fut chargé de nombreux rapports à la Convention. Investi d'une véritable dictature dans la Vendée, il mit tout en œuvre pour protéger ses malheureux habitants contre les exactions, le pillage et l'échafaud. Les chapitres qui suivent feront voir quels obstacles il a dû rencontrer chez les simples citoyens et chez les autorités constituées, animés les uns et les autres par le génie de la destruction.— Il continua, dit M. Bougler, de faire une guerre incessante aux hommes de désordre et de sang. Il prit enfin la part la plus active à la pacification de la Vendée : ses éminents services l'avaient de plus en plus signalé à l'attention publique ; en 1795, il fut nommé membre du comité de sûreté générale, puis président du tribunal criminel du département; en 1811, président de chambre à la cour impériale, et enfin, en 1813, premier président de la même cour d'Angers, par décret daté de la veille de la bataille de Leipsik : il ne fut pas donné suite à ce décret, qui se trouva égaré dans les bureaux de la Chancellerie, et, le 7 janvier 1814, le comte Molé fit nommer M. Portalis à la première présidence. — Delaunay mourut le 10 juin de la même année : tel est, selon moi, le seul homme qui pût, en Anjou, l'emporter sur Choudieu, si les événements et les hommes avaient mieux secondé ses grandes vues et ses généreux desseins. — En révolution, les chefs sont impuissants s'ils ne se sentent comme portés en avant par des soldats dévoués et résolus.

Si Delaunay était seul capable du rôle que je viens d'indiquer, il y avait cependant un autre représentant d'une intelligence remarquable, d'un courage héroïque : je veux parler de Viger; lui aussi avait engagé une lutte acharnée contre Marat, dans la séance orageuse du 29 mai ; il y a succombé. Réduit à se cacher, il fut arrêté bientôt après, jugé et condamné avec les Girondins, dont la postérité admirera les talents, la résignation et le courage, tout en jetant un blâme mérité sur la versatilité de leurs principes, et ce pernicieux désir de la popularité qui causa leurs fautes. Ils montèrent au nombre de vingt-trois sur l'échafaud. Viger reçut le baiser d'adieu des vingt-deux qui le précédèrent : supplice atroce, mais supplice glorieux pour le jeune Angevin; c'est presque finir comme un commandant de navire qui meurt pour la patrie, et qui le dernier est englouti dans les flots.

En parlant des hommes sur le caractère desquels notre cité

avait le droit de compter pour le maintien de l'ordre dans des jours difficiles, je ne puis omettre le nom de M. de Soland, qui se distingua par son sangfroid et son courage, lors de la révolte des perreyeurs les 4, 5 et 6 septembre 1790. Il avait servi comme officier de dragons, et se mit résolûment à la tête de nos gardes nationaux, alors que le régiment Royal-Picardie venait d'être surpris et allait être massacré. « Que ceux qui aiment la patrie me suivent, » s'écrie-t-il. Ces nobles paroles entraînent nos concitoyens; les révoltés furent dispersés, mais de Soland fut blessé dans l'action : il fut, comme par acclamation, nommé commandant de la garde nationale. Plus tard, il eut le chagrin de voir plusieurs de ces braves gens se laisser gagner par les prédications de la société populaire et les doctrines du comité révolutionnaire. Il pensa qu'il y avait quelque gloire à recueillir sur nos frontières, quitta l'Anjou, reprit du service à l'armée du Nord, et y mourut des suites d'une blessure, en 1794, avec le grade de général de division.

CHAPITRE III.

Tribunal criminel. — Tribunal extraordinaire et révolutionnaire. — Commission militaire. — Conseil militaire. — Comité révolutionnaire.

> France got drunk with blood to vomit crime,
> And dreadful have her saturnalia been
> To Freedom's cause, in every age and clime.
>
> La France enivrée de sang s'est souillée de tous les crimes ; ses saturnales seront funestes à la cause de la liberté, dans tous les siècles et tous les climats.
>
> (L. Byron, *Childe Harold*, ch. IV, st. 97.)

La multiplicité des diverses juridictions organisées, dans l'espace de peu d'années, suffirait pour faire juger un gouvernement : une bonne justice doit avant tout offrir des garanties de stabilité et d'uniformité de décisions qui commandent à tous confiance, sécurité et respect ; un pouvoir qui change sans cesse le mode de l'administration de la justice, le personnel des magistrats, qui les choisit parmi les citoyens les moins éclairés et les moins dignes de considération, les condamne inévitablement à la défiance, à la dérision et au mépris des justiciables. Parmi les monuments que nous mettons sous les yeux du lecteur, il verra des actes de barbarie, d'ignorance honteuse, et des scènes dignes des tréteaux de la foire, mais se terminant alors hélas ! presque toujours par la fusillade ou la guillotine.

De 1791 à 1793, le gouvernement républicain a créé, modifié, renouvelé, brisé tant de tribunaux criminels, extraordinaires, révolutionnaires, commissions, conseils militaires, que vraiment on a peine, accoutumés que nous sommes à la simplicité des rouages judiciaires en France, à ne pas se perdre dans ce chaos informe d'institutions établies, toutes évidemment dans un but étranger aux inspirations de l'équité et de la justice. Essayons d'en esquisser le tableau sans y introduire trop de confusion (1).

Le tribunal criminel de Maine-et-Loire avait été institué par le décret du 29 septembre 1791 ; il était composé d'un président nommé par les électeurs, de trois juges choisis, tous les trimestres, par le directoire du département, parmi les juges de ce département; d'un accusateur public et d'un greffier désignés par les électeurs. Au mois de janvier 1793, M. la Revellière le présidait; l'accusateur public était M. Gautret, le greffier, M. Bouchet. Ce tribunal jugeait avec assistance de jury d'accusation et jury de jugement. Les défenseurs étaient admis à sa barre ; ses décisions étaient soumises au recours en cassation. Il offrait, on le voit, quelques-unes des garanties d'une justice ordinaire, organisée dans des vues d'intérêt public ; mais il ne répondait pas aux passions du jour, et ne devait pas fonctionner longtemps ; de plus en plus on cherchait à restreindre sa juridiction ; on lui enlevait la connaissance de presque toutes les affaires criminelles, sous prétexte qu'elles avaient le caractère d'un complot politique, et de fréquents conflits s'ensuivaient. Nous trouvons, à la date du 17 nivôse an II, une réclamation de ce tribunal, qui se plaint de ces empiétements, et signale entre autres la procédure instruite contre La Planche de Ruillé. Cette réclamation, faite assurément dans l'intérêt de cet homme de bien, était signée Rabouin, alors président, Gautret et Bouchet : elle témoignait de l'indépendance et du courage du tribunal ; il donnait aussi cependant des preuves de sa sévérité et de son républicanisme. Le 1er pluviôse an II, il condamnait à mort Etienne-Robert Girault, dit Laporte, demeurant à La Roche-Loiseau, commune de Tiercé, 61 ans, ex-lieutenant-colonel de cavalerie, et capitaine au régiment de Conti, pour avoir : 1° Communiqué avec les brigands à Angers ; 2° pour être allé voir les chefs des rebelles à la Boule-d'Or, et *avoir par son crédit obtenu la mise en liberté de plusieurs prisonniers qu'il*

(1) Nos institutions judiciaires ne sont pas parfaites, sans doute; mais que leurs détracteurs étudient celles si vantées de l'Angleterre, et ils reconnaîtront bien vite de quel côté se trouve la supériorité.

protégeait à l'époque de la prise d'Angers ; 3° pour avoir arboré la croix du ci-devant ordre de Saint-Louis, etc.

Le tribunal révolutionnaire n'aurait ni mieux dit, ni mieux fait : Imputer à crime (2e chef) *d'avoir par son crédit obtenu la mise en liberté de plusieurs prisonniers* (des patriotes sans aucun doute) ! cela, au contraire, ne devait-il pas venir à la justification de Girault ?

Le même jour, il prononça la même condamnation contre Charles-Henri-Jacques Bardet, dit des Glaireaux, 55 ans, ex-lieutenant de vaisseau et lieutenant-colonel de marine.

Que pouvait-on demander de plus au tribunal criminel ? Mais toute révolution tient comme suspecte la magistrature qu'elle trouve établie et veut organiser la justice à sa guise et sur de nouvelles bases, qui doivent lui offrir plus de garanties et mieux s'accommoder à ses vues.

Le décret de 1791 rendu en forme d'instruction pour la procédure criminelle, contenait le développement magnifique des principes les plus libéraux, les plus philanthropiques, et se maintient encore debout comme un modèle impérissable au milieu des œuvres de l'Assemblée constituante. De nos jours, il peut encore servir de guide aux jurés et aux magistrats. En 1793, il était la condamnation formelle de tout ce qui se pratiquait. Douceur, humanité et justice envers les prisonniers, tout cela était inscrit au premier rang des devoirs des officiers municipaux, des jurés et des juges. C'étaient des sentiments bien différents qui étaient mis à l'ordre du jour par Saint-Just, Billaud-Varennes, Couthon et Robespierre. Ces hommes de sang tournaient en amère dérision ces beaux passages du décret de 1791 : « Une sévérité » déplacée, non-seulement serait contraire à l'intention de la » loi, mais rendrait coupable l'officier qui abuserait de la mis- » sion qui lui est confiée. Il ne doit jamais perdre de vue que ces » individus dont la société a cru devoir s'assurer par la détention » de leurs personnes, n'en sont pas moins sous la protection de » la loi ; qu'elle prend même un soin plus particulier de leur » conservation, et pourvoit d'autant plus soigneusement à leurs » besoins, qu'ils se trouvent privés des secours ordinaires qu'ils

» recevaient de leurs familles et de leurs amis. L'officier muni-
» cipal ne doit donc paraître aux yeux des détenus que comme
» un consolateur toujours disposé à entendre leurs plaintes et à
» satisfaire à leurs besoins, etc.... Le respect scrupuleux pour
» la liberté individuelle est un des premiers devoirs de la légis-
» lation, chez un peuple libre. Ce n'est point assez que les grandes
» masses de la Constitution assurent la liberté politique ; il faut
» encore que tous les détails des institutions secondaires proté-
» gent la liberté individuelle. Tout citoyen qui ne trouble pas
» l'ordre public peut vivre tranquille à l'abri de la loi, qui veille
» à ce qu'il ne soit porté aucune atteinte à la sûreté de sa per-
» sonne.... Toutes les questions soumises au jury sont des ques-
» tions de fait très-importantes pour la société qui en recherche
» l'auteur. La vérité de ces faits doit être poursuivie avec bonne
» foi, avec franchise, avec loyauté, avec un vrai et sincère désir
» de parvenir à la connaître. Rien de ce qui peut servir à la rendre
» palpable ne doit être négligé ; tous les moyens d'éclaircisse-
» ment proposés par les parties ou demandés par les jurés eux-
» mêmes, s'ils peuvent effectivement jeter un jour utile sur le
» fait en question, doivent être mis en usage....... »

La majeure partie de ce décret se retrouve en principe dans notre Code d'instruction criminelle, et il mérite encore aujourd'hui de faire l'objet des méditations des magistrats : quant aux marchands de papiers peints, aux épiciers, liquoristes, vitriers, couvreurs, criminalistes improvisés, membres de nos comités, tribunaux et commissions révolutionnaires, Dieu leur pardonne ! Ils n'ont jamais atteint à une telle élévation de pensées, ils n'ont jamais compris un si beau langage, de si nobles et si salutaires enseignements.

En comparant même ce décret avec ceux de la Convention, et les motifs qui leur servent de base, on se demande avec anxiété s'il est possible qu'en aussi peu de temps, un si déplorable changement s'opère dans les destinées d'un pays, et comment la dégradation et la folie peuvent toucher de si près à la sagesse et à la grandeur ; serait-il donc vrai pour un peuple, ainsi que pour un homme, que la prospérité du jour tient à bien peu de chose, et qu'elle ne garantit nullement la prospérité du lendemain !

Le 9 mai 1793, fut constitué le tribunal criminel extraordinaire, qui n'eut qu'une existence éphémère. Il avait été établi sans l'autorisation de la Convention qui, par décret du 15 mai, annula la création de tous les tribunaux de ce genre. Choudieu lui-même déclara qu'on ne devait avoir recours à aucune juridiction inquisitoriale. Ce représentant, d'après le portrait de M. Bougler, qui a quelque peu adouci ses traits, voulait une justice régulière, observant strictement la loi ; mais quelque rigoureux que fussent ses arrêts, il prêtait impitoyablement la main à leur exécution : suivant le même auteur, il n'aurait point partagé les vues de Francastel, ni de la plupart des généraux qui ont commandé dans la Vendée ; il aurait toujours été opposé à l'incendie, au pillage, aux meurtres qui ont désolé cette contrée.

En juillet, un nouveau tribunal extraordinaire et révolutionnaire fut installé, jugeant avec assistance de jurés ; mais bientôt le jury disparut comme rouage inutile ; disparut aussi l'expression *extraordinaire*, bien appliquée cependant, pour ne laisser subsister que celle de tribunal révolutionnaire.

Ces diverses modifications parurent bientôt insignifiantes : les chefs du mouvement qui entraînait les esprits, repoussaient tout ce qui se rattachait au passé, ne fût-ce que par la forme ; ils réclamaient des juges plus expéditifs, une réforme plus radicale : une première commission militaire fut créée, non pas le 10 juillet 1793, comme on l'a avancé à tort dans plusieurs ouvrages, mais au mois de juin précédent, par le général Duhoux, d'après la proclamation des représentants, du 16 ; elle se réunit dès le 23 et fonctionna immédiatement ; mais le général Ronsin, adjoint au ministre de la guerre, considéra sans doute que l'on avait usurpé ses droits, il prit un arrêté qu'il fit ratifier par les représentants et reconstitua la commission, qui fut installée le 29 du même mois. Elle était composée de Sénart, président, Félix, Delaunay, Ancar...... ; elle siégeait dans la grande salle du palais : le 30, elle condamna à mort Pierre Sanglier, porté sur la liste des émigrés. Elle continua de juger jusqu'au 17 juillet inclusivement. Cependant une autre commission venait d'être nommée le 10 ; elle avait pour président et vice-président Félix et Laporte, tous deux, nous le verrons plus tard, merveilleusement choisis par les représentants, pour les fonctions qui leur étaient dévolues.

Cette commission, malgré son ardeur et son activité incomparables, ne pouvait suffire aux travaux dont elle était surchargée ; les représentants du peuple, Bourbotte, Prieur de la Marne, Esnüe la Vallée, et le terrible Francastel en formèrent une seconde le 15 frimaire an II, et nommèrent ses membres qui étaient Proust, Morin, Vacheron, etc., etc. Quoique ce dernier notamment fût le digne rival de Félix et Laporte, ce fut toujours à ceux-ci que Francastel accorda sa prédilection fraternelle : ils répondaient plus fidèlement à l'exécution de ses desseins.

Ces commissions n'étaient pas sédentaires : elles se transportaient sur divers points du département, et même hors du département, partout où il y avait de grands coups à frapper, des exemples à faire : Saumur, Doué, Chemillé, Sablé, le Mans, Laval, les ont vues siéger tour à tour avec la même célérité et la même rigueur ; à peine le juge avait-il signé l'arrêt, quand toutefois il le signait, que le bourreau saisissait la victime.

Les deux commissions se sont réunies à Angers en nivôse an II.

Elles n'ont pas toujours fonctionné paisiblement et sans entraves : jaloux de leurs pouvoirs et de leur autorité absolue, le comité révolutionnaire élevait parfois des prétentions rivales ; il aspirait à un contrôle sans limites, à un exercice souverain de surveillance sur les particuliers et les hommes publics, à la direction de la justice, sinon à sa distribution, au droit d'ordonner des arrestations et des mises en liberté. Dans une lettre du 17 ventôse, que nous transcrivons ici littéralement, il expose ses plaintes et ses prétentions avec une inqualifiable arrogance :

A la commission militaire ; du 17 ventôse.

Citoyens,

L'institution du comité révolutionnaire a l'attribution de la justice, et celle de la commission militaire l'application de cette même justice ; ces deux principes posés, raisonnons :

Si l'exécuteur de vos actes de justice donnait des ordres aux divers commissaires ou concierges des maisons d'arrêt d'Angers et leur disait : Moi aussi, je vous requiers de ne livrer vos détenus que sur mes ordres, parce que c'est moi qui les guillotine, que diriez-vous ? Parlez. Vous diriez qu'il enjambe sur vos pouvoirs ; eh bien ! et vous aussi, vous arrêtez notre marche, et nous ne le souffrirons pas plus longtemps : déjà deux fois nous avons voulu rendre la liberté à des individus à qui nous croyions la devoir, et deux fois on a méconnu nos ordres, motivé sur ce que la commission militaire avait donné des ordres contraires. Un de ces contre-ordres tracé de la main mal assurée d'un de vos membres, est en notre pouvoir : c'en est trop... point d'abus de pouvoir... Dès ce moment, nous requérons les commissaires et concierges des diverses maisons d'arrêt de ne reconnaître en élargissement que le comité, et, comme surveillants, nous vous requérons aussi d'exhiber dans vingt-quatre heures les pouvoirs que vous avez reçus des représentants du peuple pour vous emparer des maisons d'arrêt, et y commettre les erreurs, pour ne pas dire plus, que vous y avez commises.

Ne nous accusez pas d'ambition ; la seule que nous ayons, c'est de rendre la justice, et si nous ne pouvons la rendre, et si nous nous trouvons arrêtés dans nos marches républicainement révolutionnaires, c'en est fait, notre poste est sans attrait pour nous..... Quoi ! une commission militaire, instituée à la vérité par des représentants du peuple, mais avant le gouvernement révolutionnaire et provisoire, mais nullement dedans, au lieu de recevoir sa besogne du district ou du comité révolutionnaire, tous deux autorités constituées et destinées à lui donner les matériaux de cette même besogne, s'emparera des maisons d'arrêt et des détenus, ici fera fusiller, plus loin élargira et réduira à zéro les opérations des autres corps constitués ? Nous, nous connaissons notre institution, nous connaissons aussi la vôtre : à vous l'application de la loi ; à nous l'instruction sur les prévenus, à nous l'inspection des maisons d'arrêt, la surveillance ainsi que leur police intérieure ; à nous tout, hors le jugement ; rentrez donc dans le besoin de votre institution, dont nous n'aurions jamais dû vous laisser sortir : conformez-vous donc à notre arrêté ci-dessous, ou le comité de sûreté générale, ou celui de salut public, ou la Convention enfin seront juges entre vous et nous.

Signé : BRUTUS, THIERRY, TELL-OBRUMIER,
MARAT-BOUSSAC, Pt., etc.

Quel style, MM. Brutus et Tell, et surtout quelles pensées et quelle aménité de langage ! quelle adresse dès le début de votre philippique où vous mettez les envahissements dont vous vous plaignez, en regard de ceux que pourrait commettre celui que vous appelez quelquefois dans un idiome que vous avez créé, *le ministre de vos autels...;* vous « arrêtez notre marche et nous ne » le souffrirons pas plus longtemps... ; c'en est trop... etc., etc. »

Il y avait en outre la commission ambulante du Mans, présidée par le citoyen Bignon, capitaine de volontaires parisiens qui, du 24 frimaire an II au 24 floréal suivant, en cinq mois, a condamné à mort deux mille neuf cent dix-sept personnes, et acquitté soixante-dix seulement : à Paris, il y a eu moins de condamnations capitales, deux mille sept cent vingt-cinq. — (Berriat Saint-Prix, *Gazette des Tribunaux,* 2, 5 septembre 1865.) — J'ai mentionné cette commission (sans pouvoir vérifier les chiffres), parce que ce sont des Angevins et des Vendéens en grande partie qu'elle a jugés ; puis enfin une nouvelle commission militaire fut instituée à Tours, le 29 juin de l'an II, et composée d'Amar, Félix, Delaunay, Millier, Senart : les membres de ces commissions portaient un tricorne en toile cirée avec panache et cocarde tricolore : à leur cou était suspendue une médaille où ces mots étaient gravés sur émail : *Commission militaire.*

Je ne crois pas devoir inscrire sur cette longue liste la commission militaire qui était spécialement attachée à nos armées de l'Ouest et qui les suivait dans leur marche. — (*Voy.* Archives de la préfecture.)

Au-dessus de toutes ces juridictions s'élevait, dois-je dire ? le tribunal révolutionnaire de Paris, qui connaissait de toutes les conspirations contre la République, délit vague, indéterminé, qui permettait de transférer arbitrairement à Paris les prévenus dont la condamnation offrait quelque doute ou quelque inconvénient ailleurs.

Un des premiers actes de la première commission militaire, fut la condamnation à mort de Jean-Jacques François, à la date du 2 juillet 1793.

François, au moment même de l'exécution, dénonça, comme coupables de trahison, Roberjeot, commandant du château de Saumur, et d'Abadie, ingénieur; ils n'avaient, disait-il, ni approvisionné, ni mis la place en état de défense. Roberjeot se justifia: il fut décidé qu'il méritait toujours la confiance de la République, et le jugement fut affiché à deux cents exemplaires. Je n'ai pas vu trace du jugement d'Abadie, qui n'aura pas cru devoir se constituer, ainsi que l'avait fait son coaccusé; l'innocence ne suffisait pas toujours, et il lui aura paru plus sûr de s'éloigner.— Le général Quetineau a voulu agir autrement; sa détermination lui a été funeste, et néanmoins elle doit être citée comme digne des plus grands éloges. Il commandait les républicains dans la Vendée, et il y avait éprouvé des revers; on les attribua à la trahison, suivant la coutume du jour, et il fut arrêté : l'occasion de s'évader s'offre à lui, il dédaigne d'en profiter et tient à venger son honneur de soldat : c'était la conduite d'un honnête homme; il se présente donc hardiment devant ses juges qui le condamnent à mort.

La deuxième commission militaire se réunit pour la première fois le 18 frimaire; ses premiers actes annoncèrent ce que l'on devait attendre d'elle: elle condamna à mort pour avoir suivi les rebelles: Marie Civrac, abbesse d'Angoulême, 76 ans; Marie Thomasson, sa femme de chambre; François Edelin, prêtre non-assermenté. Il s'était évadé après l'invasion de la ville d'Angers; il venait d'être repris, la veille, le 17, par un hussard, à la Roche d'Erigné. Ils furent exécutés le jour même du jugement, à cinq heures du soir.

Les 22 et 23 frimaire, cinq autres exécutions eurent lieu sur la place du Ralliement; la commission ou au moins quelques-uns de ses membres y assistaient et se tenaient dans la maison Lechalas. Les condamnés, dit M. Blordier-Langlois, pouvaient entendre les bouffonneries, les gais propos de leurs juges : heureux quand le président Félix ne s'avisait pas de faire suspendre la hache sur le cou de sa victime, jusqu'à ce qu'il eût achevé la lecture de quelque grande victoire de nos armées.

Du 4 au 9 nivôse, vingt-huit condamnations à mort furent prononcées à Laval, où la commission s'était transportée ; deux accusés étaient âgés de 20 ans.

A Sablé, trente-trois Vendéens furent condamnés à mort et exécutés. La commission Proust s'y était transportée en nivôse. La municipalité juge que ses pouvoirs sont expirés et la suspend ; les représentants du peuple décident que la commission n'a pas été supprimée par la loi du 14 frimaire et qu'elle continuera ses fonctions ; elle les continue en effet. Mais l'audace du maire Crosnier de la Marsollière, et de l'agent national Cherouvrier, ne devait pas trouver grâce aux yeux des représentants ; ils furent traduits devant le tribunal révolutionnaire, mais ils se retirèrent absous (*Voyez* dom Piolin, *Histoire de l'église du Mans pendant la Révolution*, tome II, page 25).

La municipalité de Sablé se fondait sur la loi du 14 frimaire an II, art. 17, d'après lequel « toute commission centrale » révolutionnaire ou militaire était révoquée.... comme sub- » versive de l'unité d'action du gouvernement et tendant au » fédéralisme.... celles existantes devaient se dissoudre dans » les 24 heures. » Mais une lacune aussi grave ne pouvait ainsi suspendre l'exercice de l'action révolutionnaire ; l'art. 1er de la section 4 disait : « Le comité du salut public est autorisé à » prendre toutes les mesures nécessaires, pour procéder au » changement d'organisation des autorités constituées, portées » dans le présent décret.— Art. 2. Les représentants du peuple » dans les départements sont chargés d'en assurer et d'en accé- » lérer l'exécution ; d'achever sans délai l'épuration complète » de toutes les autorités constituées, etc., etc. » Or la deuxième commission militaire n'avait pas d'épuration à subir, elle fut maintenue par les représentants.

Je ne puis admettre l'exactitude de ce que dit M. Blordier-Langlois sur les membres de cette commission, dans le passage ci-après de son *Histoire d'Anjou,* tome Ier, page 406. « La deu-
» xième commission militaire cessa ses fonctions le 14 janvier
» 1794 (25 nivôse an II) ; elle ne resta plus à Sablé que pour
» rendre la liberté à des prévenus, et ses séances toutes de paix
» et d'indulgence rentraient dans la nature du président, homme
» humain et doux pour l'ordinaire, mais faible, trop souvent
» dupe de sa propre imagination, et trop facile à se laisser aller
» à des suggestions étrangères. »

Le 22, à Sablé, elle condamne six accusés à mort.

Le 23, six autres, tous prévenus d'avoir suivi les rebelles. Parmi les juges, se trouvait Vacheron, qui n'a pas signé les deux derniers jugements. Ce nom de Vacheron reviendra souvent sous notre plume, ainsi que ceux de Hudoux, Félix, Laporte ; Hudoux est resté à Angers pour le malheur de ses concitoyens ; nous nous demandions ce que Félix et Laporte, dont nous avions perdu les traces, avaient pu devenir ; nous les avions suivis jusqu'à Tours, où ils fonctionnaient comme membres de la commission militaire, lorsque nous parvînmes à découvrir que là ils avaient reçu la récompense de leurs éminents services : c'est le 22 prairial an II, que fut définitivement organisé le tribunal révolutionnaire de Paris ; parmi ses juges, nous lisons les noms de Félix et Laporte, membres de la commission militaire de Tours ; Fouquier-Tinville était l'accusateur public ; Félix et Laporte n'étaient pas déplacés dans cette haute juridiction de la capitale; ils allaient siéger à Paris aussi bien qu'à Angers, à côté d'hommes ignorants et sans éducation. Billaud-Varennes n'avait-il pas fait décréter que pour être juge, il n'était pas besoin d'études préliminaires ; il en était de même pour les administrateurs. Le cordonnier Lhuillier a rempli les fonctions importantes de procureur-général-syndic. A Laval, un autre cordonnier a présidé pendant quelque temps le tribunal du district (Dom Piolin, t. II, p. 397).

Félix et Laporte furent traduits devant le tribunal, en floréal an III, comme prévenus, notamment Félix, d'avoir envoyé des femmes enceintes à l'échafaud ; il s'est soustrait au jugement par la fuite. Laporte n'était entré en fonctions qu'à la fin de messidor et n'avait siégé que quatre ou cinq fois : il fut mis en jugement avec quatorze autres individus, parmi lesquels Fouquier-Tinville, qui a été condamné à mort ; pour lui, il fut acquitté le 17 floréal — lui et Félix revinrent plus tard à Angers, où ils retrouvèrent toute la faveur des représentants.

Pour avoir une idée du but de l'institution du tribunal révolutionnaire, il faut interroger avec soin quelques-unes de ses dispositions ; la plupart sont en termes vagues et se prêtent merveilleusement à l'arbitraire.

Art. 4. Le tribunal révolutionnaire est iustitué pour punir les ennemis du peuple.

Art. 6. Sont réputés ennemis du peuple.... § 7. Ceux qui auront répandu de fausses nouvelles pour diviser ou troubler le peuple.

§ 8. Ceux qui auront cherché à dépraver les mœurs et à corrompre la conscience publique, à altérer l'énergie et la pureté des principes révolutionnaires et républicains, ou à en arrêter les progrès ..

§ 9. Les fournisseurs de mauvaise foi, qui compromettent le salut de la République.

Art. 7. La peine portée contre tous les délits dont la connaissance appartient au tribunal révolutionnaire, est la mort.

Art. 12. L'accusé sera interrogé à l'audience et en public.

Art. 16. La loi donne pour défenseurs aux patriotes calomniés, des jurés patriotes ; elle n'en accorde point aux conspirateurs.

Ainsi, pour fausses nouvelles..... pour altération de la pureté des principes révolutionnaires..... pour corruption de la conscience publique... la mort ! toujours la mort ! et pourtant quoi de plus indéterminé que ces expressions : *pureté des principes... conscience publique...*

C'est sous cette législation draconienne, desservie par des hommes dignes d'elle, qu'ont été accomplies les plus monstrueux attentats ; et le peuple tout entier a courbé la tête, tant la loi exerce d'empire en France. — Cette loi fut aussitôt appliquée dans toute sa sévérité : un pauvre maître d'écriture, ex-employé au secrétariat de l'administration de la garde nationale, Colinot d'Angremont, fut le premier exécuté, le 21 août, à dix heures du soir, à la lueur sinistre des flambeaux, triste inauguration de l'échafaud révolutionnaire, dit M. Mortimer-Ternaux.

Sur la proposition de Couthon, il fut décrété, le 19 floréal an II, qu'en exécution de la loi sur la police générale de la République, le tribunal révolutionnaire de Paris connaîtrait exclusivement de tous les crimes contre-révolutionnaires ; en conséquence, les tribunaux et commissions révolutionnaires établis dans quelques départements par les représentants du peuple sont supprimés : le comité de salut public pourra néanmoins conserver ceux qu'il jugera nécessaire. (Voy. *Moniteur,* séance de la Convention du 19 floréal an II.)

Ce fut en conséquence de ce décret que furent jugés, à Paris, Brevet de Beaujour et ses co-accusés, les officiers municipaux des Ponts-de-Cé ; Pavie, ce grand conspirateur, qui, bon gré, mal gré, avait imprimé les proclamations des chefs vendéens à la prise d'Angers.

Nous n'avons parlé qu'en passant de ce tribunal, mais tous savent quelles sont ses œuvres, et quelle place lui a été faite dans l'histoire : c'est de lui cependant que Saint-Just osait dire à la Convention dans son rapport des 8 et 13 ventôse :

« On se plaint des mesures révolutionnaires, mais nous » sommes des modérés en comparaison de tous les autres gou- » vernements.

» Votre tribunal révolutionnaire a fait périr 300 scélérats » depuis un an....... Ceux qui font des révolutions à moitié, » n'ont fait que se creuser un tombeau ; la révolution nous » conduit à reconnaître ce principe, que celui qui s'est montré » l'ennemi de son pays, n'y peut être propriétaire · il faut encore » quelques coups de génie pour nous sauver. »

Ces coups de génie, quels étaient-ils ? On peut aisément le présumer : fort heureusement Saint-Just n'a pas eu le temps de les exécuter.

Danton portait un tout autre jugement. Le jour même de son arrestation, il disait : « C'est à pareille époque que j'ai fait instituer le tribunal révolutionnaire : j'en demande pardon aux » dieux et aux hommes, mais ce n'était pas pour qu'il fût le fléau » de l'humanité » *(Histoire de la Révolution*, Mignet, t. I, p. 394.)

C'est lui qui avait fait décréter que tous les citoyens seraient aptes à rendre la justice, et à faire l'application des lois civiles et criminelles. Etait-il donc bien en droit de se plaindre ?

La commission militaire fut supprimée par la loi du deuxième jour complémentaire de l'an III, article 24, et décret du 1er vendémiaire an IV, et remplacée par un conseil militaire, composé de trois officiers dont un supérieur, trois sous-officiers et trois soldats ; pour les cas devant entraîner la peine de mort, le général devait, d'après l'art 16, nommer le double des membres, et le prévenu avait le droit d'en rejeter un nombre égal, dans les mêmes grades.. .. s'il y avait plusieurs prévenus, ils pouvaient se concerter pour les exclusions, art. 18.

Les conseils militaires devaient nommer un défenseur aux prévenus qui n'en choisissaient pas, art. 4 du décret du 1er vendémiaire.

Le conseil militaire d'Angers fut installé, le 25 vendémiaire an IV, par le général Monet. Le 26, il condamna à mort quatre grenadiers, pour assassinat sur un de leurs camarades.

Le 2 brumaire an IV, le conseil fut saisi d'une procédure instruite contre Richard et Fouin, accusés d'avoir tenté d'embaucher des soldats pour la chouannerie, le 27 vendémiaire : le conseil à l'unanimité déclara qu'il n'était pas compétent pour prononcer sur l'affaire dudit Richard, postérieure à sa convocation : rien n'était plus régulier que cette déclaration d'incompétence ; le conseil la motivait sur les termes parfaitement clairs de l'art. 21 de la loi de l'an III : « tout conseil militaire sera dissous, dès qu'il aura prononcé sur les délits pour le jugement » desquels il aura été convoqué....... » Or il est évident que le conseil du 25, en fonctionnant dès le 26, n'avait pas été convoqué pour statuer sur les délits commis le 27.

Le représentant du peuple Bodin, informé de ce jugement,

qu'il regarde comme un obstacle qu'il lui appartient de lever, prend l'arrêté suivant :

Angers, 3 brumaire an IV.

« Le représentant du peuple... instruit de la difficulté qui s'est » élevée dans le conseil militaire de la 5e division.

» Considérant que la loi n'a pu prévoir le cas où, pendant la » session du conseil, il surviendrait de nouveaux délits, sur » lesquels il serait instant de prononcer, et voulant suppléer à » son silence sur cet incident, et consultant ce que réclament » l'humanité et la justice ;

» Considérant que si l'humanité ne permet pas que l'innocence » languisse dans les prisons, la justice réprouve également toute » lenteur dans la punition du crime ;

» Déclare le conseil militaire de la 5e division compétent pour » prononcer sur l'affaire dont il s'agit ; en conséquence, il con- » tinuera ses informations, et terminera de suite la procédure ; » à cet effet, il lui donne toute attribution nécessaire.... »

Ainsi le représentant Bodin le déclare naïvement, *il veut suppléer au silence de la loi.... il donne au conseil toute attribution nécessaire....* et les motifs qu'il invoque, quels sont-ils ! Quelle doctrine et quel arbitraire ! Se peut-il qu'un pays soit soumis à un tel *semblant* de justice ! Hé bien ! Il n'y a plus la moindre difficulté : le suprême législateur a prononcé, Richard et Fouin vont être jugés. « Le lendemain 4 brumaire, sans statuer de nouveau » sur sa compétence, le conseil, considérant qu'il est constant » que le 27 vendémiaire dernier, dans l'après-midi, le nommé » Richard a cherché à embaucher pour les chouans quatre gre- » nadiers de la garnison, étant à leur poste, en les entraînant » pour boire dans des auberges.... le condamne à la peine de » mort.... acquitte Fouin. »

Le 4 nivôse, Planchenault dit *Canon,* de la commune de Saint-Aignan, a été condamné à mort pour fait de chouannerie.

Même condamnation, le 2 ventôse, contre Louis Mabile de la Paumelière, âgé de 31 ans, pris les armes à la main.

Le 6 ventôse, le conseil prononça la même peine contre :

1° Nicolas Stofflet, 44 ans, ancien commandant en chef des rebelles de la Vendée ;

2° Charles Lichtenstein, 24 ans, officier ;

3° Joseph-Philippe Desvarannes, d'Ancenis, officier ;

4° Joseph Moreau, 20 ans;

5° Pierre Pinot, 21 ans, — tous pris les armes à la main. — Stofflet à qui cependant on avait offert des conditions honorables, n'avait pas voulu déposer les armes. J'ai souvent entendu raconter ses derniers instants ; il est mort avec l'intrépidité qui a signalé toute sa carrière. C'est sur le Champ de Mars, près la manufacture Joubert, qu'il a été fusillé (1).

— Mais enfin les haines commencent à s'adoucir, et les jugements sont moins rigoureux. Le 25 frimaire, le conseil décide que trois accusés ne sont restés avec les chouans que malgré eux, et il les met de suite en liberté.

Les décisions qui suivent témoignent également que les membres de ce tribunal vont désormais saisir avec empressement l'occasion de s'éclairer et d'être indulgents.

Le 24 ventôse, dans une affaire contre un sieur Houdon, ils déclarent qu'elle n'est pas suffisamment instruite, et, dès le 25, considérant qu'il résulte des nouveaux renseignements pris par le capitaine rapporteur, qu'il n'est pas suffisamment prouvé que le prévenu se soit rendu coupable de voies de faits envers son sergent, acquitte, etc., etc.

Le 27, Lacroix-Duplanti, juge à Segré, est déclaré atteint et convaincu comme instigateur et chouan ; mais le conseil profitant de la loi du deuxième jour complémentaire, qui donne la faculté de commuer la peine, condamne ledit Lacroix-Duplanti à la détention jusqu'à la paix générale.

Enfin le registre est clos, le 30 messidor, par la condamnation de Monin, capitaine au 7e bataillon de Paris, à 12 ans de fer, pour crime de bigamie.

---

(1) Au moment de l'exécution, le général Flavigny ordonna qu'on plaçât un bandeau sur les yeux de Stofflet : « Un général vendéen, s'écrie celui-ci, en re- « poussant le bandeau de sa main mutilée, n'a pas peur des balles. »

A côté de ces tribunaux qui fonctionnaient trop souvent au gré de l'impatience et des passions de la multitude, tribunaux criminels extraordinaires, commissions militaires, conseils de guerre, siégeaient les comités révolutionnaires dont nous avons déjà parlé, expression ardente, mobile, de l'opinion publique. Jaloux de toute autre autorité, ils s'efforçaient constamment d'étendre leurs attributions; ils recherchaient les suspects, les dénonçaient aux magistrats, les faisaient arrêter et même exécuter sans jugement. Ils dictaient ou entravaient à leur caprice les décisions qui devaient être rendues. Celui d'Angers siégeait rue du Cornet, hôtel de Villemorge; il correspondait avec ceux de la capitale, des grandes villes, Nantes, Bordeaux, etc., avec la société des Jacobins de Paris, présidée quelque temps par Choudieu. Son importance a été trop grande, son action trop réelle et trop funeste sur tous les événements principaux de notre province, pour que je n'en parle pas avec quelque étendue; mais c'est par sa correspondance qu'il est essentiel de le faire connaître et de le juger : elle révélerait, sans commentaire aucun, ses vues, ses moyens de gouvernement, ses farouches et grossiers instincts. Quelque honte que l'on éprouve à cette lecture et au souvenir d'une si abjecte domination, il est bon qu'on sache en quelles mains peut tomber le sort d'une grande cité, d'un pays tout entier, quand une fois toute hiérarchie a disparu dans la société, quand le plus ignare et le plus inepte est appelé à les gouverner. (*Voyez* chapitre 11.)

Le premier comité révolutionnaire fut institué à Angers le 8 juillet 1793 par la commission des représentants Bourbotte, Choudieu, Tallien. Il était dit, art. 2 de l'arrêté : — Ce comité emploiera tous les moyens qu'il jugera convenable pour se procurer des renseignements sur tous les individus soupçonnés de rébellion, de trahison, d'incivisme notoire, et de dispositions contre-révolutionnaires.

Art. 4. Il demeure autorisé a décerner des mandats d'amener, à interroger, à faire mettre en état d'arrestation, tous particuliers qui lui auraient été dénoncés comme fauteurs ou complices des projets des révoltés.

Le 12 août suivant, le comité fut installé sous le nom de comité de surveillance extraordinaire et révolutionnaire, composé de Dorgigné, président, Aubry, Proust, Martin, Cordier, secrétaire : il fut réorganisé par les représentants du peuple la 1re décade, 1er mois de l'an II, et se composait de Brutus Thierry, président ; Sydney-Cordier, Marat-Boussac, Audio, secrétaire ; le 9 octobre, il s'adjoignit Girard-Retureau, Choudieu, Desnou, couvreur ; et le 28, Obrumier, Robin, Renou, Maussion, Abraham. Enfin, après le 9 thermidor, il fut modifié de nouveau, et l'on porta à quinze le nombre de ses membres, parmi lesquels Joseph Trotouin et Lacroix, qui souvent ont dû s'efforcer de modérer l'exaltation et la fureur de ceux de leurs collègues, que les événements n'avaient pas encore amorties.

L'une des premières mesures du comité du 8 juillet fut relative à la saisie des lettres : deux notables furent d'abord chargés d'arrêter celles qui seraient à l'adresse de personnes inscrites sur la liste des émigrés, et d'en prendre lecture au sein du conseil municipal... Mais cette mission ne fut pas acceptée, ou ne fut pas remplie au gré du comité, qui délégua deux de ses membres à cet effet ; et le décret fut alors appliqué dans toute sa rigueur. (*Voy.* Blordier-Langlois, t. I, p. 316.)

Tel était l'ensemble formidable de l'organisation judiciaire en Anjou à l'époque de la Terreur : les tribunaux, pour la plupart, n'avaient de la justice pas même les apparences ; leurs membres étaient dépourvus de toute dignité dans leur maintien, dans leur langage ; d'une éducation vulgaire, ils affectaient même de la grossièreté de manières, pour se rendre plus populaires. Comme ces magistrats d'exécrable mémoire, Jeffreys et Laubardemont, ils insultaient odieusement leurs victimes, et je me demande si Choudieu qui les connaissait bien, mais qui les soutenait, n'aurait pas pu dire très-justement d'eux ce qu'il écrivait d'Arras au comité de salut public, sur les membres de la commission militaire de cette ville : « Ils ont plutôt l'air de bourreaux que de juges.. » Il ajoutait : « Ils se promènent dans les rues avec une chemise » décolletée, et un sabre traînant toujours à terre. »

Des formes de procédure, on n'en connaissait, pour ainsi dire, plus. Toutes celles que la justice et la simple humanité recommandent en tout pays civilisé, avaient été écartées. « Ici, dit » Couthon, rapporteur du décret du 22 prairial an II, toute len- » teur affectée est coupable, toute formalité indulgente ou super- » flue est un danger public, le délai pour punir les ennemis de » la patrie ne doit être que le temps de les reconnaître ; il s'agit » moins de les punir que de les anéantir. »

Couthon s'était inspiré des souvenirs de Laubardemont. Ce magistrat inique, dans le procès de François-Auguste de Thou, agit avec une telle précipitation, que l'interrogatoire, les confrontations, l'exposé du rapporteur, l'arrêt et son exécution, tout fut terminé dans le même jour.

Les interrogatoires, quand il y en avait, étaient dérisoires. Souvent l'on ne savait sur quoi interroger le prévenu, car il n'y avait pas même de procès-verbaux constatant le délit. Ces mots suffisaient : *Il est un brigand.* Presque jamais d'audition de témoins, de confrontations, de défenseurs, toutefois entendons-nous : il y avait des défenseurs officieux, et nous aimons à retrouver sur les registres de la Commission militaire les noms de Monnier, Bigotte, Boureau ; mais, voici ce que j'ai lu, et j'en ressens encore une vive indignation, car il y a là l'oubli du plus sacré devoir, il y a trahison :

Bierri et Bernard Duclos, soldats, étaient prévenus d'outrages aux mœurs et d'attentat sur la personne d'une jeune fille qu'ils avaient rencontrée sur les bords de la rivière : le sieur André, défenseur officieux, déclare qu'il ne peut rester chargé de ce rôle, « car il était sur le lieu du délit ; il a vu les prévenus *trousser* » la fille, qu'il reconnaît, et lui jeter de l'eau sur la tête et sous » ses jupons. »

Ainsi le défenseur se transforme en témoin, au lieu de se retirer et de laisser la place à un autre ; voilà comme on entendait alors les devoirs de la défense : non, sous un tel régime, il n'y avait plus de *défense,* telle qu'elle doit exister, *une défense* libre, agréée par le prévenu ! Quant à l'ordre des avocats, *cette vermine gangrenée d'aristocratie,* disait Marat, dans son Journal du 19 août 1793, il n'avait plus de raison d'être en matière criminelle du moins, car l'avocat, en présence du juge, doit avoir le droit de parler en toute liberté, et si le juge représente la loi dans son austérité, l'avocat, sans chercher à la violenter et à la dénaturer, car il en est le serviteur et l'interprète, a bien le droit de tâcher de l'adoucir et de démontrer qu'elle peut être appliquée avec indulgence et humanité : C'est là le droit incontestable de l'avocat, et son devoir n'est pas moins noble. Un accusé, ami ou ennemi, réclame son ministère ; comme un médecin qui soigne les blessés des deux camps, il l'accueille sans hésitation, et tous applaudissent à cette générosité. La *terreur* seule devait lui ravir ces beaux priviléges, que lui ont restitués nos derniers gouvernements. Et cet état de choses est si bien passé dans nos mœurs et convient tellement à notre caractère national, qu'à moins d'un bouleversement et d'une anarchie absolus, nul ne peut se faire aujourd'hui l'idée d'une société organisée sans une magistrature et un barreau, l'un aussi bien que l'autre indépendant ; la première, appliquant la loi aussi librement que l'invoque l'avocat ; et pour faire mieux ressortir l'indépendance du juge, il faut que sa décision soit motivée, afin que la conscience publique puisse s'en rendre compte. La plupart du temps, la *terreur* frappait par suspicion et non par conviction, sans preuve, sans raison juridique, sans donner de motifs, et il n'y avait ni appels, ni recours en cassation contre de tels arrêts. L'erreur ne se présumait pas ; le juge apposait, avec sa signature, le cachet de l'infaillibilité. Tout cela, n'est-ce pas la profanation de la justice au plus haut degré ?

CHAPITRE IV.

Interrogatoires des accusés. — Ironies, dureté des juges. — Nobles et belles réponses de plusieurs prévenus. — Faiblesse de quelques-uns.

> La position de l'accusé, quel que soit le crime, quelle que soit l'évidence des preuves, inspire de l'intérêt, appelle la protection.
>
> (*Devoirs des présidents d'assises*, GAILLARD, p. 36.)

C'est principalement dans l'interrogatoire des accusés que se fait remarquer la douceur des lois criminelles d'un peuple et l'humanité des magistrats, — la torture physique avait été abolie avant la Révolution, ce n'était pas pour la remplacer par des tortures morales. Les interrogatoires dont j'ai à parler ne sont pas faits, à la vérité, avec l'assistance du bourreau, en présence des divers instruments de supplice, mais la plupart n'ont lieu que pour la forme : ils sont dérisoires, je le dis encore, quand ils ne sont pas amers et cruels ; ils sont conçus en quelques mots, et suivis de sentences plus brèves encore : *In capellâ,* c'est-à-dire à fusiller (1), *bien noté, bon à guillotiner,* ou simplement F., G., *fusiller, guillotiner.* Abel-François-Michel Scoty déclare au comité le 15 brumaire : *Qu'un jour étant chez Francastel, Morin et Vacheron dirent, le soir, qu'ils étaient excédés, qu'ils avaient chacun interrogé 80 personnes, et qu'il y en avait 75 ou plus pour la guillotine.* Pierre Gallard, gendarme, déclare, le 8 brumaire, qu'il a entendu plusieurs interrogatoires *par Morin et*

(1) Hamoneau, gendarme, déclare, « le 13 brumaire : ils fermaient l'interrogatoire, et disaient : *In capellá,* c'était le terme de leur jugement pour la fusillade. »

Vachcron en présence de plusieurs membres du comité révolutionnaire; on se contentait de demander le nom, l'âge, le domicile, ce qu'ils avaient fait, et sans autres preuves ils étaient conduits à la fusillade. Deux ou trois F marquent les plus coupables, comme s'il y avait eu possibilité d'exécuter plusieurs fois ces malheureux ! Un grand nombre même n'ont pas été interrogés : ils étaient portés sur la liste fatale par le caprice d'un seul homme, et d'un homme ivre quelquefois ; bien plus, des exécutions ont eu lieu par erreur : l'ordre arrivait de mettre des prisonniers en liberté, et depuis plusieurs jours ils avaient cessé de vivre !!... La même erreur fut commise plusieurs fois ailleurs, notamment à Lyon, par la commission militaire, qui fit fusiller, le 23 frimaire an II, le sieur Delesne, ouvrier, et qui, le lendemain, proclamait par jugement son innocence. Par décret du 22 ventôse an III, la Convention accorda un secours à la veuve Delesne. A Paris, des pères ont été condamnés pour leurs fils, et des fils pour leurs pères (Campardon, t. II, p. 185). — Telle était la justice révolutionnaire, stupide, aveugle et féroce. Des extraits textuels peuvent seuls faire apprécier les formes suivies par elle :

Le comité révolutionnaire procéda à Saumur, le 27 septembre 1793, à l'interrogatoire de la fille Deblais, femme Gervais, 45 ans, de Fontevrault. A elle demandé où elle était lorsque les brigands ont passé chez elle ? R. Qu'elle est restée chez elle, qu'ils ne lui ont rien dit, qu'il n'y a point de brigands, que nous sommes tous frères. — D. A elle observé qu'on doit considérer comme brigands ceux qui tuent les patriotes ; a répondu qu'ils leur rendent ce qu'ils leur font ; qu'il faut rendre à César ce qui appartient à César ; qu'elle a vu l'armée catholique avec plaisir, que son cœur tirait à cela. A elle observé qu'elle courait risque d'être guillotinée avec ces sentiments-là ; a répondu qu'elle ne le craignait point, qu'elle serait tranquille jusqu'au dernier article. — Le comité arrête qu'elle sera rétablie dans les prisons de cette ville, et qu'il sera statué sur son sort.

Arrêtée le 2 germinal, Rose Heraut, veuve de Pierre Cesbron, dit Descrances, 39 ans, est interrogée le même jour. On lui demande comment elle a vu la mort du tyran Capet ? R. Qu'elle en a gémi, n'aimant pas à voir faire du mal à personne. Le procès-verbal des gendarmes qui l'avaient arrêtée, constatait déjà qu'elle avait dit qu'elle aimait mieux mourir que de trahir sa conscience.

LE CALVAIRE.

N° 29.— F.— 11 germinal.— Perrine Bourgneuf, ex-religieuse des Ponts-de-Cé, née à Angers, 58 ans; ..... a déclaré que le gouvernement républicain ne lui convenait pas; qu'elle n'avait pas prêté serment, crainte de compromettre sa conscience, est une fanatique très-aristocrate.

N° 279. — Perrine Alot, fille, de Chalonnes, 40 ans, arrêtée depuis 15 jours, aristocrate, *parce que c'était son bon plaisir*, vieille enragée, fanatique. — F.

N° 330. — F.—Madeleine Sallé, femme de Pierre Avare, 40 ans, arrêtée pour n'avoir pas voulu crier *Vive la République!* et ne voulant pas le crier encore; fanatique, munie de signes contre-révolutionnaires.

N° 347. — F. — Marine-Joséphine Cartier, 55 ans, ex-hospitalière, de Cateau-Cambrésis, de l'hôpital de Saint-Jean d'Angers, n'a pas voulu prêter le serment, et aime mieux mourir que de le faire, étant bien persuadée que sa conscience serait compromise.

Ont fait la même réponse et ont eu le même sort :

Nos 348. — Jeanne-Marianne Morin, 48 ans.
349. — Marie-Elisabeth Chevrel, 28 ans.
351. — Françoise Charfoullant, 66 ans.
354. — Marie-Catherine Butaud, 43 ans.

Sur une liste sans date de 94 femmes du Calvaire, dont la plupart sont notées F, je lis le nom de Sophie Navry, veuve de Philippe Houdet, de Cholet, 36 ans, maltraitait son mari quand il ne *piait* pas les patriotes.... — Guillotinée.

17 GERMINAL AN II. — LES PÉNITENTES.

F. - Nos 21.— Anne Plèche, ex-hospitalière de Saint-Jean, a refusé de prêter le serment prescrit par les lois, parce qu'il répugnait à sa conscience.

22.— Paterne Peré, a refusé de prêter serment.
23.— Marie Bodin, 40 ans, id.
24.— Jeanne-Marie Baron, 42 ans, id.
25.— Marie Rosier, 36 ans, fanatique enragée.
26.— Marie Cauvin, 36 ans, id.
27.— Marie Granry, 53 ans, id.
28.— Antoinette Plé, id.
29.— Marie Cornillier, 67 ans, encore plus fanatique que les autres.
30.— Angélique Guillory, 60 ans, aussi fanatique.
31.— Antoinette Taillade, 64 ans.

Quatre autres sœurs, dont une était supérieure des Incurables, disent qu'elles n'étaient là que comme de simples pensionnaires; par cet innocent stratagème, elles ont échappé à la fusillade.

GRAND SÉMINAIRE.

19 germinal an II. — N° 14.— Marie Forestier, de Montjean, 26 ans; son frère est parmi les brigands depuis l'origine de la guerre de la Vendée; a déclaré ne pas aimer les prêtres nouveaux; fanatique, fréquentant les processions du Chêne (*Voy.* plus loin interrogatoire du sieur Moreau, vicaire à Saint-Laurent.)

N° 15.— Jeanne Thomas, veuve Delaunay, 70 ans, ayant des correspondances avec les brigands, et ayant fait passer de l'argent à son fils brigand; n'aimant que les vieux prêtres.

N° 26.— Julie Bouclé, de Montjean, 22 ans, arrêtée sans savoir pourquoi, fanatique, méchante.

Toutes trois sont marquées F sur le registre, ainsi que les nos 2, 3, 10, 12, 13, 20, 21, 22, 30, 46.

De même pour les nos 43, Louise Robin, 53, ans, de Montjean; 44, Marguerite Robin, 68 ans, — l'une et l'autre ayant été aux processions du Chêne, fanatiques.

Le n° 28 est noté FFF. — Marie Oger, veuve de Joseph Chartier, de Montjean, 67 ans, fanatique outrée; sa maison servant de lieu de rassemblement des contre-révolutionnaires.

Viennent ensuite les noms de beaucoup de femmes de Vauchrétien, de Chalonnes, etc.

Deux FF sont en marge du n° 92. — Perrine Bourdet, femme Château, de Chalonnes, 57 ans (21 germinal).

N° 130. — F. — Anne Maugrain, 35 ans, de Rochefort, a déclaré.... avoir été plusieurs fois au chêne de Saint-Laurent; est une aristocrate très-fanatique, parce que c'est son opinion.

Viennent à la suite grand nombre de F.

N° 167. — F. — Marguerite Chalumeau, dite Margot, de Segré, 55 ans, est une fanatique bête.

Ont été guillotinées les prisonnières ci-après : Marie-Charlotte Poulain, dite Forestrie, ci-devant noble ex-religieuse de la Visitation d'Angers, 70 ans.... scélérate à interroger publiquement par rapport à son fanatisme et aux propos qu'elle a tenus;

Plusieurs autres religieuses de la Visitation;

Du Calvaire,

De la Providence,

Des Carmélites,

Une quinzaine des Ursulines de Beaufort,

Plusieurs autres religieuses de la même ville, parmi lesquelles le n° 390, Agathe Lemée, d'Angers, 64 ans, vieille scélérate qui persiste à ne pas prêter le serment.

Le registre est clos par le n° 441, et signé G.... fils, — O.... fils.

Le tome VIII du greffe contient un grand nombre d'interrogatoires de religieuses d'Angers et de Beaufort condamnées à la déportation. Ces interrogatoires du 3 floréal an II se bornent presque tous à ces questions : D. Si elle a prêté le serment. R. Que non. — D. Si elle veut le prêter. R. Que non.

Ils sont signés seulement d'Obrumier f. fonctions de secrétaire. — Par leur brièveté, l'on s'explique comment Morin et Vacheron pouvaient en faire jusqu'à 80 par jour.

L'interrogatoire suivant, en date du 28 germinal, du sieur Joseph Moreau, vicaire, est un des plus intéressants; il fait connaître ce qu'était le chêne de Saint-Laurent, but des pèlerinages et des adorations des fidèles ; il met en relief d'un côté la dureté, les insultantes et grossières moqueries du juge, de l'autre, la résignation et la douce ironie de la jeune victime.

Joseph Moreau, 30 ans, vicaire à Saint-Laurent-de-la-Plaine.

D. S'il a prêté serment. R. Que non. — D. A combien de distance de Saint-Laurent est le fameux chêne qu'il connaît? R. A un quart de lieue, mais qu'il n'existe plus. — D. C'est lui et d'autres de sa clique qui se cachaient dans l'arbre, pour faire *mouver* une ci-devant bonne Vierge ? R. Qu'il n'y a jamais été, ni de jour ni de nuit.... — D. Combien de messes contre-révolutionnaires il a dites pendant le temps qu'il resta caché ? R. Qu'il n'en sait rien, la disant rarement. — D. A lui observé que puisqu'il en disait peu, il devait les vendre fort cher. R. Qu'il n'en vendait pas. — D. A lui observé qu'il devient de plus en plus un impudent menteur, puisque, après avoir dit qu'il n'aiguisait pas les poignards de la Vendée, il résulte de son dernier aveu, qu'il a béni les sacrés cœurs, qui étaient les vrais poignards dont se servaient les scélérats de prêtres (1). R. Qu'il croyait qu'on lui parlait de poignards ordinaires. — D. A lui demandé si, puisqu'il n'a pas vu les miracles de la bonne Vierge, il a vu le fameux miracle de la résurrection des brigands ? R. Que non ; que ceux qui ont été tués n'ont pas voulu ressusciter, crainte qu'il ne leur en arrive encore autant. — D. Combien il a baisé de fois, en réalité ou en idée, la mule de *cette* animal mitré qu'on appelle pape.

Signé : J. MOREAU, RUFFEY.

Moreau a été exécuté le 29 floréal : il avait été arrêté le 24 germinal, caché dans un trou pratiqué à côté d'un pailler. L'agent national de Segré, en envoyant le procès-verbal de cette arrestation et de huit autres personnes, annonçait que Humeau, ci-devant vicaire d'Andrezé, caché avec Moreau, réfractaire comme lui, avait été tué en cherchant à se sauver.

(1) Ces sacrés-cœurs étaient cousus aux habits des Vendéens.

Le même agent national envoyait à Angers le 11 floréal 58 brigands; le 14, 47.

Il écrivait : « Il ne faut pas que jamais aucun d'eux vienne » habiter Loiré. » La formule habituelle et finale de ses lettres était conçue dans ces termes, à peu près toujours les mêmes : *Il faut purger le district de tout ce qu'il a d'impur.*

Le 12 du même mois, il avait déjà fait un envoi de 10 femmes de Loiré.

« Les lois, disait-il, ne doivent pas être illusoires; il est temps » que l'on fasse des exemples : il est inouï de voir de ces ci- » toyens être revenus déjà deux ou trois fois : l'impunité les » rend plus ardents à se soustraire à la loi. »

Cet agent national aurait en peu de temps fait un désert du district de Segré, conformément aux instructions que recevaient les généraux de la République en Vendée. Il était tout disposé à les suivre à la lettre, en ce sens, au moins, qu'il voulait condamner à l'exil une grande partie de la population.

Dans l'interrogatoire de Moreau, nous avons vu le juge traiter le prévenu d'*impudent menteur*. J'aurais pu citer d'autres interrogatoires contenant la même injure. Jeffreys, dont nous avons déjà parlé, procédait habituellement ainsi. A un accusé qui réfutait la déposition de deux témoins, dont un était une prostituée, il disait : Comment, misérable rebelle, tu critiques les témoins du roi ! Je te vois déjà, misérable, je te vois avec la corde au cou ! A un témoin, en jurant : Vit-on jamais sur la terre une pareille canaille ! Dis-moi, crois-tu qu'il y ait un Dieu ! Crois-tu qu'il y ait un enfer ? Ma foi ! je n'ai jamais vu ton pareil parmi tous les témoins que j'ai interrogés ! (Macaulay, *Hist. de Charles II et Jacques II.*)

Ce qui précède a déjà suffi pour nous apprendre que ceux-là même que le comité dénonçait comme des charlatans, des aristocrates, des fanatiques indignes de vivre, savaient mourir sans faiblesse. *Les nobles* montraient *du caractère* en face de la mort; les prêtres mouraient *pieusement et en habits sacerdotaux* (1),

(1) Voy. ch. XI, lettre du 11 ventôse an II, du comité révolutionnaire d'Angers, aux représentants du peuple, on y retrouve ces expressions.

plutôt que de renier leur foi. A mes yeux, rien ne vaut cette oraison funèbre, arrachée à la conscience du tyran, et pour ainsi dire tracée par une puissance vengeresse, dirigeant la main du bourreau. Cet éloge, je n'ai pas souci d'où il émane, que m'importe ! dès qu'il ne peut être suspect à personne, et qu'il est l'expression de la vérité. Comme tous les gens honnêtes et impartiaux, je m'y associe de grand cœur ; il me rappelle, au surplus, la lettre de Samson rendant hommage à la résignation et à la fermeté de Louis XVI jusqu'au dernier moment. Que ne peut-on écrire ainsi toutes les pages de l'histoire en reproduisant surtout les témoignages des personnages les plus intéressés à contredire les faits et à contester les appréciations de l'écrivain ! C'est le but que je me suis proposé dans ce travail ; il a pu s'y glisser quelques erreurs de dates, de chiffres : c'est très-facile dans ce chaos de pièces sans ordre que j'ai compulsées ; mais quant aux faits, quant aux événements politiques, quant aux moyens inexcusables auxquels on a eu recours, je n'ai voulu les vouer à l'exécration de la postérité, qu'après avoir laissé parler, écrire les acteurs eux-mêmes, et raconter *la terreur* par les hommes même de *la terreur*. Aussi n'ai-je souvent pas ajouté un mot, une réflexion à leurs épîtres, à leurs sentences, afin que le lecteur se sentît en présence, non d'un livre, mais des hommes du passé, comme s'ils vivaient encore.

Une liasse intitulée : Procès de 42 *chouins* F.... en germinal, ne contient que cinq ou six pièces ; de simples notes au lieu d'interrogatoires ; des soupçons au lieu de preuves :

NOMS DES BRIGANDS.

. . . .

3° François Meunier, paroisse du Pertre, a servi de force ;
4° Baudoin, officier municipal, demeurant à St-Cyr, id.
5° Jacques Cliou, de Gennes, id.
21 autres, id.
19° René Maurié, d'Argentré, soupçonné ;
20° Julien Aubin, id. fort soupçonné d'avoir été au rassemblement ;
39° Jean Chevalier, id. soupçonné.

Ils ont servi de force.... ils sont soupçonnés! cela suffit et mérite la lettre F!

Toussaint Batard, 64 ans, chirurgien à Chalonnes, est interrogé au Mans le 12 août 93. D. S'il est dans l'intention de prêter serment? R. A répondu qu'il n'est point dans l'intention de le faire... qu'il croit avoir la liberté de le faire ou de ne le pas faire.— Sur ce, condamné à mort.

François Retailliau, marchand tisserand à Chanzeaux, est interrogé à Angers. D. S'il était citoyen? R. Qu'il l'était quant au temporel, mais qu'il ne l'était pas quant au spirituel. — Il avait été arrêté après l'affaire de Chemillé, où il avait été blessé.

LE BON PASTEUR.

N° 1. – F.— Françoise Leger, veuve de Pierre David, mort parmi les brigands, de Gonnord, 59 ans, domiciliée de Cholet : ses trois fils tués chez les brigands.

N° 16.—F.—Marie Clerc, femme Denis Bourdet, de Chalonnes; son mari mort à Angers, F, pour avoir été chez les brigands : arrêtée depuis un mois, ayant quatre enfants avec elle, a été au chapelet chez la papesse de Chalonnes (1); n'allant pas à la messe des intrus, parce que ce n'était pas son opinion.

N° 25.— F.— Anne Mariau, fille de Saint-Léger, 19 ans, ignorant où est son frère, qui est parmi les brigands; fanatique, ou bien ne voulant répondre à aucune question, disant qu'elle n'aime ni les patriotes, ni les intrus.

N° 53.— Marie Boissière, femme de Louis Fardeau, de Rablay, 32 ans, arrêtée depuis six mois, ayant suivi son mari, grosse de neuf mois, près d'accoucher; son mari guillotiné à Doué (18 frimaire an II), et elle est fanatique en diable.

N° 64.—F.—Françoise Boucherot, de Doué, 62 ans, supérieure de l'Hôpital général, ayant refusé de prêter serment, sa conscience lui défendant; fanatique.

---

(1) Je n'ai pu savoir le nom de cette femme chez laquelle on se réunissait pour prier.

Après des réponses semblables, même sort pour les ci-après :

N°s 65. Jeanne Gasté, 69 ans.
66. Jeanne Babin, 50 ans.
67. Marie Garreau, d'Angers, 43 ans.
68. Marie Lorin, de Martigné, 65 ans.
69. Marie Giffard, d'Angers, 35 ans.
70. Marie Gallet, d'Angers.
71. Geneviève Oger, de Loudun, 42 ans, religieuse des pénitentes.
73. Jeanne Jouin, de Sablé, 38 ans, hospitalière.
74. Louise Lorin, de Martigné, 32 ans, id.

Lorsque des interrogatoires avaient lieu plus ou moins régulièrement, on peut se demander s'ils contenaient bien toutes les réponses exactes des accusés.

Ainsi, pour mon compte, je doute que le trappiste Prudhomme, âgé de 60 ans, interrogé par Félix et Lepetit, le 16 floréal an II, ait fait la 4e réponse qu'on lui prête.

D. Quelle arme il avait ?
R. Un sabre et un fusil.
D. A quelles batailles s'est-il trouvé ?
R. A celles de Cholet et de Châtillon.
D. Combien a-t-il tiré de coups de fusil en ces batailles ?
R. Qu'il n'en savait pas le nombre.
D. S'il y avait beaucoup de femmes dans l'armée catholique ?
R. Que oui, mais qu'il ne lui en prit envie d'aucune.

Faut-il attribuer cette réponse à l'accusé, ou bien au cynisme du juge ou du greffier ?

Nous l'avons déjà vu, tous les détenus n'étaient même pas interrogés. Trotouin fait connaître que sur la fin de la 1re décade de pluviôse an II... Vacheron et Morin firent de nouveaux interrogatoires qui causèrent la mort à 103 femmes notées comme femmes de brigands.... que les religieuses furent toutes fusillées, quoique un très-grand nombre d'icelles *n'aient point été interrogées,* étant lors malades.

Le 12 nivôse an II, trois prêtres non assermentés furent exécutés à Angers : Houssin, Chesneau, Hermenot. Ce dernier, à qui l'on demandait chez qui il s'était caché, avait noblement répondu : *Que c'est un secret qu'il ne confiera jamais à personne, de peur de compromettre celle chez qui il était caché*. Cette ferme et généreuse conduite n'a pas touché ses juges, et le prêtre Hermenot a courageusement emporté son secret dans la tombe. — Chesneau a envisagé avec le même sang-froid le sort qui l'attendait. Il avait répondu : *Qu'il n'a jamais causé aucun trouble, mais qu'il est attaché à ses opinions religieuses*. Ainsi donc, pour la reconnaissance envers ses bienfaiteurs, pour l'attachement à sa religion, pour la dignité et la fermeté dans le malheur, nulle compassion, la mort ! ! !

Les propriétaires, locataires et concierges étaient obligés, par les décrets de février et mars 1793 : 1° de déclarer à leurs municipalités, dans les vingt-quatre heures, le nom, la qualité et domicile ordinaire de tout individu qu'ils logeraient momentanément ; 2° d'afficher à l'extérieur de leurs maisons, dans un endroit apparent, et en caractères lisibles, les noms, prénoms, surnoms, âge et profession de tous les individus y résidant habituellement. Tout manque de déclaration, toute déclaration inexacte, étaient punies de trois mois de prison ; le fait d'avoir recelé, moyennant salaire ou gratuitement, une personne assujettie aux lois de l'émigration ou de la déportation, était passible de six mois de fers. (Mortimer-Ternaux, t. VI, p. 295.)— M. Dauban, page 124, dit que c'est là une nouveau mode de proscription dont aucun tyran ne s'était encore avisé.

L'illustre Macaulay flétrit, en termes éloquents, la législation de son pays, *la libre Angleterre*, sur le recel. Les lois sur la haute trahison étaient alors, comme elles le sont encore aujourd'hui, en ce qui concerne la complicité, dans un état honteux pour la jurisprudence anglaise.

« .... En cachant un homme qu'on sait être un rebelle, on
» commet, selon tous nos jurisconsultes, un crime de haute
» trahison : il est inutile de faire remarquer l'absurdité et la
» cruauté d'une loi, qui définit du même nom, et punit du même
» supplice, deux offenses que la morale place aux extrémités de

» l'échelle du crime ; ce sentiment, qui fait que le sujet le plus
» loyal se révolte à l'idée de livrer à une mort honteuse un sujet
» rebelle, qui, vaincu, poursuivi, mourant, lui demande un
» morceau de pain et un verre d'eau, peut être une faiblesse,
» mais c'est une faiblesse qui touche de près à une vertu, et
» qu'on ne pourrait songer à bannir du cœur humain, sans en
» arracher en même temps les sentiments les plus nobles et les
» plus bienveillants de notre nature... Décider si Flora-Macdonald
» eût raison de donner asile à l'héritier proscrit des Stuarts, si
» de nos jours, un de nos braves officiers a bien fait de coopérer
» à l'évasion de Lavalette : ce sont là des questions sur lesquelles
» les légistes pourront différer d'opinion ; mais assimiler leurs
» actions aux crimes de Guy-Fawkes et de Fieschi, c'est un ou-
» trage à l'humanité et au sens commun. » (Macaulay, *Hist. de Jacques II*, t. I, p. 476.)

Le 11 nivôse, deux autres prêtres avaient été exécutés après un court interrogatoire, suivi de ces mots sur la chemise : *Bons à guillotiner.*

Le 21 pluviôse, un recensement a lieu *à la citadelle.* Le n° 15 est marqué de la lettre F. René Landais, 65 ans, né à Cornillé, domestique chez Volaige-Vaugirault, arrêté à Bourg, commune de Soulaire, en décembre dernier (vieux style), « a répondu *va-*
» *guement* aux questions qu'on lui a *fait.* Son maître est un *bri-*
» *gand*, et *brigand* lui-même.

» Ledit jour, à quatre heures du soir, *l'ouvrage recommence.* »
Les ouvriers sont Hudoux, Goupil et Vacheron.

Plusieurs interrogatoires se terminent ainsi, comme le précédent : *Il est un brigand,* ou *brigand lui-même.*

N° 42. Claude Herbelot, 45 ans, né à Champtoceaux, profession de boucher, arrêté chez lui par des citoyens ; a dit avoir « payé
» plutôt que de monter la garde pour les brigands ; il a payé
» 20 fr., plus trois autres fois : les brigands lui prirent sept bœufs
» sur des bons. — Il est *un brigand.* — F.

L'interrogatoire qui suit excite à la fois la pitié et l'intérêt pour la faiblesse d'une pauvre jeune femme, détenue loin de sa famille et de son pays : Anne-Catherine Nicole de la Mouche, de

Senlis, âgée de 26 ans, veuve de Louis Bussi, mort à Saumur, est interrogée le 28 germinal. D. Si elle connaît un sieur Renard, aussi détenu. R. Qu'elle le connaît très-peu. D. Si ce Renard était ci-devant noble ou attaché à un noble? R. Que non, qu'il était fils d'un maître boucher. D. Comment elle a connu ce Renard? R. En se promenant dans la cour de la prison, et que ledit Renard l'ayant voulu épouser, prétendant que par là elle obtiendrait sa liberté, elle avait adhéré à sa proposition, pour effacer son nom de noble, qui lui était odieux..... Qu'elle était prête de se marier à un bon républicain. — *Obs.* Que sans doute lorsqu'elle lisait les œuvres du célèbre J.-J. Rousseau, elle tournait à l'inverse les bonnes phrases de ses écrits, pour mieux opérer et contribuer à la contre-révolution. R. Qu'elle avait lu les ouvrages de cet auteur avec plaisir, et que jamais elle n'a donné aucun contresens à aucune de ses phrases.

Cet interrogatoire fait à l'église des Jacobins, par les membres de la commission militaire, n'est signé que de Ruffey, secrétaire.

La veuve Bussi s'étant déclarée enceinte de deux mois, il fut sursis à son jugement.

En lisant ce qui précède, on se rappelle ce passage de l'illustre historien de notre Révolution :

« Des liaisons d'amitié et d'amour s'établirent (dans les pri-
» sons) ...... une sorte d'égalité volontaire réalisa dans ces
» lieux cette égalité chimérique que des sectaires opiniâtres
» voulaient faire régner partout, et qu'ils ne réussirent à établir
» que dans les prisons. »

(THIERS, *Histoire de la Révolution*, t. V, p. 393.)

Cette observation est d'une vérité éternelle ; les niveleurs auront beau faire, il y aura toujours inégalité d'intelligence, de force, de vertus et de richesses ; l'homme n'est pas, comme l'animal, formé aux lois immuables de l'instinct : il a ses passions bonnes et mauvaises, qui décident de sa destinée, qui l'élèvent ou l'abaissent, le font riche ou pauvre, digne de mépris ou de respect ; mais la souffrance, physique ou morale, est la loi commune, elle nous rend tous égaux et nulle condition ne saurait s'y soustraire.

A côté de cet interrogatoire qui touche et afflige, j'en place un autre qui peint la nature humaine dans ce qu'elle a de noble et de grand : page admirable, expression simple et vraie des sentiments d'un vieux soldat et d'un bon père : on se sent soulagé en la lisant, après tant de pages hideuses et sanglantes :

Camille Abraham Carrefour, dit la Pelouse, 60 ans, ex-officier d'artillerie. D. Si son fils n'est pas venu à Saumur avec les brigands ? R. Qu'il ne le croit pas, car il l'aurait vu, à quelque prix que ce fût, et qu'il serait venu l'embrasser. — A lui représenté, s'il était républicain, comment il nous dirait que si son fils était venu à Saumur, il l'aurait embrassé, lui qui est un ennemi de la République ? R. Que c'est par un sentiment de la nature, et qu'on est fils avant d'être citoyen, bon à quelque chose pour sa patrie. — A lui représenté que, puisqu'au lieu de repousser son fils avec un sentiment d'indignation, il lui aurait accordé le baiser paternel, il l'approuve donc dans sa démarche ? R. Qu'il ne croit pas que la nature puisse laisser à un père un sentiment d'indignation contre son fils.

Signé : PAREIN, président ; MARCELLIN ; MILLIER.

La Pelouse ne sortit de l'interrogatoire que pour marcher au supplice : interrogé à Saumur le 28 août, il fut exécuté le même jour.

On avait saisi sur lui un plan d'organisation de défense, et une proclamation.

Le 23 août, sa femme avait réclamé sa mise en liberté dans une lettre conçue dans les termes les plus convenables.

M. Campardon, dans son *Histoire du Tribunal révolutionnaire de Paris,* cite une réponse digne de figurer à côté de celle de la Pelouse :

Angrand d'Alleray, ex-lieutenant civil du Châtelet, comparaissait devant le tribunal révolutionnaire de Paris comme accusé d'avoir fait passer des secours à son fils, alors émigré. Un juré cherchant à le sauver, sans doute, lui adresse cette question : Peut-être l'accusé ignorait-il la loi qui interdit toute correspondance avec les émigrés, qui sont considérés comme les ennemis de la patrie? R. Je la connaissais... mais les lois de la nature passent avant les lois de la République.

Il fut condamné à mort le 9 floréal an II.

Un pays doit être fier de tels hommes, ne craignant ni leurs juges ni la mort, découvrant, sans hésiter, devant eux, leur poitrine et leur cœur; ils sont dignes des hommages de la postérité, qui leur doit tout l'intérêt que leur a si durement refusé la justice.

CHAPITRE V.

Condamnations en masse.

Terruit urbem, terruit gentes ;
La cité, le monde ont été épouvantés.
(HORACE, livre I, ode 2.)

Lecointre, de Versailles, dans la séance de la Convention du 12 fructidor an II, accusait ses collègues Billaud-Varennes, Collot-d'Herbois et Barrère, membres du comité de salut public, Vadier, Amar, Voulland et David, membres du comité de sûreté générale « .... d'avoir couvert la France de prisons.... ; d'avoir plusieurs » fois ordonné la mise en jugement de cinquante à soixante per- » sonnes en même temps pour des délits différents...»

Lecointre, peu humain de sa nature, portait, dans cette circonstance, une accusation pleine de justesse et d'humanité. Les prévenus, en thèse générale, ne doivent pas être jugés par groupes, à moins qu'ils n'aient agi ensemble, qu'ils ne se soient concertés pour prendre part au même crime et concourir au même but : dans cette hypothèse, si leurs moyens d'attaque ont été communs, leurs moyens de défense doivent l'être également. Il est convenable qu'ils s'expliquent en présence les uns des autres, qu'ils soient confrontés, afin que le juge, jury ou magistrat en titre, discerne plus aisément les innocents des coupables, ceux qui ont été entraînés de ceux qui ont excité à l'action et qui l'ont dirigée ; afin, aussi, qu'il puisse déterminer les divers degrés de criminalité. Les jugements par catégories se justifient alors, ils sont dans l'intérêt des prévenus et d'une bonne administration de la justice. C'est ainsi que l'on procède sous l'empire de nos codes si calomniés chez nous, si admirés chez les autres peuples ; et tous les jours on voit de nombreux accusés s'asseoir sur le même banc, qu'ils soient étrangers, nationaux, civils, militaires, ... ayant tous à répondre à la même accusation : ainsi le veut non-seulement la loi, mais la raison et l'équité. — Il n'en est pas de même quand les faits sont d'une nature diverse, qu'ils ont été accomplis en des temps et des lieux différents. Si l'on réunit néanmoins des accusés qui n'ont eu aucunes relations entre eux, la justice doit nécessairement commettre de graves erreurs : les faits, les circonstances étant multiples, l'attention du juge doit plus facilement se distraire ou se fatiguer. L'indignation que lui inspire la conduite d'un accusé peut, à son insu même, l'égarer et rejaillir sur un accusé moins coupable. Ces réflexions s'appliquent naturellement au mode de procéder des tribunaux révolutionnaires, à moins qu'on ne refuse de voir dans leurs actes aucun des caractères qui constituent les œuvres de la justice, et qu'on en vienne à dire qu'en parlant d'eux, on ne peut les juger d'après les règles et les principes généralement reconnus.

J'ouvre l'un de leurs registres, et je lis à la date du 26 germinal an II, un jugement rendu sous la présidence de Félix, d'une brièveté navrante, et condamnant à mort quatre-vingt-dix-neuf individus ; cette terrible sentence est suivie d'une mention plus concise et plus terrible encore :

« Et le lendemain 27 germinal, nous nous sommes transportés » au lieu fixé pour l'exécution du jugement à mort rendu par » nous contre les 99 individus dont il est question, afin d'y être » présens ; laquelle exécution a eu lieu sur les dix heures du « matin. »

C'est à La Haie des Bonshommes (Champ des Martyrs) que ces malheureux ont été fusillés. Le comité révolutionnaire nomma deux de ses membres pour assister aux exécutions qui ont eu lieu plus tard dans ce même endroit, « à l'effet de surveiller leur » inhumation (des brigands) et à ce qu'elle soit faite de manière » à éviter à la commune d'Angers les dangers du mauvais air qui » pourrait en résulter. »

M. Godard-Faultrier a consacré des pages touchantes à ce lieu d'expiation. Je ne puis mieux faire que d'y renvoyer le lecteur : il y trouvera des chiffres et des détails qui confirment ceux que j'ai donnés. Cela devait être, car il a puisé aux mêmes sources ; il reconnaît également qu'en raison de la confusion des documents, il n'y a guère possiblité de déterminer le nombre précis des condamnés. — De saints pèlerinages s'accomplissent chaque jour au Champ des Martyrs, champ sacré où plus d'une fois sont venus s'agenouiller en même temps, au pied de l'autel, le fils de la victime et le fils du bourreau, l'un pleurant sur de cruelles souffrances, l'autre sur des crimes inouïs. C'est ainsi que la religion, comme une mère tendre et indulgente, compatit à tout ce qui souffre, et sait soulager toutes les douleurs, éteindre toutes les haines et toutes les inimitiés.

Je suis allé naguère à ce lieu d'éternelle désolation : ses abords font contraste avec les environs de notre ville, presque tous pittoresques et ombragés ; le chemin *du Silence* qui conduit à la chapelle, est bordé d'un côté par les murs de l'ancien parc de *la Haie des Bonshommes*, tout noirs, penchés, crevassés, menaçant ruine ; de l'autre, par des talus élevés, couronnés de haies vives, et, dans quelques passages, il rappelle parfaitement les anciens chemins creux de la Vendée ; du côté nord-est, la campagne autrefois couverte de bois, depuis peu défrichée, est entièrement dénudée de grands arbres, comme une plaine de la Beauce. La chapelle, d'un style simple, élégant, n'a déjà plus la fraîcheur d'une construction récente ; des infiltrations, des moisissures, déparent ses jolies voûtes, et sollicitent avec instance les soins de l'habile architecte, ceux de l'administration, et le désintéressement des pieux pèlerins qui la visitent ; douze *tumuli* rangés autour d'une cour rectangulaire, et surmontés chacun d'une croix, renferment les ossements des victimes amoncelées ; tout cela est simple, *négligé* même, je dois le dire, et l'on ne tardera pas, j'en suis bien sûr, à faire quelque chose de plus pour le culte dû à de telles victimes. Je me retirais pénétré de tristes souvenirs, lorsque j'aperçus un emblême vivant des scènes de l'âge malheureux que je décris : un oiseau de proie, hôte habituel de ces lieux désolés, faisait sur la fenêtre du gardien son repas accoutumé.

Comment les victimes étaient-elles transportées à ce lieu de massacre, distant de trois kilomètres environ de la plupart des prisons d'Angers? Edom, commandant de la gendarmerie nationale, nous éclaire à cet égard, dans sa déposition devant le juge Macé-Desbois : « Elles étaient conduites, partie à pied et partie » en charrettes, entassées impitoyablement les unes sur les » autres, sans distinction d'âge ni de sexe, et même plusieurs » d'entre eux furent étouffés dans le trajet, au moyen des » mauvais traitements qu'ils éprouvaient dans lesdites voitures, » puisqu'on en voyait plusieurs dont les corps étaient à demi- » sortis desdites voitures, la tête tombant vers la terre, et enfin » d'autres étendant les bras et les jambes jusque sous les roues » desdites charrettes..... Ne pouvant soutenir ce spectacle, il » s'adressa à Vacheron, pour l'engager à prendre des mesures » plus approchantes de l'humanité ; que ledit Vacheron s'y re- » fusa, en disant : Tu n'es donc pas républicain? en ajoutant : » Si ces scélérats nous tenaient eux-mêmes, ils nous feraient » éprouver d'autres horreurs ; qu'enfin le cortége continua sa » route, qu'une femme étant venue à tomber dans les ornières » du chemin, on la jeta impitoyablement sur le haut des autres » voitures. — Il dit ensuite que la fusillade était un véritable » carnage. »

J'ai visité autrefois le monument de Quiberon, et ce lieu que l'on appelle également le Champ-des-Martyrs. Mais j'étais jeune, et par conséquent mes émotions étaient plus vives et plus profondes : est-ce pour cela que je trouve que là tout répond mieux aux sentiments de deuil et de douleur. Site désert, sauvage, isolement absolu, magnifiques arbres verts qui s'élancent vers le ciel comme l'ardente prière des affligés ; sous leurs ombreuses rangées, impénétrables aux rayons du soleil, tout concourt à exciter la tristesse qui attendrit les âmes les plus fermes, tout porte à la rêverie et au recueillement, qui les rend meilleures.

Je pourrais désigner en Anjou plusieurs Champs-des-Martyrs : il y a notamment celui de la forêt de Vezins, renfermant les restes de douze à quinze cents victimes que la guerre a moissonnées à diverses reprises ; ce lieu situé au cœur de la Vendée, et qui a été le théâtre de combats acharnés où se sont distingués Henri Larochejacquelein, Stofflet, et tant de chefs vendéens, est consacré par des souvenirs ineffaçables, et vénéré par les populations religieuses de cette contrée. Combien d'autres localités pourraient également montrer au voyageur leur *Champ-des-Martyrs!* Doué, en première ligne, ou plutôt la commune de Douces, où s'élevait l'abbaye d'Asnières, Thouarcé, Joué, Chemillé, Chanzeaux, la Jumellière, les Ponts-de-Cé surtout, où les îles, les prairies, étaient converties en vastes cimetières : quels sont, en un mot, les sillons de nos campagnes qui n'aient pas été rougis de notre sang? En cent lieux différents, où des frères se sont impitoyablement égorgés, on aurait pu, avec raison, accumuler des croix et des tombes, témoins respectables assurément de nos malheurs passés! Toutefois, ne regrettons pas que ces monuments de deuil et d'expiation ne soient pas plus multipliés qu'ils ne le sont : ils rappellent de trop cruelles douleurs à chaque village, à chaque famille; ils ravivent des plaies qui ont trop de peine à se cicatriser; mais au moins continuons à honorer, par un culte sincère, ceux qui depuis longtemps sont sanctifiés par la religion, par de pieux et touchants souvenirs.

Les jugements de la 1re commission militaire sont inscrits sur plusieurs registres du greffe. Cette commission semblait d'abord vouloir se renfermer dans ses attributions toutes spéciales : elle renvoie devant le tribunal révolutionnaire de Paris plusieurs individus, parmi lesquels Coquereau dit Bois-Fernier, accusé d'avoir voulu détruire la République : il était atteint d'une hémyphlégie, et peu dangereux par conséquent. Un grand nombre de soldats sont traduits devant elle pour vol, désertion, etc. Toute son indulgence était pour eux. Jean-Baptiste Dumur, hussard au 7e régiment, s'était violemment introduit dans une maison; la commission a rendu ce singulier jugement :

Considérant qu'il ne s'est présenté chez le citoyen Daillé que parce qu'on lui avait désigné le citoyen Niveleau pour être un aristocrate, sur le compte duquel il allait prendre des renseignements;

Considérant.... qu'il était pris de vin;

Considérant que ce n'est que par un excès de patriotisme qu'il s'est porté à cette démarche;

La commission militaire déclare que Jean-Baptiste Dumur est coupable, mais excusable, lui enjoint cependant d'être plus circonspect à l'avenir... ordonne qu'il sera mis à l'instant en liberté.

En vertu des jugements de la commission d'Angers, plusieurs exécutions ont lieu dans les mois suivants à Saumur. Celle de La Pelouse, ex-officier d'artillerie (1), le 28 août; celles de la Sorinière, Ferchaud et Boucher, de Thouarcé, les 26 et 27 octobre; celle de Victor Bodi, ancien avocat, membre du district d'Angers; il faisait partie du conseil supérieur des rebelles; il était, au barreau de notre ville, l'émule de Delaunay l'aîné : il est mort avec courage; de Langevin, curé de Briollay; de Jacquet, de Rablay, 41 ans, exécutés à Angers; Langevin, le 8 brumaire; Bodi, le 9, avec le sieur La Haie des Hommes; Jacquet, le 11. La Haie-des-Hommes, plus qu'octogénaire, avait été criblé de blessures à la bataille de Fontenoy, et ses actions d'éclat mises à l'ordre du jour par le maréchal de Saxe; il vivait retiré dans son château, maintenant tout en ruines, non loin de Vihiers, s'y livrant avec ardeur, malgré son âge, au plaisir de la chasse. Il était renommé tout à la fois par sa rudesse, sa bienfaisance et ses nombreuses excentricités; mais son originalité, qui en faisait un de ces types qu'on ne retrouve plus, ne pouvait égaler sa rare bravoure. Ce vieux gentilhomme, cet intrépide soldat, envisagea, sans sourciller, l'échafaud.

Nous arrivons au 11 frimaire an II. La commission se transporte aux Ponts-de-Cé, suivie de la guillotine; le 14, neuf personnes furent exécutées. Mais cet instrument opérait avec trop de lenteur, paraît-il. Dès le 11, soixante prisonniers avaient été fusillés à Erigné; soixante autres sur la route de Brissac; le reste fut dirigé vers Doué, où l'on fusilla, le 17 frimaire, soixante-neuf

(1) Voyez son interrogatoire, ch. précédent.

personnes ; le 18, quarante et une autres ; le 20, cinquante-huit, le 22, trente et une, sans compter quelques exécutions partielles, celles de Perrier-Dubignon, et Dumans de Chalais, de Laval. Ces fusillades de Doué avaient lieu près l'abbaye d'Asnières.

De Doué, la commission se rend à Saumur, où elle fonctionne sans interruption du 26 au 30 : le 26, huit condamnés, parmi lesquels Ogeron de Ligron, sont exécutés ; le 27, deux autres, sur la place de la Billange ; le 29, seize sont fusillés sur la butte de Bournan ; le 30, six exécutions ont lieu sur la place de la Billange, celle notamment d'André Ori, dit Duplessix la Jambe de Bois, Louis et Jean Pichereau, Peronneau, curé et maire d'Artannes ; le 2 nivôse, trois autres, d'une religieuse ci-devant noble et de deux blanchisseuses de Cholet.

La commission variait ses travaux ; le sang ne cessait de couler sur un lieu par ses ordres que pour recommencer à couler sur un autre ; le 3 nivôse, elle fait fusiller soixante-dix-neuf individus à Doué ; le lendemain, soixante-quinze autres ; les 4 et 5, sont exécutés à Saumur Charles Richard, greffier du juge de paix à Thouars, Pierre Cornuau du Magny, maire à Faye-l'Abbesse ; le 6, deux cent trente-trois malheureux prisonniers sont fusillés sur les hauteurs de Bournan, effroyable hécatombe offerte *au salut de la République*.

« Considérant, dit la commission, qu'ils ont été pris les
» armes à la main ; considérant enfin *que le salut de la patrie*
» exige en ce moment le plus grand exemple, que les rebelles
» de la Vendée qui ont traversé la Loire font en ce moment tous
» leurs efforts pour rentrer dans leur pays, qu'ils sont en
» présence des armées de la République ; que les scélérats qui
» ont resté dans la Vendée relèvent la tête et assassinent chaque
» jour les patriotes ... la commission les déclare tous atteints et
» convaincus de conspiration envers la République. »

..... Ainsi, chefs, soldats, enfants sans asile et sans pain, se traînant à la suite de leurs pères, subissent tous indistinctement le même sort. — Ce jugement terrible n'est point signé par le président Félix : il en est de même de beaucoup d'autres. — Laporte, Roussel, Millier, signent plus exactement.

Pour constater ces sanglants sacrifices, la commission faisait usage de la formule concise, que nous avons déjà mentionnée. Ainsi elle dit, le 3 nivôse : « Nous nous sommes transportés sur » la commune de Douces, près les bois de la ci-devant abbaye » d'Asnières, pour être présents à l'exécution du jugement à » mort rendu ce jour contre les soixante-dix-neuf dénommés » ci-dessus, laquelle exécution a eu lieu ce jour par le moyen » de la fusillade. »

Une liste fait connaître le nombre incroyable de détenus morts dans les prisons de Doué, où ils étaient entassés comme des bandes de vils animaux : il s'élève à 134 en un mois, du 15 frimaire au 17 nivôse an II. Cette liste contient, comme du reste, toutes les listes fatales de la Terreur, des noms d'individus de toutes conditions, ainsi :

N° 11.—Michel Martin, laboureur, de Rablay ;
20.—Marin Boilève, dit la Mourouziere ;
75.—Maurille Gelusseau Amaury, de Cholet ;
103.—Operon, juge de paix de Durtal ;
119.—Cinq inconnus morts le 13 nivôse.
Nota.— Ils sont sans doute toujours restés inconnus.

Une autre liste contient les noms de 46 *brigands*, dont 25 ont été fusillés.

Parmi des pièces venues de Cholet, se trouve une note concernant 21 personnes fusillées le 29 nivôse, entre autres Pierre Belouineau, de Gonnord, et Yves Gandon, tanneur à Joué, près Gonnord. Quelques-unes de ces pièces indiquent que plusieurs de ces fusillades avaient lieu sans jugement.

Le 16 brumaire an III, Jacques Gautret, ex-accusateur public, a déclaré au comité : que la commission militaire a enlevé de la maison de justice du tribunal criminel plusieurs prisonniers, contre lesquels il avait dressé l'acte d'accusation, *et les a fait fusiller sans avoir les pièces.*

De Doué, l'instrument du supplice avait été ramené à Angers, dressé sur la place du Ralliement, et chaque jour, jusque vers la fin du mois de nivôse, de nouvelles victimes furent amenées aux pieds de l'insatiable *divinité* :

Le 11 nivôse	. . . .	4
12 —	. . . .	5 prêtres.
13 —	. . . .	5 (1)
14 et 15	. . . .	4
16 —	. . . .	10 (2)
18 —	. . . .	1
19 —	. . . .	5 (3)
21 —	. . . .	5
22 —	. . . .	4

Enfin le 23, le registre est clos par une liste de 100 individus, fusillés ledit jour, à quatre heures de relevée. Une liasse énorme, sans numéro, m'a fait connaître plusieurs exécutions qui ont eu lieu à Angers le mois suivant : 12 ventôse, Valery Lecoq, ex-avoué à Segré ; François Marsais, voiturier ; Christophe Niveleau, maire à Saulgé, *pour avoir voulu détruire la République et rétablir la royauté ;* 15 ventôse, Antoine-Luc Morin, prêtre ; 17 ventôse, François Verger, de Crée ; 25 ventôse, François Deléon, maçon à Saint-Rémy, et trois autres ; 26 ventôse, René Epron, tisserand à Dampierre. Je n'ai pas épuisé cette série de victimes, dont on retrouve les traces et les noms dans les annales judiciaires de la révolution, quoique je sois entré dans beaucoup de détails ; il m'en coûtait d'aborder la scène la plus hideuse de ce drame odieux ; mais je ne puis la passer sous silence, et je reviens en frissonnant sur mes pas.

(1) Parmi lesquels la Planche de Ruillé, dont nous parlerons avec quelques détails.

(2) Entre autres Marie-Jeanne-Michelle-Françoise Falloux, veuve Marcombe, et Guillot de Folleville, évêque d'Agra (*Voy.* chap. VI).

(3) L'un des deux était Donissant, père de la marquise de la Rochejacquelein (*Voy.* aussi chap. VI).

A l'époque du siége d'Angers, quinze à seize cer's infortunés restaient entassés aux Ponts-de-Cé. Deux membres du comité révolutionnaire présidèrent à leur supplice : ils furent témoins et même acteurs dans les scènes atroces qui l'accompagnèrent ou le suivirent. Des personnes, dignes de foi, donnent des détails sur un fait inouï dans nos guerres les plus acharnées, inouï chez les peuples civilisés, et qui s'est passé en plein jour, sous les yeux d'une population frémissante, mais paralysée par la terreur. Je laisse parler trois autorités locales, qui n'ont eu qu'à recueillir leurs souvenirs :

Le 16 brumaire an III, Claude Humeau, juge de paix *des Ponts libres*, déclare : « Lors de l'approche du siége d'Angers, » la commission militaire se rendit *aux Ponts libres,* suivie d'en- » viron 3,000 prisonniers des deux sexes... Le lendemain, ils » jugèrent à mort 9 hommes ; 50 ou 60 enfants furent mis en » liberté... 60 déserteurs furent fusillés, au point du jour, aux » Roches-d'Erigné ; dans cette même nuit, ils choisirent 120 ha- » bitants de différentes communes, qui furent fusillés à 8 heures » du matin... Au premier coup de canon, vers 10 heures, la » commission partit à Doué avec les prisonniers (1).

» Après le siége d'Angers et la déroute du Mans, M*** et G*** » amenèrent des prisonniers d'Angers, firent fusiller 250 de tout » âge *au bois planté*, commune de Saint-Maurice : ce fut là, en » premier, que le comité fit fusiller. Sur les représentations du » général Moulins (2), ils décidèrent de fusiller le reste sur le bord » de la Loire, entre les Ponts libres et Sainte-James (3) ; qu'en » différentes fois ils en firent fusiller 1250 (4) ; que G*** et M***

(1) Le 14 frimaire, jour du siége d'Angers.

(2) Ce général exécutait fidèlement les ordres cruels qui lui étaient transmis. Il avait reçu du général Turreau un ordre ainsi conçu : « Le général Moulins se por- » tera avec la colonne gauche sur Mortagne, fera désarmer et égorger, sans dis- » tinction d'âge et de sexe, tout ce qui se trouvera sur son passage (mouvement » d'horreur dans l'assemblée). » (*Séance de la Convention du 8 vendémiaire an II.*)

(3) Une simple croix de bois était érigée en cet endroit, elle est maintenant couchée sur le talus de la levée ; on doit très-prochainement la rétablir.

(4) Ce doit être à l'une de ces exécutions en masse, que Bénaben fait allusion dans sa déposition du 15 brumaire, quand il s'exprime ainsi : « A son retour de

» assistaient à ces fusillades, et qu'ils en égorgèrent à coups de » sabre et de baïonnette, et les jetaient dans la Loire ; qu'il y en » avait qui n'étaient pas encore morts.... que ce spectacle était » déchirant... Le chirurgien-major du 4e bataillon fait écorcher » 32 : il voulut contraindre Lemonnier, chamoiseur aux Ponts » libres, de les tanner ; que ces peaux furent transportées chez » un nommé Langlois, tanneur, où un soldat les a travaillées ; » qu'il croit que ces peaux sont chez Prudhomme, manchonnier » à Angers, porte Chapelière. » — Le bruit a été répandu qu'un fait de même nature se serait passé à Paris ; mais je lis dans le compte rendu de la séance de la Convention, 11 ventôse an III : « Les représentants chargés de surveiller l'établissement de » Meudon, près Paris, démentent le bruit répandu que l'on » tannait à Meudon des peaux humaines pour en faire des cuirs. » Toutefois on remarque dans un passage *des Anecdotes relatives à la Révolution,* du conventionnel Harmand de la Meuse, cité par Dauban, page 270 : « .... D'autres monstres, à l'exemple de » Saint-Just, s'occupèrent des moyens d'utiliser la peau des » morts et de la mettre dans le commerce. Ce dernier fait est » encore constant. » Le fait de ce genre imputé par Harmand à Saint-Just, est tout ce que l'imagination peut se représenter de plus immoral et de plus odieux ; mais il ne faut pas ajouter une foi trop aveugle aux récits de cet écrivain, trop porté à l'exagération.

Le 19 brumaire, Pierre Chesneau, officier municipal des *Ponts libres,* déclare :

« Que la commission militaire venue aux Ponts-de-Cé le 12 » frimaire, a amené 1,200 individus ou environ, tant hommes » que femmes et enfants ; ils firent monter la guillotine sur la » place de la Liberté, tinrent audience le 14, et jugèrent 9 hommes » à mort, qui furent guillotinés ; que le jour du siége d'Angers, » du 14 au 15, ils firent fusiller, sur la route de Brissac, 60 dé-

» l'armée, au commencement de pluviôse, il fût dîner chez le commandant de la » place des Ponts-de-Cé : après dîner, il vit environ 200 individus liés : on lui dit » qu'on allait les fusiller. »

» serteurs, et firent démonter la guillotine au premier coup de » canon, et partirent de suite, avec les prisonniers, pour Doué, » et qu'ils en firent fusiller autant sur la route de Brissac. Après » le siége d'Angers et la déroute du Mans, on amena pour la » première fois, un soir, cent prisonniers qui furent fusillés le » lendemain, à 4 heures du matin, sur la prairie de Sainte-James, » .... que passant dessus le Pont-de-Cé pour aller à la munici- » palité, il aperçut une quantité de cadavres, une partie dans » l'eau, et l'autre amoncelée sur le bord de l'eau..... qu'il fut » obligé de faire jeter ces hommes... que cette fusillade continua » tous les jours jusqu'au nombre d'environ 1,500, qui furent fu- » sillés de la même manière... qu'un jour étant à faire décharger » des farines pour la manutention... il a trouvé Pequel, chirur- » gien au 4e bataillon des Ardennes, qui avait dépouillé un » nombre de cadavres, dont il avait les peaux dans une poche.»

Gaslin, officier municipal, même commune, déclare :

« Que la commission militaire, avant le siége, fit fusiller en- » viron 400 individus de tout âge... Après le siége, 1,500 au » moins furent fusillés près de Sainte-James (1)... que la troupe » taillait ces malheureux par morceaux; que ce spectacle était » déchirant.... »

Ces témoignages ne sont pas les seuls; d'autres encore sont cités dans des ouvrages que j'ai déjà indiqués.

Quelque pénibles que soient les impressions que font éprouver de tels récits, j'ai cru remplir un devoir en transcrivant ces témoignages, qui révèlent à quel degré de barbarie peuvent descendre les peuples qui foulent aux pieds les lois de la société et de la religion: ils deviennent féroces comme les peuples les moins civilisés.

Qui de nous, jeunes ou vieux, en lisant les œuvres d'un illustre romancier, n'a ressenti de vives et poignantes émotions, sans calculer que le grand peintre des scènes du Nouveau-Monde a pu quelquefois forcer les couleurs de ses intéressants tableaux?

---

(1) Sainte-James avait reçu le nom de *Mont Joli*, et Saint-Laud celui de *Bonne-Terre*.

Qui de nous ne s'est involontairement laissé aller à des sentiments d'imprécation contre les bourreaux, de compassion pour la victime qui les brave ? Nous admirons autant l'une que nous exécrons les autres, et l'habile écrivain nous touche et nous attendrit, comme si, fidèle historien, il ne faisait toujours que raconter et reproduire la réalité. Ici, tout est vrai, tout est réel, tout se passe, non sur des rives sauvages, mais sur les bords riants du plus magnifique de nos fleuves, sous le ciel heureux de la France, et même dans cette partie toute privilégiée de la France, où s'épanouissent les fleurs les plus éclatantes, où mûrissent les plus beaux fruits, où le langage est poli, les mœurs douces et faciles : bourreaux et victimes étaient les uns et les autres nos ancêtres, et sortaient parfois de la même famille. Vraiment, c'est à ne pas y croire ; c'est à rejeter comme invraisemblables de telles horreurs. Si ces traits de cruauté ne paraissaient qu'à de rares intervalles dans ces temps de malédiction, on pourrait les imputer à l'insanité de leurs auteurs ; mais non, il est incontestable qu'ils étaient le produit d'un abominable système, et des plus perverses théories ; et nous pouvons appliquer à ces exécutions ce que M. de Barante dit des massacres de septembre.

« Les égorgements... étaient ainsi conçus et préparés avec la » froideur et la régularité d'un acte d'administration. » (*Voy.* aussi ch. 6, citation de M. Mignet.)

Crime ou folie, ils ont affligé le monde. Qu'ils servent donc d'exemples à tous : aux honnêtes gens, pour leur apprendre qu'il faut savoir tenir tête aux ennemis de l'ordre ; aux utopistes qui ne rêvent que réformes et perfectionnements impossibles ; aux entrepreneurs de révolutions par haine ou par ambition, pour leur rappeler que le peuple, une fois sorti de ses habitudes de travail et de soumission à la loi, est irrésistiblement entraîné aux derniers excès, et que ceux-là même qui l'ont mis en mouvement, sont impuissants à le retenir, et sont quelquefois les premiers broyés dans ses impitoyables étreintes.

On a dû remarquer qu'à certaines époques il y avait recrudescence de terreur ; par exemple, après la prise de Saumur, les combats de Coron, Beaulieu, des Ponts-de-Cé, de Cholet, le siége d'Angers et la déroute du Mans. C'est après ces graves événements, dont les deux derniers furent décisifs pour la cause vendéenne, que les administrateurs du district d'Angers écrivaient, le 4 pluviôse an II, au comité de sûreté générale : « Nous » vous envoyons ci-joint l'extrait des procès-verbaux que le co- » mité révolutionnaire nous a fait passer... L'immensité des » coupables que la destruction des brigands a livrés entre nos » mains, n'a pas permis de dresser des procès-verbaux d'arres- » tation, ni d'interrogatoires ; d'ailleurs, la nature de leurs délits » ne permettait aucun retard dans l'exécution de la vengeance » nationale. Des milliers ont été fusillés sur-le-champ par ordre » des représentants du peuple ; les autres, plus coupables ou » chefs, ont laissé leurs têtes dans le *panier expiatoire*, par ju- » gement de la commission militaire... Puis, parlant des nobles » et des prêtres, ils disaient : Déjà un grand nombre d'entr'eux, » transférés à Doué, district de Saumur, lors de l'attaque de notre » commune le 13 frimaire, ont terminé leur trop longue et trop » criminelle carrière ; le sort des autres nous est absolument » inconnu. Voilà la situation du district, que l'œil vigilant et » toujours ouvert du comité révolutionnaire, des autorités cons- » tituées, a bientôt purgé de tous les amis de la tyrannie. »

Cette lettre est, pour ainsi dire, un résumé fidèle de ce que nous avons vu jusqu'ici : absence de procès-verbaux, d'interrogatoires, de jugement, rapidité et cruauté des exécutions, les autorités s'applaudissant de toutes ces iniquités, et se glorifiant orgueilleusement de tant de méfaits.

CHAPITRE VI.

Suite. — Procédures et condamnations particulières.

La République fut livrée à des exécutions journalières et systématiques.

(MIGNET, *Hist. de la Révolution*, t. Ier, p. 399.)

Nous n'avons point l'intention d'exhumer des archives de nos greffes tous les noms qui méritent de revivre dans l'histoire, ou qui sont dignes d'intérêt et de pitié. La liste serait longue et bien difficile à dresser : nous voulons seulement mettre en relief quelques procédures remarquables par les noms bien connus des accusés, par leurs talents, le rôle qu'ils ont joué dans notre révolution, leur caractère et celui de leurs juges, ainsi que par l'étrangeté des motifs de condamnation. Il y aura même des noms obscurs appartenant à de modestes familles de cultivateurs et d'artisans, car la Terreur n'épargnait aucun rang. Cette liste, quoique très-incomplète, pourra paraître longue ; mais il est bon, et l'on m'a exprimé ce désir, qu'un grand nombre de personnes retrouvent ici des noms chers, les uns sans éclat, les autres attestant une illustre origine, tous prouvant quelle affreuse égalité pratiquaient les agents *de la Terreur,* et qu'ils sacrifiaient indistinctement toutes sortes de victimes à leurs hideuses passions.

Le 17 brumaire an II, le tribunal révolutionnaire de Paris jugea six officiers municipaux de la commune des Ponts-de-Cé.

« Considérant que la déclaration du jury de jugement, portant
» qu'il est constant... qu'il a été pratiqué : 1° ... notamment par
» les officiers municipaux de la commune des Ponts-de-Cé, des
» manœuvres et intelligences tendantes à favoriser les progrès
» des rebelles, qui occupaient Angers et les communes environ-
» nantes ;

» Que René Rideau est auteur ou complice de ces manœuvres;
» Que Jean Clain, Jean Tesnier, Florent Olivier, Thomas Hery,
» Julien Cailliau, etc... »

Tous furent condamnés à mort. Citoyens obscurs, membres d'un conseil de village, ils partagèrent le sort de la célèbre Madame Roland, qui fut jugée le même jour.

(Moniteur des 17 et 18 brumaire.)

Le mois de pluviôse, ainsi qu'on a déjà pu le remarquer, a été signalé par de fréquentes exécutions. Les prisons étaient encombrées par suite des arrestations en masse qui avaient précédé et suivi le siége d'Angers.

Furent condamnés à mort :

Le 1er. — Clavelan, charron, 44 ans.
Marie-Suzanne-Radégonde-Charlotte Marceau, veuve Leclerc, baronne de Vezins, 42 ans.
Louise-Mathurine Baranger, sa femme de chambre, 42 ans.
La fille Boucher, fille du chirurgien de Beaupréau.
Gault, commis greffier, 28 ans. On lui demanda s'il avait été écrivain des brigands; il répondit simplement qu'il ne l'avait été que très-peu de temps.

Le 2. — Bonneau et Gasté.

Le 5. — Cinq autres.

Le 7. — Cinq.

Le 8. — Charlotte Dutréau, veuve Chabot, 68 ans.
Bénigne Bessé, 61 ans.
Rosalie Duverdier.
Marie Humeau, devideuse, 43 ans.
René Bellanger, domestique, 20 ans.

Le 9. — Les deux Frouin, Guilloteau, Edin et Thuau de Saint-Lambert, membres du comité contre-révolutionnaire qui y était établi.

Le 17. — Michel Rapetti, dit Desroches, 49 ans, commandant la garde nationale de Sainte-James.
Joseph Perrot, 24 ans, employé dans les hôpitaux.

Tous étaient interrogés par Félix, et accusés d'avoir provoqué au rétablissement de la royauté, et à la destruction de la République française.

Louis Jousselin, 71 ans, né à Roche, district de Langeais, ci-devant noble, domicilié de Montilliers, près Vihiers, « arrêté depuis douze jours, a resté dans le pays envahi par les brigands ; » a un fils de 20 ans ; il ne sait où il est depuis l'affaire de Coron. » — Jousselin était interrogé, le 23 pluviôse, au château. En marge de son nom, n° 22 du registre, se voit la lettre G (guillotiné).

Je lis la même mention en marge du n° 114. Berthelot, dit de la Durandière, ci-devant conseiller au présidial d'Angers, et, depuis, président au tribunal du district de La Flèche... « Il est » suspecté à cause que son fils, âgé de 22 ans, est absent depuis » deux ans, présumé émigré... il est un brigand lui-même. »

C'est lui qui était si bien recommandé par une lettre du 3 ventôse an II (*Voy.* ch. 12).

Le 14 ventôse an II, furent condamnés à mort et exécutés : 1° Saillant, dit d'Epinard, ex-conseiller à la sénéchaussée de Saumur ; 2° Hercules-Gilles Lagrandière, ci-devant noble ; 3° Jacques-Nicolas-René Gastineau, ex-professeur de droit... convaincu d'avoir « reçu assidûment des prêtres dans sa maison... d'avoir » souffert que ces prêtres réfractaires eussent deux pistolets sur » la table, disent plusieurs messes dans sa maison, etc. » Gastineau a fait preuve d'une grande intrépidité à ses derniers moments.

Le 15 floréal an II ont été jugés, et exécutés le 16 : 1° André Saunier, maire à Neuillé ; 2° François Girard, ex-prêtre et curé assermenté, ancien procureur et notable de la commune de Neuillé, coupables : 1° .... 2° ....

3° Girard, « d'avoir dédaigné d'assister à la plantation de » l'arbre de la liberté en la commune de Neuillé, en 1792, et en» gagé plusieurs officiers municipaux à partager son mépris in» solent et liberticide. » Voilà, certes, de nouveaux genres de crime, inventés par la *Terreur :* le dédain, l'invitation au dédain, le mépris liberticide ! ! !

Drouineau Pierre-Fortuné, 50 ans, administrateur du district, puis accusateur public à Saumur, arrêté pour avoir reçu des brigands, était interrogé par Félix le 16 floréal, et exécuté le même jour à Angers.

Un mois avant, le 12 germinal, le même avait interrogé trois individus, exécutés le lendemain 13.

Un dossier concerne : 1° un lieutenant au 22e, Loir-Mongazon ; il produit pour sa défense les meilleurs certificats ; 2° Jean Davy, de Saint-Georges-sur-Loire, soldat au 16e ; 3° Pierre Malécot, de Martigné-Briand, salpêtrier ; 4° Auguste Prost, employé aux subsistances militaires ; ils sont condamnés le 13 floréal et exécutés le 14 à Angers.

Chalou, maire du Voide, président du comité des *brigands*, avait été exécuté le 4 nivôse an II.

Le corps des huissiers n'a pas été plus épargné que celui des avoués, des avocats, des notaires, des médecins et des chirurgiens ; il a également fourni son contingent à la guillotine (1).

Le 9 frimaire an II, Camoin, huissier à Chalonnes, a été condamné à mort pour avoir entretenu des intelligences avec les brigands, et fait des actes au nom de Louis XVII.

Le 25 frimaire an II, a été condamné et exécuté, à Saumur, Guillaume-Charles-Martin Lerat, huissier, malgré les vives réclamations du maire, des officiers municipaux et du juge de paix.

Joubert, aubergiste au Cheval-Blanc, déclare au comité, le 12 brumaire an III : ... Qu'un nommé Joussebert, noble, logé chez lui, avait été mis en état d'arrestation. Félix lui demanda un jour s'il était riche. Le déclarant répondit qu'il l'était : *Tant pis*, répliqua Félix, *il est bien malade*. En effet, Joussebert fut guillotiné huit jours après.

Lepeudry, dans sa déposition, rapporte le même propos. Seulement, d'après lui, il se serait appliqué à la personne de La Haie des Hommes, et non à celle de Joussebert.

Jean-Louis Guillot de Folleville, prétendu évêque d'Agra, 32 ans, secrétaire de Lescure, est interrogé par le comité le 16 nivôse an II.

---

(1) Bompois, chirurgien à Chalonnes, a été exécuté à Angers le 12 brumaire an II. Il était âgé de 68 ans. — Batard, 64 ans, chirurgien à Chalonnes, exécuté en août 1793. (*Voy.* ch. 4.)

Demandé de qui il tenait une alliance or et argent, et dans laquelle il y a des lettres initiales presque effacées, plus une croix d'or, plus un cœur aussi en or, s'ouvrant par la moitié, et rempli d'ordures ci-devant religieuses, — a répondu qu'il tenait le tout d'une femme de Paris, à laquelle il était attaché et comptait s'unir.

Dans un second interrogatoire, on lui demanda s'il a suivi le barreau du ci-devant parlement de Paris? R. Que non, mais qu'il a seulement travaillé chez un notaire, *n'aimant pas les formes judiciaires*. .. il avoue qu'il était président du conseil supérieur de Châtillon.

Signé : FÉLIX, p[t], LOIZILLON, s[re].

Il avait été arrêté dans les environs d'Angers, où il s'était caché. Les chefs vendéens avaient été trop longtemps dupes de sa fourberie. On lit dans les *Mémoires* de Mme La Rochejacquelein, p. 294 : « M. de Saint-Hilaire, officier de marine, était arrivé à » Saint-Florent à la nage, pendant le passage de la Loire... Il » apportait un bref du pape adressé aux généraux : ce bref por- » tait que le soi-disant évêque d'Agra, ce prétendu vicaire apos- » tolique, était un imposteur sacrilége... déjà la nullité de ses » talents et de son caractère et les menées du curé de Saint-Laud » avaient détruit peu à peu toute son influence. »

Cet imposteur est mort avec un grand courage sur l'échafaud. Ses deux sœurs ont subi la même peine, et à cause de lui.

Ce passage de la Loire, dont nous venons de parler, a eu lieu, comme on sait, le 18 octobre 1793, à la suite de la sanglante bataille de Cholet, et d'après l'avis de Bonchamp. Cet avis n'était pas partagé par Lescure et La Rochejacquelein, qui pensaient, au contraire, qu'il ne fallait pas quitter le sol vendéen ; que c'était là que l'armée royaliste était dans toute sa force et toute son énergie. Ils objectaient, avec raison, que les soldats, loin de leurs foyers, n'auraient plus la même ardeur, ni la même ténacité. Par conséquent, disaient-ils, il ne fallait pas se laisser séduire par les avantages que pourrait offrir la jonction avec les insurgés de Bretagne ; cette opinion était la plus sage. Le passage de la Loire a été funeste aux Vendéens : la mort de leur chef sur la rive droite, dans une cabane du petit village de la Meilleraye, parut à beaucoup d'entre eux comme un funeste présage, et porta le découragement dans leurs rangs. Il est démontré jusqu'à l'évidence que c'est bien à la Meilleraye que Bonchamp a succombé, et non pas vingt-quatre heures avant le passage de la Loire, ainsi que l'ont prétendu quelques historiens qui contestent au héros vendéen le mérite de la délivrance des 5,000 prisonniers républicains détenus à Saint-Florent; mais l'on ne peut plus sérieusement refuser à Bonchamp ce titre immortel à la gloire. Il s'est soulevé sur son lit de mort, et ce cri généreux est sorti de sa poitrine : *Grâce, grâce aux prisonniers!!!* Depuis le travail si précieux de M. Lemarchand, publié dans la *Revue d'Anjou*, 1867, page 277, il n'est plus permis de méconnaître l'authenticité de ce trait d'héroïsme et d'humanité. Le génie de David, en représentant le général vendéen au moment où il commande aux siens l'amnistie et le pardon, s'est rendu le digne interprète, nous pouvons le dire avec conviction, non d'une légende populaire, mais de l'histoire et de la vérité. En réfutant donc une fâcheuse erreur, M. Lemarchand a fait œuvre d'érudit et une louable action. Le nom de Bonchamp vivra désormais avec tout l'honneur qui lui est dû.

Jean-Guillaume La Planche de Ruillé, âgé de 55 ans, demeurant à sa terre du Plessis-Bourré; il y fut arrêté le 17 brumaire an II, lui, sa femme, ses quatre filles et deux femmes de chambre; après les épreuves qu'il avait déjà subies, les services rendus par lui indistinctement à ses adversaires, comme à ses amis politiques, les témoignages honorables d'affection et d'estime qui l'avaient entouré, cet homme de bien devait se croire en sécurité au milieu de sa famille et de ses ex-tenanciers; mais *la terreur* ne lâchait pas aisément sa proie; l'acquittement de juillet ne fit point obstacle à la condamnation de nivôse; nos codes modernes contiennent tous cette règle si équitable que l'on ne peut être repris après un premier jugement pour les même faits, sauf de rares exceptions; mais parmi les principes les plus sacrés de l'humanité et des lois criminelles, je n'en connais pas un, pas un seul qui n'ait été outrageusement foulé aux pieds par les magistrats de la Terreur.

Le 24 juin 1793, lors de la prise d'Angers, M. de Ruillé, d'après le vœu de la grande majorité des habitants, avait été nommé chef de la municipalité provisoire ; son nom, sa fortune, la douceur et la modération de son caractère avaient fait jeter les yeux sur lui ; il y avait courage et dévouement, dans ces circonstances difficiles, à ne pas refuser ces fonctions ; M. de Ruillé accepta ; c'était à ses yeux un honneur et un devoir ; ses opinions royalistes, son ascendant sur ses concitoyens lui méritèrent un accueil gracieux de la part des chefs vendéens ; il dut chercher du reste dans l'intérêt de tous à se les rendre favorables ; le danger passé, on lui fit un crime de son habileté et de sa sagesse ; un arrêté du 16 juillet 1793, signé par les représentants du peuple Richard et Tallien, ordonna qu'il serait immédiatement traduit devant la Commission militaire. Il fut sauvé cette fois par le souvenir récent de l'activité qu'il avait déployée, du bien qu'il avait fait, et par les attestations qui furent déposées sous les yeux du formidable tribunal, attestations revêtues des signatures les moins suspectes, celles, par exemple, de Goubaut, commandant des vétérans, Mame, Chéguillaume, Cesbron-Delisle, Cesbron l'aîné, Baron fils, Jacques Joubert fils, Merlet la Boulaie, Naurays, Cherbonnier, Cordier, Roullet, Delaunay, Goupil père et fils, qui l'un et l'autre avaient été arrêtés, puis relâchés par les Vendéens.

Un autre certificat, conçu dans des termes vrais et touchants, aurait impressionné les juges les plus endurcis; le voici : « Nous, maire et officiers municipaux d'Ecueillé,

» Certifions que notre ci-devant seigneur nous a toujours fait
» beaucoup de bien, que souvent il nous a dit de rester tran-
» quilles, de ne point suivre les brigands, d'aimer la constitution,
» de même que la loi ; c'est pourquoi nous lui avons beaucoup
» d'obligation ; nous prions qu'on le rende à sa brave et bonne
» famille. »

Signé : GUERRIER, maire, Pierre LEBRETON, René AUBERT, Pierre HUBERT, GOUPIL, JARRY, ANDROUIN, GIRARD, BACHELOT, PICARD, FRÉTIER, POINTEAU, GUILLET, curé.

La Commission composée : de Parcin, président, Laporte, Hardi, Millier, Hudoux, secrétaire, ne put résister à la pression de l'opinion publique, tout en laissant entrevoir une fatale arrière pensée.

Considérant, dit-elle, qu'il paraît n'avoir accepté la place de président de la nouvelle municipalité, que parce qu'il paraît y avoir été appelé par la majeure partie de ses concitoyens restés à Angers pour conserver l'ordre et l'harmonie, en l'absence des autorités constituées (1) ;

Considérant qu'il paraît que c'est à son instigation que plusieurs citoyens de cette ville, qui avaient été emprisonnés de l'ordre des brigands, ont été arrachés à leur fureur ;

Considérant qu'il paraît avoir sauvé du pillage les propriétés de différents citoyens ; considérant qu'il ne paraît pas, quant à présent, avoir commis aucun acte qui annonce en lui l'intention bien prononcée de rétablir la royauté ;

Considérant enfin que plusieurs des citoyens de cette ville ont donné des attestations en sa faveur ;

La commission dit qu'il n'y a pas lieu, quant à présent, à inculpation contre Jean Guillaume Laplanche-Ruillé, ordonne qu'il sera *provisoirement* mis en liberté.

Trois mois après, il était repris ; interrogé par Félix, président, il répond que déjà il a été jugé : on lui objecte qu'il y a de nouvelles charges contre lui. — D. Pourquoi il a accepté les fonctions de maire ? R. Que c'était pour rendre service ; qu'il ne s'est pas concerté avec d'Elbée ; qu'il s'est toujours opposé aux projets contre-révolutionnaires. D. Pourquoi il n'a pas prévenu les républicains pour exterminer les brigands ? R. Qu'il n'était pas militaire. On lui objecte qu'il ne faut pas être militaire pour savoir écrire.

On produit contre lui une déclaration du 27 frimaire an II, signée J. Trotouin (ce ne peut être l'administrateur du Calvaire) : il y avait deux Trotouin frères, sans doute, Joachim et Joseph,

(1) Ces autorités avaient évacué la ville et s'étaient retirées au Lion-d'Angers, à Laval, etc., etc.

demeurant l'un et l'autre rue Beaurepaire ; il ne s'agit assurément pas ici de Joseph, qui aurait plutôt fait tous ses efforts pour sauver l'inculpé. Trotouin énonce que Ruillé étant « maire » de la municipalité provisoire, a reçu *cinq brigands :* un autre » jour il le trouve allant au-devant *des brigands*, il le ramène : » une autre fois il lui dit que Nantes était au pouvoir des insur- » gés. »

Le 13 nivôse, La Planche de Ruillé est condamné comme convaincu notamment :

2° D'avoir surpris la bonne foi et capté les suffrages de la majeure partie des habitants qui étaient restés à Angers, pour être élu maire de cette commune ;

4° D'avoir été à la tête de cette prétendue municipalité au-devant des brigands.

9° Enfin d'avoir provoqué au rétablissement de la royauté.

Ce jugement du 13 nivôse fut exécuté le même jour : inutile de faire remarquer combien il est peu conciliable avec le précédent.

Il y a aux archives de la Préfecture une lettre de Mme La Planche de Ruillé du 27 frimaire ; elle demandait instamment au comité de ne pas être séparée de l'une de ses filles ; elle rappelait qu'elle s'était empressée de payer la somme de cinq mille livres à laquelle son mari avait été taxé ; cette demande fut rejetée ; j'ignore en quels termes le refus a été notifié, mais je ne lis que ces mots en tête de la pétition : *Néant à la requête.* — Les mêmes archives contiennent une lettre de la municipalité provisoire du 14 juin 1793, inspirée par la sagesse et l'humanité, et dont on n'aura pas manqué de faire un crime à M. de Ruillé ; elle est adressée en faveur des prisonniers vendéens aux administrateurs du département, qui étaient alors au Lion-d'Angers, et conçue dans ces termes : « ..... L'ennemi est à nos portes qui » s'avance sur nous : leur sort est entre vos mains ; vous sentez, » citoyens administrateurs, la responsabilité que vous appelle- » riez sur vos têtes et les nôtres, la représaille qui pourrait en » être la suite si l'événement ne répondait pas à nos espérances » et aux vôtres : déjà, le jour même de leur départ, des citoyens

» de cette ville vous avaient manifesté leur vœux pour leur li-
» berté ; nous vous les réitérons, nous nous en remettons en-
» tièrement à votre prudence et à votre sagesse de concilier
» leur liberté avec la sûreté de leurs personnes. »

Signé : LA PLANCHE DE RUILLÉ ; VERDIER ; DELAUNAY, méd. ; J.-J. TROTOUIN, etc., etc.

Au commencement de frimaire, les administrateurs du département de la Mayenne avaient été mandés à Angers, pour donner à la commission des renseignements sur les principaux détenus de leur département ; ils se réunirent le 12 : J'ai trouvé deux extraits de leur délibération, l'un à la bibliothèque de la ville, l'autre aux archives de la cour ; ce dernier est plus complet, et j'en donne la copie :

EXTRAIT D'UN DES REGISTRES DES DÉLIBÉRATIONS DU DIRECTOIRE DU DÉPARTEMENT DE LA MAYENNE :

Séance du 12 frimaire an II. — Les administrateurs sans-culottes du département de la Mayenne,

Convaincus que devant le salut de la patrie toutes les considérations humaines et particulières doivent disparaître et s'anéantir ;

Que le premier, le plus généreux des devoirs dans une république, est la dénonciation civique contre les riches, les conspirateurs ;

Que celui qui fut toujours insensible à la voix de la patrie, et s'arme contre elle, doit monter à l'échafaud ;

1° Reprochant à la femme Turpin, veuve Piquois, etc.

2° Charles et Jacques Piquois, ses deux fils, se sont montrés à toutes les époques de la Révolution en état d'*aristocratie permanente*.

3° On reproche à Garry, juge de paix du canton de Parné, une malveillance contre-révolutionnaire.

4° Perrier Dubignon était en correspondance avec les brigands de la Vendée. Pour surcroît de suspicion, le dénoncé possède en propriétés foncières, mobilières et commerciales, au moins 40,000 livres de rentes.

5° Dumans-Chalais..... 20,000 livres de rentes sont les garans de ses projets liberticides..... Complice inhumain des Bailly et des Lafayette, lors de la promulgation de la loi martiale : en horreur à ses concitoyens, il fit tous ses efforts pour faire déployer contre le peuple le drapeau sanglant.

6° Léon et Jean Dumans-Chalais, ses fils, héritiers des vices paternels, se sont toujours montrés les ennemis de la Révolution.

7° Leclerc de la Rangère, possède 40,000 livres de rente ; égoïste par conséquent.......

9° Monfrand fils, frère d'un émigré, suspect à ce titre, est de plus propriétaire d'un revenu de 30 à 40,000 livres de rente. La veuve Monfrand, mère du président, suspecte par les mêmes raisons.

10° Fontaine, musicien....... (divers griefs énumérés ici)..... On peut ajouter à ces preuves un incivisme continuel et marqué.

Républicains, nous avons rempli notre devoir ; la patrie en pleurs l'exigeait de nous, etc., etc.

Signé : M***, G***, etc.

Dans la Mayenne, on le voit par cette pièce seule, ce sont les mêmes haines, les mêmes accusations ridicules, le même jargon affectant l'emphase et le faux patriotisme.

Ces renseignements ridicules et cruels conduisirent à la mort la plupart de ceux qu'ils concernaient : Perrier Dubignon, Dumans de Chalais, furent exécutés à Doué, le 20 frimaire an II. — Le premier, surtout, se distinguait par sa charité et son humanité ; il n'avait pas craint de se compromettre aux yeux de son parti, en sauvant la vie à un grand nombre de républicains.

Le 19 brumaire an II fut exécutée à Saumur Jeanne Bernard, dite Dupercher, 45 ans, sœur hospitalière à Doué. Dans son interrogatoire du 9 elle fit preuve d'une grande fermeté ; elle répond « qu'elle ne reconnaît que le roi, et le pape... Qu'elle est saine » d'esprit... Qu'elle ne croit pas que nous (ses juges) fussions par » ses réponses jusqu'ici autorisés à croire qu'elle ne le fût pas... » Qu'elle ne voulait pas de mal à la République, *mais seulement* » *qu'elle désirait fortement sa conversion...* »

Belles pensées, vœux naïfs que le magistrat interrogateur n'aura pas manqué de tourner en amère moquerie !

Les deux jeunes filles du sieur Legrand, seigneur de la Liraie, conseiller maître à la chambre des comptes de Bretagne, Rose Madeleine et Marie-Renée Legrand, avaient été arrêtées à Laval le 24 brumaire an II ; le 1er du troisième mois, elles ont été condamnées à mort pour avoir suivi les brigands jusqu'à Laval ; elles avaient aussi été trouvées nanties d'un papier sur lequel était dessinée une fleur de lys.

On l'a déjà remarqué, le même jugement réunissait souvent des accusés de positions toutes différentes. Le 9 frimaire, à Angers, furent condamnés à mort : 1° Louis-Joseph-Amable Castelnau, capitaine au ci-devant régiment des carabiniers, pour conspiration contre la République ; 2° Pierre Beauvais, 50 ans, perruquier à Rablay (officier vendéen).

Castelnau avait un fils, officier au 7e d'artillerie, le 2 avril an II, qui s'adressa à la Convention et demanda la liberté de son père ; la pétition fut renvoyée à Angers, et Castelnau n'obtint autre chose que d'être transféré des Ursulines au Petit-Séminaire.

Lors de l'arrestation du chevalier Michel des Essarts, ou trouva sur lui un extrait d'acte du conseil supérieur de Châtillon, signé Ml des Essarts, pt, Bodi, Bernier, curé de Saint-Laud, Bouteiller, Gendron, Jagault, sre général ; c'était assez pour motiver son arrêt de mort ; il fut exécuté à Angers, le 19 nivôse an II, avec quatre autres prisonniers, parmi lesquels Joseph-Guy Donissant, 55 ans, général commandant *la cavalerie*, *l'infanterie* (telle a été sa réponse). C'est le père de la veuve de Lescure, devenue la marquise de la Rochejaquelein : cette noble et courageuse vendéenne était fille unique du marquis de Donissant, ex-gentilhomme d'honneur de Monsieur, et de la duchesse de Civrac.

De plus obscurs personnages étaient arrêtés soit par les ordres, soit de la main même de Choudieu, qui ne se bornait pas à exciter le patriotisme des villes, mais suivait nos armées, dirigeait leurs mouvements, animait, par son exemple, le courage de nos soldats. Sa présence à l'armée commandée par le général Du Houx, ne put prévenir les échecs de Rablay, Beaulieu et du Pont-Barré. Il se multipliait avec une incroyable activité, courant d'un poste à l'autre à cheval, et la nuit comme le jour. Le 17 septembre 1793, il arrêta de sa main, à Rablay, le sieur Pierre Jacquet, 62 ans, marchand de bestiaux. Le lendemain 18, il rendait compte de cette arrestation et de la situation des affaires, dans ces termes :

Concitoyens,

Président du comité de surveillance et révolutionnaire établi par le représentant du peuple à Angers, je vous envoie par une garde que le général Duhoux a donnée, le citoyen Pierre Jacquet, boucher, demeurant au bourg de Rablay, président du comitè contre-révolutionnaire *(suivent les détails de l'arrestation)*.... Excusez le style et le caractère de la présente au milieu du tumulte qui *reigne (sic)* toujours à la suite d'une armée. Tout va bien, et la République ne tardera pas à détruire les brigands : l'armée Duhoux marche sur Saint-Lambert, ça ira... La République une et indivisible, ou mourir en la défendant.

Jacquet fut condamné pour avoir eu des intelligences avec les rebelles de la Vendée, leur avoir fourni des subsistances... avoir fait partie de leur comité en qualité de président, et signé plusieurs bons au nom d'un prétendu Louis XVII..... Enfin comme atteint et convaincu de conspiration envers la République...

On lui reprochait d'avoir assisté aux combats de Beaulieu et de la croix de mission, à Rablay.

Il fut exécuté à Doué, le 18 frimaire an II, avec Louis Fardeau, aubergiste à Rablay, âgé de 31 ans.

Le 11 pluviôse fut exécuté, à Angers, Joseph Morna, ex-juge des traites, gabelles, etc.

Il était accusé : 1° d'avoir constamment manifesté des sentiments d'indifférence aux principes d'égalité et de liberté, en demeurant immobile chez lui, et dédaignant d'assister aux assemblées qui devaient préparer et consolider le bonheur du peuple français....

2° D'avoir, par ce silence et ce mépris, approuvé les trames contre-révolutionnaires...

5° D'avoir reçu et nourri chez lui plusieurs brigands, son fils à leur tête, reconnu pour un de leurs chefs, à qui il a donné des secours pécuniaires, malgré la réputation horrible qu'il lui connaissait....

Et, parmi les motifs, celui-ci est reproduit : qu'il est prouvé que Morna a eu des intelligences avec son fils, chef des brigands de la Vendée, auquel il a fourni des secours pécuniaires pour le soutenir dans son brigandage...

Cet arrêt est signé : FÉLIX, p^t, LAPORTE, HUDOUX, ROUSSEL, MORIN, LOIZILLON, sec^re.

Appuyer sur de tels motifs une condamnation à mort ! Aucun des juges n'avait donc de fils ?

Faire un crime à un citoyen de demeurer *immobile*... de ne pas assister à ces assemblées populaires où l'on discutait gravement sur l'utilité des *patades*, au milieu de tant de propositions niaises ou atroces (*Voy.* Blordier-Langlois, chap. 4). En pareil cas, il n'y avait que deux partis à prendre : *rester immobile*, c'était la mort ; ou bien sortir de son *immobilité*, se transporter au milieu des clubistes, discuter avec eux et sur les *patades*, et sur toutes les thèses à l'ordre du jour, et puis leur dire bravement : Mais véritablement, vous êtes fous ! c'était encore la mort. Au moins, avait-on le droit de choisir l'*immobilité*. Cette imputation, dont on a fait un grief capital à Morna, rappelle le passage de Tacite si éloquemment reproduit par Camille Desmoulins : « Se tenait-on au coin de son feu ? Suspect ! etc. (*Voy.* chap. 2).

Michel-Laurent Falloux, dit Dulis, 45 ans, ex-gendarme de la garde de Capet, condamné à mort pour avoir eu des intelligences avec les brigands, le 9e jour, 1re décade an II.

Sa sœur, Michelle Falloux, veuve du sieur Marcombe, lieutenant général, est interrogée le 15 nivôse an II :

D. Quel usage elle faisait d'un nombre incroyable de croix, reliques, chapelets et autres *géries* de cette espèce, trouvés sur elle, et d'où elle les tenait ? R. Qu'elle les tenait de son mari et d'une de ses tantes.

Signé : THIERRY, p^t.

En conséquence, elle était accusée : .... 3° d'avoir été trouvée nantie de beaucoup de signes fanatiques et contre-révolutionnaires ; .... 6° d'avoir provoqué au rétablissement de la royauté.

Ce nom de Falloux est honorablement porté par un de nos concitoyens, qui a rendu de notables services à son pays dans des circonstances périlleuses : sa foi politique est ardente et profonde, elle n'est pas partagée par tous, elle n'est pas la nôtre ; mais j'affirme qu'en Anjou, si des temps malheureux se reproduisaient, elle serait respectée par ses adversaires et par tous ceux qui ont le sentiment du vrai libéralisme. Nous pratiquons en France la tolérance religieuse : il faut en venir aussi à la tolérance politique, en la conciliant avec les besoins de l'ordre et la sécurité du pays.

Charles Pichonnière, 53 ans, né à Montlimart, notaire à Chemillé, a été exécuté fin de pluviôse an II.

On lit sur le registre des prisons de la citadelle, visitée par Goupil, Vacheron et Loizillon : le 23 pluviôse, 9 heures du matin, le travail commencé se continue....

G (guillotiner) n° 41. Pichonnière.... Ses deux fils étaient canonniers chez les brigands et ont été fusillés hier : il est un brigand lui-même.— Dans une des liasses du greffe, je vois que l'on a saisi sur Pichonnière une lettre ainsi conçue :

Angers, 2 pluviôse an II.

Au citoyen Pichonnière.

« ... S'ils ont fréquenté les rebelles (deux fermiers de l'auteur » de la lettre), ils ne l'ont fait que par une force bien supérieure » ... Je leur avais tant prêché l'obéissance aux lois, et ils » avaient assez de confiance en moi, que je suis persuadé que » s'ils ont fait des fautes, elles ont été involontaires.... Il prie le » notaire de visiter ses fermes... Il n'en est pas payé depuis » deux ans... »

Cette lettre signée Desmazières, nom vénéré en Anjou, prouve les dignes sentiments de celui qui l'écrivait : elle devait venir à la décharge de Pichonnière, à qui elle n'eût pas été adressée s'il avait eu des sentiments tout à fait contraires.... mais *il avait deux fils chez les brigands, il est un brigand lui-même,* il est marqué du fatal G.

Les archives de la préfecture contiennent, sous le n° 432, une lettre de M. Desmazières fils, devenu depuis président du tribunal civil d'Angers, promu en 1830 à la première présidence de la cour, et qui, dans ces hautes fonctions, sut conquérir, par son caractère et son savoir, une immense autorité, et l'estime de tous ses justiciables ; ce respectable magistrat, jeune alors, s'était vu forcé, comme tant d'autres, de suivre une carrière bien opposée à ses goûts, et qu'il s'empressa d'abandonner aussitôt que des temps plus heureux lui permirent de reprendre ses études et ses travaux accoutumés. Il était, en 1793, aide de camp du général Sureau : deux pauvres domestiques ont dû la vie à une bonne inspiration de son cœur. Les gens de service, sous la Terreur, par suite d'une solidarité qui serait plus rare de nos jours, étaient souvent emprisonnés avec leurs maîtres, et mouraient avec eux. Nous en donnons plusieurs exemples : M. Desmazières, le 7 juin, réclama au comité révolutionnaire, pour son service et celui du général, Jean Fournier et Pierre Plumejean, qui étaient à celui de la dame Louet, celle sans doute qui avait été exécutée le 6 pluviôse (*Voyez* quelques lignes plus bas), et à celui du sieur Villiers. Sa demande fut accueillie favorablement; et je lis en marge : *Mis en liberté le 8 juin 1793,* dès le lendemain de la demande. Quant à Villiers, il aura eu le sort de la dame Louet. Le même carton renferme une pétition de lui, à la date du 26 octobre 1793 : il demande sa mise en liberté, pour faire ses recherches relativement à l'emprunt forcé du décret du 3 septembre 1793, et revoir les matrices des rôles. La requête a été répondue, mais par ces mots que je lis en marge : *Ajourné et bon à dégraisser.* Cela se comprend.

Le 6 pluviôse an II, furent exécutés à Angers : 1° une femme ayant porté un nom depuis longtemps célèbre en Anjou, Mélanie Louet, veuve Dupineau, femme d'Antoine-Hercule Lehainault, dit Saint-Sauveur, 64 ans, demeurant à *Mirebeau*, près Rablay. *Mirebeau* appartient aujourd'hui à la famille de Kersabiec. Cette propriété est située sur les bords du Layon, et domine le cours de cette petite rivière dans l'une de ses parties les plus pittoresques. — 2° Charles Lehainault, son fils, dit Montiron, 32 ans, propriétaire du *Pineau*. *Le Pineau*, restauré par M. Delaunay, maire du Champ, provenait de l'héritage de Gabriel Dupineau, l'un des commentateurs les plus renommés de la Coutume d'Anjou. *Mirebeau* et ses environs, le village de *Doua*, le bourg de Rablay, ont fourni *à la terreur* un grand nombre de victimes, eu égard à la population de cette localité. Une liste de trente-neuf suspects avait été remise au comité révolutionnaire; en réalité même, cette liste atteignait peut-être le nombre de cent personnes, car à la suite de plusieurs noms, je lis sans désignation individuelle : *et toute sa maisonnée*. Ainsi :

Fardeau l'aîné et toute sa maisonnée;
Jean Morin, id.;
La veuve Richou, id.;
François Renou, femme et enfants;
Baudrier, id.;
Mathurin Marçais, id.;
Les domestiques de Doua;
Martin femme et domestiques au Pré;
Le sieur Burgevin et ses domestiques, etc.

Le sieur la Sorinière fut le premier de la famille qui périt sur l'échafaud. Après lui, sa veuve subit le même sort le 7 pluviôse an II.

Le 18 du même mois, Mlle Verdier la Sorinière, la cadette, faisait partie, avec sa sœur et leur servante, d'un convoi nombreux de condamnés. Elle était éclatante de jeunesse et de beauté; sa voix était ravissante. Un officier fut épris de tant de grâces et de charmes, et proposa à Mlle la Sorinière de l'épouser. — Je le veux bien, dit elle, mais à une condition, c'est que vous sauverez ma mère et ma sœur : on lui avait caché l'exécution du 7. Le loyal militaire lui déclara qu'il le lui promettrait en vain, et qu'il ne pourrait tenir sa parole. Sur ce, la jeune fille prit héroïquement son parti, et marcha résolûment à la mort.

M. de Robillard et Mme Larochejaquelein citent plusieurs faits intéressants du même genre.

Le 4e jour 1re décade 2e mois an II, fut exécuté, à Saumur, Henri Verdier de la Sorinière, 26 ans, garde du corps du frère puîné de Capet, et frère de la demoiselle Verdier : il a semblé quitter la vie avec plus de regrets que celle-ci. Je lis, en effet, à la fin de son interrogatoire : l'accusé s'offre pour aller chercher les pièces de canon et servir dans l'armée républicaine auprès de ses généraux, à qui il rendra de grands services, connaissant la marche et la manière d'agir des brigands.

Le procès Dieuzie, Brevet de Beaujour, etc., etc., dont je vais rendre compte, est un de ceux qui, en Anjou, ont causé les plus vives émotions, excité le plus de sympathie et laissé les plus durables souvenirs. Les talents, la jeunesse, le patriotisme sincère de quelques-uns des accusés, le vague même des chefs d'accusation, tout était de nature à dissiper les préventions et à faire espérer un résultat favorable.

Les accusés furent d'abord conduits à Amboise, y subirent quatre mois de détention, et furent ramenés à Angers devant la commission militaire. Elle siégeait alors dans l'ancienne chapelle des Jacobins (aujourd'hui la Gendarmerie). Proust, l'ardent montagnard, mais l'un des nombreux amis des accusés, se présenta comme interprète de l'opinion publique, et plaida vivement pour eux. Le tribunal, malgré sa sévérité, aurait fini par se rendre aux vœux de la grande majorité des habitants, il y avait lieu, du moins, de l'espérer. Mais la nature élevée de Brevet de Beaujour se sera révoltée à la pensée d'accepter pour juges des hommes tels que ceux de la commission : c'était l'inspiration d'un noble orgueil, et je n'ose dire que ce fût une faute. On fit droit à la demande de Brevet de Beaujour, et les accusés furent renvoyés devant le tribunal révolutionnaire de Paris, où ils ne pouvaient comparaître accompagnés des mêmes défenseurs, entourés des mêmes sympathies.

Le comité d'Angers préjugeait bien la décision de ce tribunal, dans sa lettre du 11 ventôse au comité de sûreté générale : tout en regrettant que le « grand exemple *local*, tant désiré des sans-» culottes, n'ait pu s'opérer, » il ajoute : « Paris qui a jugé le

» grand maître en fédéralisme, Brissot, n'épargnera pas plus les » enfants que le père.. » (Voyez lettre de cette date, chap. 11.)

On ne pouvait pardonner à Brevet sa participation à l'arrêté du conseil général du 18 janvier 1793, qu'il avait rédigé, sans doute, comme la plupart des autres arrêtés. Après y avoir rappelé les journées de septembre, il y était dit : « Considérant qu'il est » temps de se joindre aux bons citoyens de Paris pour arrêter les » brigandages dont cette ville est le théâtre, etc. »

ART. 1er.

Il sera sur-le-champ organisé une force armée composée de 411 gardes nationaux qui se rendront à Paris, etc.

Le but de cet arrêté était significatif à l'époque du jugement de Louis XVI.

Brevet de Beaujour était constamment animé des sentiments d'un vrai patriote. C'est lui qui, à l'approche du 10 août, le 24 juillet 1792, avait rédigé la proclamation, dans laquelle on engageait, en termes pressants, à la concorde, au respect de la loi... la loi avec ses rigueurs, sa toute-puissance, etc.

Cette proclamation était signée : DIEUZIE, pt, BARBOT, sre, etc.

Brevet de Beaujour, Dieuzie, Larevellière, etc., qui auraient voulu pouvoir sauver Louis XVI, avaient été dénoncés par Hudoux et par Choudieu, bien que celui-ci s'en soit toujours défendu.

On peut juger de sa véracité par l'arrêté du 6 octobre 1793, signé : BOURBOTTE, Pre CHOUDIEU, RICHARD. — Il y est dit :

Considérant que les administrateurs du département de Maine-et-Loire, lors de l'invasion des brigands dans la ville d'Angers, ont accueilli deux députés du Calvados qui venaient leur proposer leurs projets liberticides, et se sont réunis aux administrateurs de la Mayenne, pour y donner leur adhésion ; qu'ils ont nommé des députés pour se rendre à Caen et à Rennes, quand ces deux villes étaient connues pour des foyers de contre-révolution ;

Que précédemment, les administrateurs de Maine-et-Loire avaient provoqué, par un arrêté, la levée d'une force armée pour marcher contre Paris....

Qu'abusant de la confiance de leurs concitoyens, ils sont parvenus à éteindre l'énergie révolutionnaire dans une ville si célèbre par son patriotisme....

Qu'ils ont trompé les citoyens d'Angers au point de les engager à adopter une adresse à la Convention, rédigée par plusieurs d'entre eux, et remplie de ces insinuations perfides, dont le but était de calomnier les patriotes et de faire haïr la révolution....

(Puis on rappelle leur proclamation du 24 juillet 1792, *si hostile aux principes républicains.*)

ART. 1er.

Les citoyens Dieusie, président, Brichet, Bardet, Charlery, Lavigne, Papin, Mamert-Coulion, Corlomiers, membres du directoire du département, Boulet, procureur général syndic, et Barbot, secrétaire général, sont destitués.

ART. 2.

Ils sont remplacés par les citoyens Jacques Duverger, cultivateur et ancien procureur de la commune de Seiches, Dorgigné... Leterme-Saulnier... Thubert... Marchand... Chauvin... Renault fils.

ART. 3.

Le citoyen Vial, administrateur du conseil général du département, remplira les fonctions de procureur général syndic, etc. Les citoyens Couraudin, Tessié du Closeaux et Brevet de Beaujour, ex-membres de l'administration du département, furent l'objet d'arrêtés spéciaux.

Le même jour, 6 octobre, eut lieu l'installation des nouveaux membres. Vial, dans un discours du plus ardent républicanisme, signale les menées « *des intrigants*, qui, surtout depuis deux ans,
» se sont attachés à corrompre l'esprit public, qui, d'une société
» populaire jadis célèbre par ses lumières et son patriotisme,
» n'ont fait qu'une arène de vils gladiateurs.... Il dénonce la tra-
» hison, l'ignorance, la jalousie et la cupidité des chefs de nos
» armées; d'un autre côté, la lâcheté, l'indiscipline, l'intempé-
» rance des soldats, dont quelques-uns osent se vanter d'être
» venus ici non pour combattre, mais pour piller et s'enrichir du

» fruit de leurs brigandages ; c'est enfin l'égoïsme de la plupart » des citoyens, etc. »

L'instruction fut longue et minutieusement suivie par Félix, président de la commission, et quoique ce procès, l'un des plus importants du régime de la Terreur, ait été jugé par le tribunal révolutionnaire de Paris, j'ai dû le mentionner ici : les accusés étaient d'Angers ; presque tous avaient occupé une position considérable dans notre pays ; ils y avaient de nombreuses relations, de zélés partisans, plusieurs se recommandaient et par leurs talents et par leur caractère, et les terroristes redoutaient leur influence. Ils étaient accusés de modérantisme, de propagande contre les chefs et les principes de la Révolution, d'avoir rédigé, colporté et présenté à la Convention nationale une adresse fédéraliste contenant l'expression de leurs idées *liberticides*. C'était à Angers, mieux que partout ailleurs, que leur conduite pouvait être jugée.

Louis-Etienne Brevet, dit Beaujour, âgé de 30 ans, demeurant rue des Aix, commissaire national près le tribunal du district d'Angers, ex-député à la Constituante, fut interrogé le 29 pluviôse.

D. S'il n'était pas rédacteur d'une adresse arrachée au peuple de la commune.

R. Que non-seulement, il n'a pas été rédacteur, mais qu'au contraire, il s'est élevé dans le temps contre le sens de son auteur.

On lui objecte la déposition de Mévolan qui est contraire à son allégation. Il répond qu'il est faux qu'il ait été rédacteur, mais bien un des vingt commissaires chargés de la vérifier, etc.

Il est longuement questionné sur ses sentiments politiques intimes.

Hudoux et Loizillon, membres de la commission militaire, sont entendus comme témoins. Hudoux dit que les trois accusés, Brevet, Couraudin et Tessié, dit Ducloseau, ont fait tout ce qui était en leur pouvoir, et ont usé de toutes leurs facultés pour tromper le peuple d'Angers sur le but et le fond de cette adresse. Ils ont poussé la perfidie jusqu'à persuader aux habitants qu'il n'y avait plus de représentation nationale dans la Convention..... qu'il était temps que le peuple se montrât.....

Ce reproche fait par Hudoux, et consigné dans l'enquête, devait être un arrêt de mort pour ceux qui en étaient l'objet.

Il faut dire, d'un autre côté, que beaucoup de témoins favorables furent entendus dans cette longue information.

Aimé Couraudin, 31 ans, juge du district, subit son interrogatoire le 30 pluviôse; il était l'un de ceux chargés de porter l'adresse à la Convention nationale.

Joseph-François-Alexandre Tessié, dit Ducloseau, natif des Rosiers, 39 ans, physicien de son état, ex-administrateur du département, interrogé le même jour, a répondu qu'il était l'un des commissaires chargés de l'adresse. — Questionné sur sa sortie de la ville lors de l'entrée des Vendéens, il répondit que les administrateurs avaient d'abord résolu de n'évacuer cette place que lorsqu'ils verraient l'ennemi; mais les généraux Menou et Duhoux avaient ordonné au commandant de la citadelle, Drouet, d'évacuer les munitions de guerre..... L'administration sortit des murs le 13 juin.

Le 5 octobre an II, un arrêté des représentants du peuple, Choudieu, Richard, Bourbotte, avait ordonné l'arrestation du prévenu dans ces termes :

Considérant qu'il est un de ceux qui ont le plus contribué à égarer l'opinion publique dans le département..... Considérant que lors de l'évacuation de la ville, il fut l'un des commissaires nommés pour l'administration du département de Maine-et-Loire, pour se transporter auprès des fédéralistes de Caen et de Rennes, etc.

Art. 1er. Le citoyen Tessié Ducloseau, ci-devant membre de l'administration du département de Maine-et-Loire, sera mis en état d'arrestation comme suspect, et détenu jusqu'à la paix.

Pierre Despujols, 53 ans, maître d'armes. — Jean-Baptiste-Joseph Maillochaux, 25 ans, médecin ; interrogés le 8 ventôse, ils avouent qu'ils ont signé ou porté l'adresse.

Louis Dieuzie, 45 ans, président du département, interrogé le 9 ventôse, « avoue sa faute; il n'a lu l'adresse qu'après l'avoir

» signée..... » On lui reproche de n'avoir pas fait son devoir lors de l'entrée des brigands à Angers.

Enfin le même jour, fut interrogé Jean-Baptiste La Revellière, 41 ans, président du tribunal criminel d'Angers, et membre du conseil général.

Par arrêté, à la même date, du 5 octobre 1793, il avait été destitué comme président pour avoir égaré l'opinion publique et signé l'adresse fédéraliste ; il fut remplacé par Rabouin. C'était le frère aîné de La Révellière-Lépaux.

Il répond à Félix qu'il a été un des premiers à demander une république et la mort de Capet, en signant une adresse en juin 1791, une autre en décembre 1792.

D. Quelle a été son opinion particulière sur le célèbre Marat ?

R. Qu'en 1790, il l'a considéré comme un chaud patriote; que lorsqu'il fut à l'assemblée, beaucoup d'individus parlant contre lui, et n'ayant pu le suivre, il ne sut qu'en penser jusqu'à la fin de mai dernier où il reconnut alors Marat pour le plus zélé défenseur des droits du peuple.....

Ces réponses sont affligeantes, et n'ont pas sauvé celui qui les avait faites. Il fut condamné à mort le 15 avril 1794, ainsi que ses quatre co-accusés : Tessié-Ducloseau, Brevet de Beaujour, Couraudin et Dieuzie. Maillocheau et Despujols furent seuls acquittés.

M. Dauban, à propos de l'insurrection des 1er et 2 juin, mentionne dans ces termes l'adresse des Angevins, p. 228 : Vergniaud ne se contenta pas de demander justice, il requit encore la poursuite immédiate des auteurs de *ces* événements. Des envoyés du district d'Angers formèrent la même demande au nom de toutes les communes de leur pays.....

De touchants souvenirs resteront attachés au nom de Brevet de Beaujour ; il s'était fait connaître par quelques œuvres littéraires, par ses succès dans les diverses fonctions qu'il avait remplies, comme professeur suppléant à l'école de droit, comme avocat du roi, membre du conseil général, de l'Assemblée constituante, et surtout par l'aménité et la loyauté de son caractère. Un tendre intérêt se manifesta en faveur de sa famille. Il a laissé une fille qui s'est mariée à Giraud-Duplessix, neveu de Giraud, maire de Nantes en 1789, député à l'Assemblée constituante, conseiller à la cour de cassation. Mme Garreau, demeurant à Angers, et M. Giraud, son frère, sont ses descendants.

Dieuzie avait été son collègue à l'Assemblée constituante; les opinions philosophiques de sa jeunesse étaient très-avancées; l'âge et l'étude les avaient sagement modifiées.

Mamert-Coullion a été plus heureux; prévenu aussi de *modérantisme,* de *fédéralisme,* il fut mis en liberté à la réaction de thermidor, après une détention de neuf mois : l'honorabilité de son caractère, la sagesse de ses opinions, lui valurent plus tard les suffrages de ses concitoyens, qui le nommèrent membre des Cinq-Cents.

Un autre Angevin, qui a transmis le goût des lettres à ses descendants, en même temps que ses idées d'ordre et d'attachement à son pays natal, devait également comparaître devant les mêmes juges; il y avait tout lieu de craindre pour lui une sentence de mort.

L'accusateur public du tribunal extraordinaire séant au palais à Paris, écrivait le 16 août 1793 :

Au citoyen secrétaire-greffier de la commission militaire près l'armée des côtes de la Rochelle,

Je m'empresse de vous faire part que j'ai reçu les pièces concernant le nommé Pavie.

FOUQUIER-TINVILLE.

Je n'ai point encore reçu le prévenu Pavie; je désirerais en savoir les motifs.

On parlait déjà de l'évasion du prisonnier : le commandant de la gendarmerie, Edom, fut appelé à se justifier : il fut promptement constaté que Pavie était tombé malade à Durtal. — Plus tard, il parvint à s'évader.

A la séance de la convention du 18 août, une députation des administrateurs de Maine-et-Loire réclama l'indulgence en faveur de Pavie, qui, *menacé par les rebelles, a imprimé leurs proclamations :* « mais, dit Blordier Langlois, il ne se déroba que » par la fuite à la sentence de mort qui l'attendait au tribunal » révolutionnaire. Le comité d'Angers, en apprenant l'évasion de » M. Pavie, fulmina contre lui un arrêté par lequel elle le déclarait émigré, et requérait en conséquence les directoires du » département et du district d'apposer les scellés à sa maison, » et de séquestrer ses biens (8 septembre 1793). » Cet arrêté est déposé aux archives du département.

Du 11 au 18 germinal an II, plusieurs visites sont faites par les membres de la commission militaire à la maison d'arrêt de la citadelle : parmi eux se trouvaient Hudoux et Vacheron : leurs traces s'y font remarquer, celle du premier, surtout, par un grand nombre de F... avec ces mots : *bien noté ;* au n° 35, « je » lis : *bien noté* F... Joseph Samson, trente et quelques années, » né commune de Vauchrétien, où il était laboureur : arrêté » depuis trois semaines pour être brigand depuis *leur* naissance » jusqu'à la fin, avec une cocarde blanche. »

Au n° 47 : « Pierre Potevin, 27 ans, né à Saint-Saturnin, cou- » vreur en ardoises..... vu avec les brigands, trouvé nanti d'un » signe de fanatisme, *Crist* et chapelet sur la poitrine, et d'un » pistolet chargé encore. »

Dans la visite du 12, sur 22 n^os^, il n'y a que 3 F... Hudoux, le terrible Hudoux n'y était pas.

Les femmes Manceau et Guinodeau comparurent le 2 nivôse an II devant la commission militaire, qui les condamna à mort, et les fit exécuter le même jour. — Après leur interrogatoire, on lit une note qui les recommandait à la sévérité de leurs juges comme si elle avait besoin d'être excitée : cette note fait connaître que les femmes choletaises étaient enrégimentées, et soutenaient énergiquement les défenseurs de leurs foyers et de leur religion.

Ces deux femmes, dit cette note, ont été du nombre de celles qui ont formé une garde féminine ; elles avaient leur caporal et allaient se saisir des femmes patriotes pour les renfermer et leur faire éprouver tous les mauvais traitements ; on doit encore les regarder comme très-dangereuses, en ce qu'elles servent d'espions à nos ennemis : il est donc intéressant de purger le pays de cette vermine, si elles n'ont pas mérité la mort, elles doivent être exportées.

Cholet, 29 frimaire.

Les adjoints du commissaire du département de Maine-et-Loire dans la Vendée,

MINGUET, JOSSON.

Il y avait outrage et sévérité dans cette note, mais cette sévérité a encore été dépassée par le jugement.

Vial a une place à part dans l'histoire de nos troubles civils ; maire à Chalonnes, membre du comité révolutionnaire, procureur-général syndic du département, dans toutes ces fonctions diverses, il a donné libre carrière à son activité fiévreuse et à ses passions ; ardent à poursuivre le but de la Révolution, il a voulu comme bien d'autres, après de graves excès, l'arrêter dans sa marche violente et désordonnée, mais il s'est trouvé impuissant à le faire : dénoncé ainsi que plusieurs autres membres du comité révolutionnaire, Marat-Boussac, Bremault, par diverses personnes, il le fut en outre, le 28 pluviôse an II, aux représentants Francastel, Hentz et Garreau, par la lettre ci-après du comité révolutionnaire.

Républicains,

Nous sommes libres, nous sommes francs, écoutez une vérité qu'il est instant que vous appreniez : il existe à Angers un intrigant nommé Vial, qui peut-être a déjà essayé d'aller ramper auprès de vous ; du moins sa louable habitude est de s'emparer de tous les représentants qui paraissent dans cette ville. Citoyens, sous 24 heures nous vous prouverons que cet être indigne de la confiance d'aucun individu ne mérite que le sort dont il voudrait accabler ceux qu'il craint.

Lui-même avait porté de nombreuses dénonciations contre

divers citoyens ; dans une des liasses du greffe, nous rencontrons une pièce émacée de lui, concernant les sieurs Batard, ex-curé de Chalonnes, et Bernier, ex-curé de Saint-Maurille ; ils n'ont cessé, dit-il, de prêcher l'un et l'autre que ceux qui s'étaient fait administrer par les curés constitutionnels (ce qu'ils appelaient *des médecines*), étaient damnés.

Il avait accusé tous les membres de la commission militaire, dans les termes les plus violents, comme le prouve la lettre datée de Nantes, 1er brumaire an III, de Félix et Laporte, ex-président et vice-président de la commission militaire de l'île de la Montagne, au citoyen Bézard, représentant.

Ils demandent une réintégration dans leurs fonctions........ se plaignent de leur détresse, puis *de la dénonciation de Vial,* aussi fausse qu'absurde, qui a l'impudence et la noirceur d'avancer dans une adresse à la Convention, en qualifiant tous les membres de la commission militaire de *bourreaux,* qui ont fait périr, par le fer et l'eau, 10,000 individus sans aucune formalité préalable, lorsqu'on a dû voir, à la levée des papiers de ce tribunal, que le résultat des individus condamnés et exécutés par la guillotine et la fusillade, était de 12 à 1,500 au plus, lesquels ont été condamnés avec toutes les formalités possibles alors.... . puis ils parlent de *tous les traits d'humanité qu'il* (le tribunal) *a fait éclater,* toutes les mises en liberté qui se montent à plus de 6,000 dans le cours de ses opérations.....

Félix et Laporte disent vrai : nous lisons dans l'écrit que Vial adressa à la Convention nationale, intitulé causes et motifs de la guerre de la Vendée : « les cannibales qui composaient la com-
» mission militaire d'Angers....... les bourreaux de la commis-
» sion militaire » (pages 80 et 83). Il ne ménage pas davantage Carrier, qu'il appelle Omar Carrier, (page 100).

Il accuse Renou, qui était à la tête du dépôt de chevaux........
« Il me présenta un compte de cent et quelques milles livres.....
» Je le traduisis devant Francastel, et là, il consentit volontaire-
» ment à rabattre de son compte de 20 à 30,000 livres ; or, je
» demande ce que cet homme peut avoir fait, du temps de l'an-
» cienne administration..... » (page 105).

Il accuse Renou, qui était à la tête du dépôt de chevaux... ....
« Il me présenta un compte de cent et quelques milles livres.....
» Je le traduisis devant Francastel, et là, il consentit volontairement à rabattre de son compte de 20 à 30,000 livres ; or, je demande ce que cet homme peut avoir fait, du temps de l'ancienne administration .... » (page 105).

On l'appelle injustement *terroriste*..... « Lorsque Bodin et Proust firent à la société populaire et en présence de Francastel, Hentz et Garreau, cette vigoureuse sortie contre le système de terreur, qui commençait à devenir insupportable, qui est-ce qui les soutient? Ce furent Lacroix et moi : ce fut moi surtout qui dénonçai l'assassinat commis sur la municipalité de la Jumelière en écharpe (1). »

Vial, arrêté en germinal an II, fut conduit dans les prisons de Baugé ; c'est de là qu'il écrivait le 4 floréal aux membres du comité de surveillance et révolutionnaire de cette ville.

Républicains,

Agent de la terreur des royalistes, des papistes et des fédéralistes, il était naturel que leurs factions expirantes se vengeassent de leur plus cruel ennemi : c'est le droit de tous ceux qui auront assez de caractère pour être des républicains par excellence : je fais volontiers le sacrifice de l'humiliation qu'on me fait éprou-

---

(1) Je n'ai point trouvé de renseignements authentiques sur cet événement ; mais il n'est que trop réel Grand nombre d'habitants de cette commune ont été massacrés le 24 janvier 1794 par l'ordre et par les soldats du général Grignon, au son des instruments de musique, dans un pré de la ferme de Belle-Noue, à l'extrémité du bourg, du côté de Chalonnes ; le nombre des victimes ne peut être fixé. Suivant la tradition du pays, le maire et les membres de la municipalité auraient dénoncé au général Grignon les *brigands* de la localité, et n'auraient pas été compris, du moins pour la plupart, dans le massacre (déclarations faites en 1869 par Jean Grelier, âgé de 88 ans, et la femme Mérit, âgée de 81 ans).

Les républicains mirent le feu dans plusieurs endroits ; les lueurs de l'incendie se projetaient au loin, et présageaient aux communes voisines le même sort qu'à la Jumelière ; en effet, le 25 janvier, les horreurs de la veille se reproduisirent dans le bourg de Chanzeaux (*Voy.* une paroisse vendéenne, page 115) La commune de Chanzeaux est l'une de celles qui ont le plus souffert des guerres de la Vendée : sur 400 hommes qui ont pris les armes, 38 ont revu leurs foyers ; sur 100 maisons, 79 ont été entièrement détruites.

7

ver en ce jour, et je rends grâce à la Providence de m'avoir choisi pour être l'instrument qui va servir pour faire tomber les têtes des disciples que Ronsin et Momoro ont laissés derrière eux dans les départements insurgés, ainsi que celles de ceux qui restent (mais pour un autre genre de crime) derrière Dieuzie, Brevet de Beaujour, la Revellière, Courandin et Tessié-Desclo-seaux.. ..

Il demande, à la fin de sa lettre, un cheval pour se rendre à Angers, afin d'éviter trop de fatigue, et de pouvoir jouir de toutes ses facultés physiques, quand il paraîtra devant ses juges.

Arrivé à Angers, il subit deux interrogatoires le même jour, 25 thermidor ; il se défend avec la vigueur que l'on devait attendre d'un homme de son caractère ; il met en état de suspicion le tribunal devant lequel il comparaît ; il incrimine les témoins *brigands* que Mijonnet, juge de paix, a appelés contre les prévenus, tels que Fourmont, sa femme, Fleury, sa femme et les autres, dont il rendra la liste publique très-incessamment.

Avant ces interrogatoires et dès le 17, il avait écrit aux juges du tribunal du district d'Angers qu'il était résolu d'intimer et prendre à partie les auteurs, fauteurs et complices d'abus d'autorité, contravention aux lois....... Chedevergne (l'avocat), Mijonnet.

Le 12 prairial, dans un troisième interrogatoire, il décline formellement la compétence des tribunaux civil et criminel (le tribunal révolutionnaire étant déjà saisi). Puis, quittant la défensive, il prend une attitude qui convient mieux à sa fougue et à son audace, il s'avance sur le terrain de l'ennemi : il était réservé, dit-il, à celui qui a déjà exposé sa tête pour sauver le département de Maine-et-Loire, de s'exposer une seconde fois pour dévoiler aux yeux de la Convention et du peuple français les efforts que les terroristes, les royalistes, les Vendéens et les chouans font dans ce moment pour acclimater la guerre civile dans cette contrée et remettre aux Français les fers si victorieusement brisés..... puis, après cette charge vigoureuse, il refuse dédaigneusement de répondre à celui qui l'interrogeait ; il se montre bien là ce qu'il était, plein d'emportement et d'orgueil.

Il écrit directement aux jurés d'accusation, il insulte et récuse

ses juges : « Macé-Desbois, directeur du jury, aime tous les gou-
» vernements possibles, pourvu qu'on ne trouble pas son repos ;
» incapable de faire du mal s'il n'y est poussé, propre à faire le
» bien si on le lui suggère, caméléon dans toute la force du
» terme. » *(Recueil de la bibliothèque, t. VII.)*

Vial avait dans le sein de la Convention plus d'un défenseur, qui avaient subi les mêmes entraînements que lui, modifié ses opinions suivant les circonstances, cédé mollement à la violence des vents contraires. N'est-ce pas là le spectacle éternel et instructif de ces bouleversements, souvent inexplicables, que l'on appelle des révolutions ? Il avait donc droit de compter sur de nombreuses sympathies ; mais ce qui excita surtout l'intérêt en sa faveur, ce fut l'intervention de son jeune fils : il fut admis à la barre le 10 fructidor, il y exposa que son père allait être traduit au tribunal criminel, qu'il était patriote, et invita la Convention à ne pas lui laisser courir le hasard d'un jugement ; la Convention décréta qu'il y serait sursis jusqu'à ce que le comité eût fait un rapport sur cette affaire. — Elle se termina par un acquittement, qui fut prononcé le 24 vendémiaire an III, le 29, suivant M. Campardon.

CHAPITRE VII.

Poursuites et condamnations d'enfants, d'insensés.

> Et depuis le vieillard qui touche à son tombeau,
> Jusqu'à l'enfant à peine échappé du berceau.
> (GILBERT, *sat. 1re*.)

Dans les chapitres précédents, nous avons vu figurer parmi les condamnés à la peine capitale des octogénaires (1), des adolescents, quelques jeunes enfants; ici, nous retrouvons d'abord des enfants presque tous au berceau, arrêtés, en nombre considérable, avec leurs mères; d'autres, de dix à seize ans, fusillés ou guillotinés; de plus, des insensés, vrais enfants sous le rapport de l'intelligence; c'est-à-dire que des infortunés, auxquels en tous temps les juges n'ont jamais refusé pitié et respect, ont été cruellement frappés, comme s'ils étaient responsables de leurs actions; c'est à eux que s'est appliquée, dans toute sa sévérité, cette loi inexorable proclamée par Couthon : *Il s'agit moins de les punir que de les anéantir*. La punition implique la faute, et par suite l'expiation; or il ne peut y avoir ni faute, ni expiation, quand il n'y a ni intention de nuire, ni réflexion; nous ne rencontrons ni l'une ni l'autre chez l'insensé, que, par conséquent, les lois morales et pénales ne sauraient atteindre.

Les notions parfaites du bien et du mal ne se développent que progressivement dans l'esprit de l'homme. L'enfant qui, dans ses jeux, allume l'incendie, qui prend une arme ainsi qu'il ferait d'un jouet, et donne la mort comme par amusement, peut-il être responsable du mal qu'il a fait, ainsi que celui qui a pleine con-

(1) M. Berriat-Saint-Prix, dans sa *Justice révolutionnaire*, cite treize octogénaires que Joseph Lebon fit exécuter à Arras le 3 germinal et jours suivants : parmi eux se trouvait le maréchal de Mailly, âgé de 89 ans.

science de ses actes et de leurs conséquences? Assurément non : la raison et l'équité s'y opposent; les législateurs anciens et modernes ont tous consacré cette juste immunité. La loi romaine n'infligeait aucune peine à l'enfant de moins de dix ans et demi, à la femme de moins de neuf ans et demi ; à un âge plus avancé, la peine édictée était moindre que pour un majeur. Ces principes étaient suivis sous l'ancienne jurisprudence française, ils le sont encore de nos jours, si ce n'est que les limites d'âge ne sont pas les mêmes. Toutes les législations des peuples modernes traitent les enfants avec indulgence. Au Brésil, l'inculpé qui n'a pas vingt et un ans, a par cela seul droit à l'admission des circonstances atténuantes en sa faveur. En France, le juge doit examiner si le prévenu de moins de seize ans a agi avec discernement, et si cette question est décidée affirmativement, elle entraîne contre lui une peine, mais une peine moindre que celle qui eût atteint un majeur. N'est-ce pas là une justice éclairée, empreinte de cette douceur et de cette humanité que l'esprit du christianisme a fait pénétrer dans nos lois? Voyons comment la folie et l'enfance étaient traitées par les lois *de la terreur*.

Au tome XII des pièces déposées au greffe, on voit une liste d'individus arrêtés à Rochefort le 9 pluviôse an II, suivie de cette mention signée par les autorités locales :

« Ladite liste montant à la quantité de cinquante-trois femmes et enfants (dont une trentaine de cinq mois à treize ans), que nous avons dénoncés comme suspects, et, en conséquence, avons requis le citoyen Renault, commandant de la force armée de notre commune, de les faire arrêter et conduire à Angers, conformément à l'ordre qui nous en a été transmis par le citoyen Moulin (général de l'armée de l'Ouest).

Sur le registre des prisons du Château (pluviôse an II), on lit au nº 26 : François Oudor, 14 ans, né à Bonpère, district de La Châtaigneraie ; il est un enfant, mais un brigand qui a porté les armes contre la République. — F. — Le juge Jeffreys, si redouté sous Charles II et Jacques II, disait d'un enfant (Tutchin) : *Il est jeune, mais c'est un vieux coquin*.

On lit également : L. Soulard, 16 ans. — F.

Le 16 germinal, deux membres de la commission militaire faisaient une visite à ces mêmes prisons. Ce jour-là, paraît-il, le cœur de l'un d'eux s'ouvrit aux sentiments de commisération si naturels en présence d'un enfant qui souffre ; car mes yeux ont pu lire et relire, avec une jouissance véritable, ces trois lignes délicieuses du registre fatal :

« N° 246. Etienne Olitro, né à Lorient, marin.... veut bien » servir la République sur les vaisseaux.... désire pourtant re- » voir son père avant. — Enfant charmant. »

Vacheron était là ; ces mots ne peuvent donc être que de Plot, qui l'accompagnait. Vacheron n'a jamais connu de telles pensées, ni de telles expressions. — Eh ! bien, grâces soient rendues à Plot, car moi aussi je m'intéressais à Olitro. — L'annotation que je viens de rappeler me donnait l'espoir que l'enfant avait été libéré ; mais qu'était-il devenu après avoir su émouvoir ses juges ? Le bon mouvement de leur cœur avait-il persisté ? Plus d'une fois je m'étais fait cette question. Mes recherches dans les archives de la préfecture m'ont fait découvrir deux pièces noyées au milieu de tant d'autres, et j'en ai ressenti un vif plaisir. L'une est une lettre des membres de la municipalité de Lorient. « La recon- » naissance, écrivent-ils, est gravée dans l'âme d'Olitro père... » envers René Chartier, qui avait retiré de prison et recueilli » chez lui, chemin de la liberté, près la citadelle, le jeune Olitro. » La seconde, est un certificat constatant qu'Etienne Olitro, né le 15 juin 1775, s'était embarqué comme mousse pour l'Amérique le 22 juillet 1790, et qu'à son retour il avait débarqué à Bordeaux. En se rendant, il aura été arrêté comme tant d'autres enfants dans nos troubles civils ; mais enfin il a pu, selon ses désirs, et revoir son père, et servir encore son pays.

Parmi les deux cents vendéens exécutés, après s'être rendus dans le mois de frimaire an II, on remarque (1) :

Mathurin Flandrin, de la Tourlandry.	15 ans.
François Chauveau, de Gonnord,	16
Joseph Bazantais, de Gonnord.	17

(1) Voy. ch. 12.

François Grellet, de Denée, 13
Henri Brichet, de Saint-Aubin, 13
Etienne Robin, de Saint-Lambert, 15

Sur tous les points de la France, l'enfant était traité avec la même inhumanité. La statistique des journées de septembre fait connaître qu'à Bicêtre seulement, quarante-trois enfants, âgés de moins de dix-sept ans, avaient été massacrés, et deux mois à peine après, le 5 novembre, Robespierre avait l'impudence de prétendre qu'il n'y avait eu qu'une méprise, et que la mort d'un *seul innocent* à déplorer. (*Voy.* Mortimer-Ternaux, t. IV, p. 332.)

A Laval, les condamnations à mort d'enfants au-dessous de seize ans furent assez nombreuses pour motiver, de la part de Garnier, de Saintes, l'envoi d'instructions ayant pour but de prévenir le renouvellement de décisions aussi révoltantes (de Robillard, p. 95). Le même auteur parle de l'exécution d'un enfant de seize ans. On lit en marge, sur la pièce de procédure, vis-à-vis son nom : « Ment impudemment sur son âge, qui doit être de » vingt-cinq ans. »

M. Berriat-Saint-Prix (*Justice révolutionnaire*, commission de Nantes) parle de trente-cinq enfants de dix-sept ans condamnés à mort, à Savenay, les 3, 5 et 6 nivôse.

Elisabeth Chavenot, âgée de seize à dix-sept ans, née à Thouars, a été exécutée à Angers, le 8 germinal an II, avec quatre autres détenus, parmi lesquels Louis Gauron, prêtre. Le jour même, elle avait été interrogée par Félix, si l'on peut appeler interrogatoire les ineptes questions qui lui furent adressées.

D. *S'il* aime à danser?

R. Qu'elle aime toujours la danse.

D. Si lors de l'entrée des brigands, elle a dansé à Thouars en signe de réjouissance.

R. Que non, et qu'au contraire elle pleurait.

Pierre Chambon, gendarme, déclare, le 10 brumaire an III : qu'il a rattaché jusqu'à trois fois, par ordre de Martin Lusson, un jeune homme de treize ans et demi, qui définitivement fut dispensé de la fusillade.

Jacques-Pierre Chaillou, ex-juge de paix, déclare au comité, le 14 brumaire, que, le lendemain du siége d'Angers, le 15 frimaire, ce qui le frappa le plus, est un jeune homme d'environ dix ans, qui fut mené chez Francastel, où il fut très peu de temps, et fut amené de suite au port de l'Ancre, où il fut fusillé.

Scoty a vu fusiller un jeune homme qui n'avait pas seize ans.

Un pauvre enfant de douze ans, Jean Bellouin, était retenu en prison; son père y était mort, sa mère avait été fusillée. Un simple soldat, L. Gégu, le réclama le 25 pluviôse an II. Heureusement on aura fait droit à cette réclamation.

Pierre Queneau, marchand colporteur, vingt-huit ans, fut arrêté à Saint-Epain (Indre-et-Loire), « pour avoir insulté ceux qui por-» taient la cocarde tricolore et l'arbre de la liberté, en annon-» çant qu'il serait détruit le jour de la Saint-Jean. »

La commission militaire ne trouva pas les premiers renseignements suffisants, et demanda un supplément d'informations. Plusieurs témoins furent entendus. François Frenant, curé de Saint-Epain, a déclaré que Queneau l'avait interrompu dans la célébration de la messe... « Deux jours après, il est revenu, agitant » devant lui une canne sabre, comme un homme égaré... Il » disait dans la rue : Eh! bien! F... G... me reconnais-tu? Oses-» tu bien paraître devant moi avec ta cocarde aux trois couleurs. »

Joseph-Charles Huc, vicaire... « Queneau soufflait et agitait » devant lui une canne à sabre, *comme un homme fou*... Il fit » un discours aux fidèles : Mes chers frères, etc. »

Le nommé Desvignes qui l'a conduit à Tours, l'a entendu dire Si j'étais hirondelle, j'aurais bien du secours, etc.

Quillet, marchand boucher, dépose : Queneau dit qu'il a couché à Chinon avec l'armée catholique. En passant devant l'arbre de la liberté, il cria très-haut : « Le voyez-vous, cet arbre de la » liberté, il n'existera pas le jour de la Saint-Jean; il criait : » Blanc! blanc! »

Le jugement de la commission militaire est signé : Senart, p[t], Félix, etc.

Queneau fut exécuté à Tours le 16 juillet 1793.

Morton, curé constitutionnel de Saint-Sylvain, est mort en

prison le 11 ventôse an II ; il avait été arrêté le 18 pluviôse, et dès le 22, sinon auparavant, on devait avoir la preuve de sa démence. Une lettre datée de ce jour, écrite par Maupoint l'aîné, ci-devant curé de la Trinité, et apostillée par le fameux Pelletier, ci-devant évêque d'Angers, attestait le dérangement des facultés intellectuelles de Morton... *qui a donné des preuves de folie avant et après la Révolution.*

Le 14 brumaire, Jacques-Pierre Chaillou, ex-juge de paix à Angers, déclare qu'il a vu conduire à la guillotine la fille Gaillard, de Soulaines, qu'il connaissait pour *imbécille de naissance,* et impotente de presque tous ses membres, et n'entendant même pas les questions qu'on lui faisait.

Le 10 brumaire an III, Victoire Guittau, femme de Laurent Réthoré-Desvaux, déclare qu'elle a vu conduire à la guillotine une nommée Victoire Avril, de la commune d'*Aubance* (nom donné à Saint-Melaine), *laquelle était imbécille de naissance.*

Je trouve ici une note cotée, M n° 1 — 5e 278, et qui est ainsi conçue : Charlotte-Victoire Avril, de la commune de Soulaines, 39 ans, *imbécille connue dès son enfance,* amenée maison d'arrêt du Calvaire, dans le mois de ventôse, a été traduite devant le tribunal de la commission militaire. Elle avait quitté son domicile pour aller à Saint-Lambert à l'époque où les armées républicaines ont incendié dans sa commune ; elle avait été accompagnée de ses deux gouvernantes domestiques, Anne Auffray, 40 ans, Marguerite Auffray, 50 ans. Elle a pour cette cause, et vu sa fortune, été condamnée à la guillotine. Les deux domestiques en ont été malades de chagrin et d'inquiétude. Anne Auffray est morte de maladie ; Marguerite a été mise en liberté le 12 floréal.

L'abbé Gruget parle de cette dame exécutée le 4 mars 1794. Elle faisait, dit-il, beaucoup de bien, et rendait des services considérables à sa paroisse Il ne s'explique pas sur son état intellectuel, qu'il ignorait sans doute.

Julien Martin, dit Mingot, né à Angers, a été déclaré *coupable* par jugement rendu à Saumur le 8 septembre 1793, *signé :* Parein, pt, Félix, etc. Martin était simple maître d'école de charité à Saint-Barthélemy, Saint-Léonard, etc.

Considérant que de son aveu il a par contrainte porté la cocarde blanche, et suivi les brigands un jour seulement;

Considérant que d'après l'opinion publique de son voisinage, et la déclaration de deux témoins, Julien Martin paraît avoir l'esprit aliéné;

Considérant cependant que dans ses absences d'esprit, il tient une conduite d'aristocrate, suspecte et répréhensible.

La commission militaire..... le déclare *coupable*, mais excusable..... le condamne à garder prison jusqu'à ce que la Convention nationale en ait autrement ordonné. — L'insensé est reconnu *coupable*, mais au moins il n'expiera pas son malheur sur l'échafaud ! !

Sur un registre grand in-folio, déposé au greffe, nous trouvons, à la date du 13 ventôse an II, le jugement de condamnation à mort de Louis-Jérôme Allain, se disant ancien chantre d'Igoville, maître d'école, fabricant de bas, né et domicilié à Elbeuf.

Considérant, y est-il dit, qu'il s'est présenté aux Ponts-de-Cé pour entrer dans la Vendée se joindre aux brigands et avec eux tuer les patriotes;

Considérant encore qu'il est l'auteur de plan et caractères hiéroglyphiques dont il a été trouvé nanti et tendant à augmenter et maintenir les rassemblements de ces mêmes brigands, et ainsi conçu :

Le patriote est à tous les diables, ou il n'y a pas de bon Dieu,
Dieu, son sabre à la main pour exterminer les patriotes.
Le Français aveugle conduit par un chien;
L'aristocrate éclairé;
Le patriote conduit par un chien.

Sur le revers :

La France tremblante,
Le trône renversé;
La religion de côté;
Le vice guide la France,
Il n'y a plus de probité.
La noblesse et le clergé émigrés sur les frontières;
Les honnêtes gens hors la France.

Que par l'ensemble de tous ces faits, il est prouvé impérieusement qu'il a provoqué au rétablissement de la royauté et à la destruction de la République française, etc., etc.

Ce malheureux insensé fut exécuté le même jour 13 ventôse. M. Gruget mentionne purement et simplement cette exécution; les détails de la procédure, et ces écrits qui ne peuvent être que l'œuvre d'un cerveau dérangé, lui étaient inconnus.

Nous lisons dans la *Justice révolutionnaire*, que la veuve de Latour-Vidau, plus qu'octogénaire, en démence depuis plusieurs années, fut condamnée à mort et exécutée le 7 messidor, à Orange, avec son fils. Sur tous les points de la France, on reconnaît les mêmes procédés pour les informations et les jugements ; cela devait être, car la direction suprême des opérations judiciaires émanait du comité de Salut public : c'était lui, qui, sous l'inspiration de Robespierre, dictait les ordres, et préparait les instructions que devaient suivre les tribunaux et les commissions révolutionnaires dans leurs travaux.

CHAPITRE VIII.

La constitution civile de 1790. — Le serment. — Le clergé. — La déportation. — Les prêtres de Nevers.

Te les enverrons-nous à Nantes? Les donnerons-nous à la Commission militaire? Les ferons-nous fusiller au coin d'un bois? Ou les embarquerons-nous sur la Mayenne, pour leur faire faire la pêche du corail, vis-à-vis la Baumette (1)?

(Lettre du comité révolutionnaire à Francastel, du 15 ventôse an II.)

Les membres les plus éclairés du clergé français n'avaient pas résisté à l'enthousiasme des premières journées de la Révolution, et avaient loyalement reconnu la nécessité de réformer les abus qui s'étaient glissés dans leur ordre, comme dans celui de la noblesse; la plupart d'entre eux, vivant en communauté d'idées avec le tiers-état, animés d'un esprit de justice et de désintéressement, auraient volontiers fait de raisonnables et légitimes concessions; mais leurs principes et leur foi religieuse s'opposèrent à ce qu'ils admissent la constitution civile du 12 juillet au 24 août 1790; plusieurs de ses dispositions les blessaient trop profondément; ainsi l'élection était la seule manière de pourvoir aux évêchés et aux cures (art. 1, tit. II).

Cette élection devait se faire dans la forme prescrite, et par le corps électoral indiqué pour la nomination des membres de l'assemblée de département (art. 3).

Le métropolitain ou le plus ancien évêque de l'arrondissement, donnait ou refusait l'institution canonique (art. 17).

Le nouvel évêque ne pouvait s'adresser au pape pour en obtenir aucune confirmation (art. 19).

---

(1) 61 prêtres de Nevers, et 15 d'Angers.

Avant la consécration de l'élu, il devait prêter le serment civique (art. 21).

Dans la plupart des paroisses, les curés assermentés étaient fort mal accueillis ; dans plusieurs, il faut bien le dire, leurs prédécesseurs n'étaient pas toujours étrangers à ce qui se passait ; lors de l'installation des *intrus*, il y avait souvent des troubles, des rixes même : il y a aux archives du département une enquête très-volumineuse, ouverte le 12 avril 1792, à propos de faits graves qui avaient eu lieu lors d'une procession au chêne de Saint-Laurent, où se trouvaient plus de 2,000 personnes ; et une dénonciation, exagérée sans doute, adressée, en novembre 1791, aux administrateurs du district de Vihiers : il y est dit : « Les zélés ci-devant pasteurs n'ont cessé de s'attrouper, » formant un corps d'apôtres, ennemis jurés de la patrie, par- » courant de village en village........ les faisant courir (les mé- » tayers) les jours et les nuits par de faux miracles, pour les » conduire à une nouvelle Saint-Barthélemy ; ici c'est une vierge « voltigeant dans un chêne où à cours *(sic)* deux à trois mille » âmes (1) ; là, ce sont des prêtres invisibles (paroisse de la » Salle de Vihiers) qui *célèbre* la messe en pleine lande ou dans » des champs de genêts, et qui ne peuvent être vus, disent ces » imposteurs, que par des enfants et par des zélés ennemis de » la constitution, etc., etc. »

La publication de cette constitution de 1790, le serment que s'empressa de lui prêter l'évêque d'Autun, causèrent une profonde douleur à Pie VI, qui, dans un bref du 10 mars 1791,

(1) D'autres pièces nous apprennent que des processions de 2,000 personnes environ partaient des Deux-Sèvres et de la Loire Inférieure, pour s'acheminer vers Saint-Laurent : des désordres étaient sans contredit inévitables parmi ces nouveaux croisés, des conflits sérieux s'engageaient entre eux et les populations qu'ils traversaient, et quelquefois même la force armée. Les mesures rigoureuses n'auront donné que plus de vogue et de célébrité au chêne vénéré : la tolérance eut mieux valu, comme en toute matière religieuse, et c'était un sage conseil qu'adressait aux autorités, dans le *Journal de Maine-et-Loire* de 1792, le président des amis de la constitution de Chalonnes, J.-B. Leclerc, lorsqu'il écrivait : « Il est aussi permis d'être quercilâtre qu'idolâtre ; mulsulman, etc., etc., pourvu » que d'ailleurs on obéisse aux lois. »

adressé au cardinal de la Rochefoucauld, à l'archevêque d'Aix, etc., s'exprimait ainsi : Nous ne voyons rien dans la doctrine de l'Eglise catholique, qui puisse excuser en aucune manière le serment impie prêté par l'évêque d'Autun ; les premières qualités d'un serment, sont d'être vrai et juste ; mais d'après les principes que nous avons établis, où est la vérité, où est la justice, dans un serment qui ne renferme rien que de faux et d'illégitime ?..... Puis il ajoute : nous vous conjurons de nous faire connaître comment nous pourrions concilier les esprits ; la grande distance des lieux ne nous permet pas de juger quels sont les moyens les plus convenables ; mais vous, placés au centre des événements, vous trouverez peut-être quelque expédient qui ne blesse point le dogme catholique et la discipline universelle de l'Eglise ; nous vous prions de nous le communiquer pour que nous puissions l'examiner avec soin et le soumettre à une mûre délibération......

Ce langage est un modèle précieux de simplicité, de confiance, de vraie sagesse pratique et de haute politique religieuse. Il annonçait le vif désir d'une heureuse conciliation, s'il eût été possible de concilier des esprits si opposés de principes et d'intérêts : la constitution civile réformait sans doute quelques abus, mais elle en créait bien d'autres ; elle blessait vivement les habitudes et les croyances des ministres du culte catholique. L'Assemblée constituante, selon M. Mignet, qui, je crois, commet en cela une grave erreur, n'avait touché ni à la discipline, ni au dogme ; et cependant, il faut bien le reconnaître, elle arrachait les fondations de l'édifice, elle annihilait le pouvoir et la juridiction du pape, elle voulait une scission et non un concordat ; la grande majorité du clergé français refusa de reconnaître une législation qui le soumettait d'une manière absolue à l'autorité civile.

M. Thiers, dans son *Histoire de la Révolution*, ch. 5, s'exprime en ces termes à propos de la constitution du clergé : « Quand on » détruisait tous les abus, l'assemblée pouvait-elle souffrir ceux » de l'ancienne organisation ecclésiastique ? Pouvait-elle souffrir » que des oisifs vécussent dans l'abondance, tandis que les pas-

» teurs, seuls utiles, avaient à peine le nécessaire?..... Cette » constitution avait pour auteurs les chrétiens les plus sincères » de l'assemblée ; ceux-ci irrités d'une injuste résistance réso- » lurent de la vaincre..... Quelques évêques et quelques curés » prêtèrent le serment, le plus grand nombre résista avec une » feinte modération et un attachement apparent à ses principes.»

M. Thiers, qui a vieilli dans l'étude et dans la pratique des affaires, qui connaît si bien les nécessités politiques et religieuses, qui est si juste appréciateur des grands événements de l'histoire, et qui sait quels ménagements exige le gouvernement d'un empire, surtout dans les choses qui touchent à la conscience, modifierait peut-être aujourd'hui le jugement qu'il portait au temps de sa jeunesse sur la conduite du clergé français. Je ne veux pas dire que celui-ci n'a pas commis de fautes, mais, au lieu de le violenter, ne pouvait-on transiger avec lui ! Le bref de Pie VI, je le répète, me le fait croire : dans tous les cas, je plains ses membres, car il y avait parmi eux des hommes recommandables par leurs vertus et leurs talents, de bons citoyens qui avaient franchement suivi le grand mouvement de 89, qui pouvaient être utiles à leur pays, et qui, par suite des rigueurs exercées contre eux, ont péri cruellement, ou subi l'exil et la misère.

M. de Barante semble ne pas partager l'opinion de ses deux confrères de l'Académie, dans son *Histoire de la Convention*, t. I, pages 46, 47. Il s'exprime en ces termes : « Un décret ins- » piré par l'intolérance religieuse, qui était peut-être le plus vif » de tous les sentiments révolutionnaires, prescrivit la déporta- » tion de tous les prêtres qui ne se soumettraient pas au ser- » ment...... » Puis parlant de la sanction de ce décret et de celui sur le camp des fédérés, il ajoute : « Une mesure durement » pénale, infligée, hors de la loi et de la justice, à des hommes » dont il (le roi) approuvait et respectait la scrupuleuse convic- » tion, lui répugnait encore davantage. »

M. Mortimer-Ternaux s'expliquant sur la constitution civile du clergé et sur les désordres dont elle a été la cause, émet à peu près les mêmes idées, t. VI, p. 258 : « Dieu sait dans quels bas- » fonds on fut souvent obligé d'aller chercher les individus

» auxquels on donnait charge d'âmes, et qui, après comme avant » leur consécration, ne méritaient, par leurs mœurs et leur » manque de dignité, que mépris et dérision...... La Législative » s'entêta dans l'erreur commise par sa devancière..... Pour » soutenir l'œuvre de la Constituante, elle eut recours aux pro- » cédés les plus draconiens de l'intolérance... . Les populations » abandonnaient les églises où jadis elles se pressaient; elles » allaient au fond des bois, dans les métairies les plus reculées, » dans des grottes presque inaccessibles, chercher les sacre- » ments qu'elles auraient eu horreur de recevoir des mains d'un » prêtre constitutionnel. » On ne saurait mieux exprimer la répugnance des vendéens pour les *intrus* (1), leur attachement et leur respectueuse confiance envers les ministres non assermentés de leur vieille et sainte religion : de ceux-là seulement, ces hommes simples et dévoués voulaient apprendre comment il fallait vivre et mieux encore comment il fallait mourir.

Un mois après le premier bref, dit M. Maupoint, le souverain pontife, recevant de France les nouvelles les plus alarmantes, envoie le bref du 13 avril 1791, à l'adresse de tout le clergé et du peuple français : il se sert des armes de l'Eglise ; mais en frappant, il laisse entrevoir le profond amour qu'il conserve à la France : « Considérant cette suite de crimes qui établissent de » plus en plus le schisme dans le royaume de France, que les » services importants qu'il a rendus à la religion nous rendent » si cher ; voyant que pour cette raison, chaque jour, on fait de » toutes parts des élections des ministres du premier et du se- » cond ordre ; que les pasteurs légitimes sont arrachés et chas- » sés de leurs siéges, etc.

» Nous déclarons les élections des évêques constitutionnels, » illicites, illégitimes, sacriléges et contraires aux saints canons; » nous les cassons, annulons, etc..... Nous ordonnons que » toutes les autres élections faites par les électeurs des départe- » ments ou des districts pour les églises cathédrales ou les » cures de France, soient réputées pour toujours nulles, illégi- » times et sacriléges..... »

(1) L'abbé Gruget les appelle tantôt les intrus, tantôt les jureurs.

Dans le passage que nous avons cité plus haut, M. Mignet rappelle que pendant longtemps les évêques et autres ecclésiastiques avaient été nommés par le peuple ; cela est vrai ; mais en toutes choses ce qui tient à la forme peut être modifié et perfectionné : les juges, les prêtres, les chefs d'empire, ne sont plus élus comme dans les temps primitifs. Je sais bien qu'au XVIIe siècle, le peuple nommait encore ses curés ; mais pour donner une idée de la dignité du système alors mis en pratique pour les nominations, je ne veux rappeler que quelques lignes de notre illustre concitoyen, Claude Pocquet de Livonnière. « On remar- » quera, dit-il, un fait particulier (il se passait vers 1680), pour » faire connaître jusqu'où était allé le désordre, et ce qu'on » peut attendre de ces élections populaires, sans discernement » de personne.

» Un maréchal du faubourg Saint-Michel, à Angers, nommé » par sobriquet Carpentras, s'était acquis un grand crédit dans » son quartier ; il disposait de presque toutes les voix du fau- » bourg, qu'il gagnait par brigue, par caresses ou par menaces ; » c'était lui seul qui décidait dans les assemblées de paroisse » par le nombre de ses adhérents ; en arrivant dans l'église, il » fendait la presse à la tête d'une multitude de gens de son » parti, et criait au notaire qui tenait la plume : écrivez Carpen- » tras et 300 de sa suite. Ainsi la pluralité des voix était tou- » jours pour celui qu'il proposait, et on laisse à penser si c'était » le mérite, la piété, la doctrine, qui étaient les motifs de son » choix. » Ainsi le célèbre jurisconsulte, en quelques mots, fait justice d'un pareil système.

Un règlement du 22 juillet 1680 mit fin à ces désordres en prescrivant qu'à l'avenir les élections seraient faites par les fabriciens, les officiers du présidial et de la prévôté, et douze notables de la paroisse.

L'Assemblée nationale, si elle eût vécu plus longtemps, eut également, je n'en doute pas, modifié son décret du 24 août 1790.

Ce décret produisit une grande perturbation dans les consciences. Il n'en fut pas moins mis à exécution dans toutes les parties du royaume.

Le 5 février 1791, l'ancien prieur-curé de Beaufort, Hugues Peltier, fut élu évêque d'Angers à la place de Mgr de Lorry, qui n'avait pas voulu prêter le serment. L'abbé Gruget, en racontant la cérémonie qui eut lieu à cette époque, dit ironiquement : « Il » est incroyable la poudre qui fut dépensée pour honorer M. l'é- » vêque *intrus;* il y a eu des combats où peut-être on n'en a pas » plus perdu. » Cette élection ne fit que propager le schisme qui s'était déclaré parmi les membres du clergé, et augmenter les dissensions ; elle ranima le zèle des dissidents, et amena les plus vives protestations. Le 20 septembre, le nouveau pasteur publia une lettre, dans laquelle il exprimait ouvertement ses principes dans un sens favorable à ceux de la révolution. Il s'attira plusieurs réponses des plus amères et des plus injurieuses. L'une, de M..., curé du diocèse d'Angers, imprimée à Paris, sans doute, parce qu'elle eût été difficilement imprimée dans notre ville, s'élevait d'abord contre la constitution civile du clergé, contre la confiscation de ses biens... Puis s'adressant à l'évêque, l'auteur s'écriait : « De quel front oserez-vous prêcher le mépris des ri- » chesses à des hommes qui les ont envahies, et ne les possèdent » qu'autant qu'ils les arrachent aux pasteurs légitimes ! »

Une autre plus injurieuse encore est également écrite par un curé d'Angers.

En parlant de l'ancien évêque, il dit à Peltier : « Vous avez » applaudi à la violence qui l'a précipité de sa chaire; vous avez » recueilli le fruit de cet attentat ; vous avez usurpé sa place . » (Page 53.)

Et dans un autre passage de la plus extrême violence : « Haï, » avili, chargé des anathèmes de l'Eglise, des malédictions des » citoyens honnêtes, du mépris même des clubistes, vous irez » terminer dans les angoisses obscures de la honte et du re- » mords une existence criminelle et malheureuse. »

Le 30 novembre 1793, il mit le comble au scandale de son intrusion, dit M. Maupoint, en abjurant son sacerdoce et en renonçant à la foi chrétienne. Plus tard, il se fit recevoir membre de la Société de l'*Ouest,* dont faisait partie Duboucix, de grand-vicaire devenu épicier.

M. Peltier est mort le 5 avril 1795, laissant à tous une triste idée de son caractère et de ses idées religieuses; son genre de mort dut naturellement paraître une punition de la providence à l'abbé Gruget, qui s'exprime en ces termes: « Sa mort a été ter-» rible; son corps était tout *pourri*, et ses souffrances étaient » des plus cruelles. » On peut juger, par les écrits que je viens de citer, de l'énergique résistance que la plus grande partie des prêtres diocésains allaient opposer, non-seulement à l'évêque constitutionnel, mais au mouvement révolutionnaire qui devait les broyer sans pitié dans son irrésistible violence. Il s'en faut beaucoup cependant que tous fussent dans ces dispositions; une partie ne demandait qu'à se soumettre aux lois, et à vivre en paix. Je lis, en effet, dans l'*Observateur*, n° 7, une adresse des prêtres non assermentés aux administrateurs du département... « Loin d'exciter les peuples à la révolte, nous ne leur avons » prêché que la soumission à la loi, et le respect le plus invio-» lable pour les autorités constituées; que notre vœu constant » est pour la paix au dedans et au dehors, pour le bonheur et la » gloire de notre patrie. »

Au nom de tous les prêtres non assermentés,

Par MM. Roussel et Repin, prêtres.

9 *février* 1792.

Sur le nombre total de la liste générale du clergé s'élevant à 1,529,

Admettons 470 assermentés.	470
Guillotinés.	80
A la Force.	52
Déportés depuis la fin de 1792. . .	274
Pris à domicile.	24
Disparus, chassés du pays, etc. .	60
Au Séminaire.	390
A la Rossignolerie.	150
(sur les 540 derniers plus de 200 ont été noyés)	
Le total serait de.	1,500
A reporter. . .	1,500

Report. . .	1,500
Retranchons de ce chiffre environ 150, à raison de ce que les diverses listes des déportés ou guillotinés devaient comprendre des détenus de la Force et autres prisons d'Angers.	150
	1,350

Sur le nombre total resterait environ 179 prêtres massacrés en secret, cachés, etc., etc. Un certain nombre a disparu dans les prisons ou églises, dans lesquelles on les entassait après leur arrestation, ou dans les longs trajets qu'on leur faisait faire (*Voy.* Lettre d'un Prêtre déporté, *Revue de l'Anjou*, 1867, t. I, p. 98). Pendant ces trajets si pénibles, surtout pour les vieillards et les infirmes, ils étaient soumis aux plus dures privations ; ils n'avaient souvent ni nourriture, ni repos la nuit. Les gardes nationaux n'avaient, pour la plupart, aucun ménagement pour eux. Arrivés à Nantes, il en était autrement : on les accueillait avec bonté, et tous se louaient de l'humanité du maire M. P. G. H. Giraud (Dom Piolin, t. I, p. 25).

La commune de Nantes et le conseil général du département partageaient les bons sentiments du maire.

Je lis, en effet, ce passage d'une lettre du 16 septembre 1792, de la commune au conseil général, relativement aux prêtres arrivés d'Angers : « ... La commune n'a pas cru devoir interdire » à ses concitoyens la faculté de donner des secours à leurs pa- » rents ou amis détenus, quoique prêtres rebelles. Car dès » qu'ils sont condamnés à la déportation, et qu'ils subissent » leur jugement, ils sont sous la sauvegarde de la loi ; et nous » n'avons pas cru qu'après une marche pénible ils pussent être » privés des secours qui leur étaient offerts... » (*Revue de l'Anjou*, 1854, p. 167.)

Et le 18 du même mois, les malheureux déportés écrivaient du château de Nantes au conseil général :

« Les prêtres des départements de la Sarthe, Maine-et-Loire, » se reprocheraient éternellement d'être partis de cette ville, » sans auparavant avoir eu l'honneur de vous offrir le juste tribut » de reconnaissance qui vous est due.

» Vos attentions, Messieurs, à adoucir leur malheureux sort,

» l'empressement de tous les citoyens de cette ville à prévenir
» leurs besoins, ont gravé dans leurs cœurs des sentiments que
» le temps et la distance des lieux qui va nous séparer, n'altére-
» ront jamais.

» Par toute la terre, et jusqu'à leur dernier soupir, ils ne ces-
» seront de le répéter dans leurs cantiques d'actions de grâces.
» Vivent le corps administratif et les citoyens de la ville de
» Nantes !... »

Signé : VILLENEUVE, HUREAU.

(*Voy.* même *Revue*, p. 166.)

Dans le diocèse du Mans, à Laval surtout, un grand nombre de prêtres insermentés, six à sept cents environ, ont pu rester cachés pendant les plus mauvais jours de la Révolution.

Sur la liste générale des prêtres de Maine-et-Loire, en 1791 et 1792, liste déposée à la Bibliothèque d'Angers, n° 642, est inscrit le sieur Carpentier, chapelain de Saint-Lambert-des-Levées ; il est devenu commandant de brigade à la fin de 1793. — Il a fallu, de sa part, pour arriver à ce poste élevé, des actes éclatants de civisme et une abjuration bien authentique.

En marge du nom de Pannier de Champottier, chanoine honoraire, prieur-curé de Saint-Augustin-des-Bois, je lis : *assassiné.*

Et cette même mention : *assassiné* près la Papilleraie, le 11 août 1795, en marge du nom de Robin, vicaire de Saint-Pierre-des-Echaubrognes.

Que de noms vénérés sur cette longue liste de martyrs ! Et combien d'hommes vivant encore pourraient attester leurs vertus ! Pour moi, j'en ai connu plusieurs, et c'est un pieux devoir que je remplis en disant quelques mots pour honorer leur mémoire.

L'un d'eux, M. Denais, mort grand-vicaire à Angers, était en 1790 préfet des études au collége de Beaupréau. Il y était aimé de tous les élèves, ai-je entendu dire à nos pères. Au retour de son émigration en Angleterre, où il donnait des leçons pour vivre, il se fit remarquer dans les hautes fonctions qui lui furent conférées, par son zéle éclairé, son aménité, sa tolérance et sa charité.

M. Dion Joseph était vicaire à Brion ; il a voulu revenir dans cette paroisse comme desservant, et y mourir; déporté en Espagne, ainsi que M. David dont je vais parler, il avait éprouvé de dures privations et d'atroces souffrances dans son exil : aussi savait-il compatir à tous les maux. Sa vive brusquerie n'éloignait personne, car tous connaissaient sa rare bonté ; sa charité était inépuisable, il ne calculait jamais ses ressources : ce qu'il recevait d'une main, de l'autre il le remettait immédiatement aux pauvres, dont il se disait le mandataire ; si quelques habitants de sa paroisse n'avaient pas pourvu à ses besoins, il aurait parfois manqué du strict nécessaire.

M. David, ex-provincial des recollets à Beaufort, termina sa carrière en cette ville, où il s'était retiré en qualité de prêtre habitué. Son affabilité, sa douce piété lui avaient acquis une grande popularité.

Ces trois hommes, mûris par l'expérience et le malheur, apportaient un charme infini dans la conversation. En les quittant, on sentait le besoin de faire effort sur soi-même, et de les imiter pour devenir meilleur. Il y a lieu de croire qu'un grand nombre de proscrits comme eux étaient dignes des mêmes éloges ; et c'est à de tels hommes que s'adressaient les ignobles paroles de Danton, s'opposant à leur déportation à la Guyane, à la séance de la Convention du 24 juillet 1793 : « Il ne faut pas se venger » du poison qu'on a reçu du nouveau monde, en lui envoyant » un poison non moins mortel. Il demande que les prêtres ré- » fractaires soient jetés sur les plages de l'Italie, patrie du fana- » tisme. . »

Andre Dumont, en rendant compte à la Convention des arrestations qu'il avait opérées dans la Somme, descendait à d'aussi basses injures. Il disait qu'il « avait fait sentir au peuple combien » il était dupe de ses prêtres ; que c'étaient des arlequins, ou des » pierrots vêtus de noir, qui montraient des marionnettes ; que » tout ce qu'ils faisaient étaient des singeries pour escroquer de » l'argent... » (*Séance du 5 octobre 1793.*)

Le Père Duchesne, en parlant des prêtres, disait dans son langage des halles : « Toute cette b. . de fourmillière qui depuis si » longtemps s'était élevée si haut sans obstacles, après avoir

» disséqué la nation, a juré de ne rien approuver de ce que ferait » la majorité. »

Citons encore quelques noms qui ne méritent pas de rester dans l'oubli.

Le curé Forest, de cette famille qui a fourni tant de braves soldats à l'armée vendéenne, fut aussi déporté en Espagne. Il était alors vicaire à Saint-Michel-du-Tertre. A son retour d'exil, il fut nommé curé de Saint-Pierre de Saumur, où il est mort en 1831. C'était l'un des membres les plus distingués du clergé angevin, et l'un de ceux que ses confrères regardaient comme devant être un des premiers appelé à un siége épiscopal.

Abélard Pierre, déporté en Espagne. Lorsqu'il revint en France, il fut nommé curé de Morannes, où il mourut en 1852, à 87 ans, emportant l'estime et la vénération de ses paroissiens.

L'abbé Montalant Alexandre-Louis, professeur au petit-séminaire d'Angers, fut l'un des premiers prêtres qui rentrèrent en Anjou. Il avait été déporté en Espagne, et particulièrement distingué par l'évêque d'Orense, dont l'inépuisable charité avait été si secourable à nos concitoyens exilés. A son retour, il fut curé d'Allonnes, de Baugé, puis vicaire général et directeur du grand séminaire. Un évêché lui fut offert : son extrême modestie le lui fit refuser.

L'abbé Breton, professeur de philosophie au séminaire d'Angers, fut, comme lui, déporté et débarqua à Santander. Il eut également à se louer de la bienveillance de l'évêque espagnol, dont nous venons de parler. Ce prélat lui avait confié le soin et la direction de ses confrères malades. Après sa rentrée en France, l'abbé Breton fut d'abord nommé vicaire à Saumur ; plus tard, il fut appelé à la cure importante de Saint-Maurice, qu'il a administrée pendant vingt ans. Il est mort le 20 janvier 1837, à l'âge de 69 ans. Beaucoup d'entre nous se rappellent ce vénérable ecclésiastique, d'un esprit original, plein de saillies, rude parfois, mais au fond d'une bienveillance et d'une charité exquises.

L'abbé Monsallier Maurice a été déporté en Angleterre. Cet ecclésiastique s'était adonné à la prédication avec l'ardeur d'un saint apôtre. Il y avait dans ses sermons, que sa famille a conservés, moins d'art et d'habileté que de mouvement et d'inspiration religieuse. Il est mort à Angers, dans la paroisse de Saint-Joseph, à l'âge de 86 ans, en 1858.

Enfin, je ne puis omettre le nom si populaire de l'abbé Gruget. homme d'une bonté infinie (1), prêtre d'une sainteté à toute épreuve. Il est mort à Angers, le 21 janvier 1840, adoré de ses paroissiens, vénéré de tous les Angevins. Il a laissé de précieux mémoires sur le temps de la persécution des membres du clergé. *Le Champ des Martyrs* de M. Godard en contient plusieurs extraits. L'abbé Gruget s'est longtemps caché, sans quitter la ville, et, malgré ses courageuses imprudences, il n'a pas été découvert. Tantôt il se retirait en Reculée, auprès des familles Bauné, Dureau, Mariet, etc., etc.; tantôt dans l'intérieur de la ville, chez Mesdemoiselles Vachon, de Rougé, Berger, Mesdames la Bissachère, la Bougonnière, sœur de la Revellière-Lepeaux, etc. (*Voy.* Notice de l'abbé Maupoint). Il se tenait à certaines époques dans les combles d'une maison de la place du Ralliement, et, de là, par une lucarne, il guettait avec soin l'arrivée des infortunés qui devaient être livrés au bourreau, et leur donnait sa bénédiction à ce moment suprême où le plus intrépide peut défaillir : inspiration sublime de charité et de religion, qui a dû soutenir bien des courages et raffermir bien des faiblesses. Plusieurs condamnés, en effet, étaient prévenus et tournaient leurs derniers regards vers le refuge du proscrit, phare lumineux qui remplissait d'espoir les pauvres naufragés de nos orages civils, en leur annonçant le port et le repos éternel. Un jour, son zèle apostolique et son courage subirent une épreuve trop au-dessus de ses forces :

(1) Quand il portait un jugement sévère sur quelqu'un, il avait une manière toute particulière de s'exprimer. Nicolas, ce suppôt de Vacheron, ce pourvoyeur de la guillotine, dont nous parlerons, ch. 13, *vociférait* sans cesse contre lui et désirait vivement le faire arrêter. Lorsqu'on rappelait son nom et ses méfaits devant l'abbé Gruget, celui-ci se bornait à dire : Vraiment, ce n'était pas un fort bon sujet que ce Monsieur Nicolas.

sa main se leva, mais ne put achever le signe de l'absolution, et sa voix ne put articuler aucune parole. L'une des victimes vers laquelle il tournait ses regards, était l'abbé Tessié, son vicaire et son ami, exécuté le 5 janvier, en même temps que l'évêque d'Agra.

Son buste, œuvre du sculpteur Walter, a été placé dans l'église de la Trinité. Au bas, on lit ce passage de Job, qui n'a jamais été mieux appliqué : *Pater eram pauperum.*

C'est à l'extrême obligeance de M. le comte de Quatrebarbes, que je dois la communication des curieux mémoires de l'abbé Gruget. Leur lecture est d'un intérêt saisissant, à raison des événements, de la touchante simplicité, de la sincérité, de la foi ardente et naïve de l'écrivain, bien plus qu'à cause du mérite et des qualités du style, on peut dire même de la vérité des tableaux ; mais, sur ce dernier point, j'ai hâte de m'expliquer. Obligé de se soustraire aux recherches incessantes dirigées contre lui, il y a nécessairement beaucoup de faits qu'il n'a pu vérifier du fond de sa retraite, beaucoup de récits exagérés par la passion ou par la crainte, qu'il a admis sans pouvoir les contrôler. Ainsi, par exemple, d'après lui, les patriotes vaincus, dispersés dans un nombre infini de combats, auraient perdu une quantité d'hommes qui s'élèverait à des chiffres véritablement fabuleux. A propos d'un engagement qu'il dit d'abord avoir eu lieu à Cholet, dans les premiers jours de septembre 1794, il écrit : « Une armée de patriotes » y entra, les insurgés furent les entourer, et les tuèrent tous : on » prétend que le nombre des morts est près de huit mille pa- » triotes ; les insurgés ont peu perdu... » Puis, moins mal informé, il dit un peu plus loin : « Ce n'est point à Cholet qu'il y a eu un » combat, c'est à deux lieues de Nantes. » Il raconte la mort horrible, et quasi miraculeuse, d'une femme Massonneau, sœur de l'*intrus* de Villevêque, qu'elle aurait forcé de faire le serment, et qui avait abandonné son mari : « Elle est décédée, aujourd'hui » 27 juin, d'une manière qui a surpris tout le monde. M. Avenan, » chirurgien, n'a pu s'empêcher de dire qu'il y avait quelque » chose d'étonnant dans sa maladie. L'eau froide qu'elle se » jetait sur le visage pour se rafraîchir, devenait toute bouil-

» lante dans le bassin qui la recevait. Elle faisait des cris horri-
» bles, etc...»

Il explique l'insurrection des *Perreyeurs* à Angers, en 1790, par une cause toute singulière, un complot contre les chanoines; citons plutôt : « Le but de cette insurrection était d'avoir occa-
» sion de sévir contre le clergé : on se disposait à chasser tous
» les chanoines, on voulait les rendre odieux en disant qu'ils en
» étaient les auteurs... »

Suivant lui, en mai 1794, les émigrés et les étrangers *étaient aux portes de Paris.*

Malgré tout, c'est un témoignage intéressant au plus haut point, que celui d'un homme de bien, qui a vu de ses yeux la plupart des faits qu'il raconte, qui de sa mansarde, d'où il assistait aux exécutions journalières, pouvait compter une à une les têtes des proscrits qui tombaient sous la hache du bourreau. « Ce ne sont
» toutefois, dit-il, que de simples notes, que nous avons cru de-
» voir faire, dans l'espérance qu'elles pourraient un jour servir
» à démontrer la vérité de la religion par les vertus héroïques
» qu'ont pratiquées ceux et celles qui ont tombé sous la main
» des persécuteurs de l'Eglise. » En tête de ces notes sont inscrites ces paroles de Jésus-Christ, si justement appropriées à ces déplorables temps : « Alors le frère livrera le frère à la mort,
» et le père, le fils ; les enfants même se soulèveront contre leurs
» pères et mères, et les feront mourir. » Puis viennent de longs et uniformes détails, et la liste complète des malheureux prêtres du diocèse, qui ont subi la persécution pour défaut de serment, de ceux, infiniment plus malheureux aux yeux de M. Gruget, qui, cédant à la peur ou aux obsessions, se sont décidés à le prêter, et ont persisté jusqu'à la fin; de ceux aussi qui se sont rétractés.

Je ne rappellerai pas assurément toutes les exécutions par la fusillade ou la guillotine, notées dans ce journal; elles sont déjà, pour la plupart, mentionnées dans les chapitres précédents, ou bien dans le *Champ des Martyrs*. Je ne ferai, pour éviter de fastidieuses redites, que reproduire quelques passsages.

• L'abbé Gruget, dans son cahier n° 5, fait connaître les circonstances de la mort de Joseph Morna, juge des traites, gabelles et tabacs, le 31 janvier 1794 : « Son fils était passé dans » l'armée catholique : il fut pris après le siége d'Angers ; il fut » décidé qu'il serait fusillé : en conséquence, on le conduisit aux » Ponts-de-Cé. Ayant essayé de s'échapper de la main de ses » bourreaux, il fut massacré et coupé par morceaux ; son corps » resta dans l'endroit exposé plusieurs jours. »

Il dit du fils, n° 1 *bis* : « Ce fut le 25 décembre 1793, jour de » Noël, qu'il fut pris et conduit à Angers....... malgré toutes les » promesses (d'amnistie). On le conduisit sur-le-champ au port » Ayrault, pour le fusiller : déjà il était prêt à recevoir le coup » de mort, lorsqu'il crut pouvoir s'échapper des mains des » tigres qui l'entouraient : il se précipita dans la rivière pour » s'échapper et se sauver à la nage : ceux-ci, comme des furieux, » s'élancent sur lui à coups de sabre et de baïonnette, lui cou- » pent les bras et les jambes, et, après l'avoir mutilé, finissent » par le massacrer, et le laissent ainsi exposé pendant trois » jours de suite aux yeux des passants. »

M. et Mme La Grandière : « La pauvre dame ainsi que lui ont » été traités de la manière la plus cruelle, au point qu'elle en a » perdu la tête ; cela n'a pas empêché qu'elle ait été ramassée » une seconde fois, après avoir été relâchée, pour être conduite » au Calvaire, où, après avoir eu encore à souffrir les plus hor- » ribles tourments, elle a terminé sa vie par être fusillée (le 5 » mars 1794). »

M. Gruget rappelle que Mme veuve Cesbron-Descrances (*Voy.* ch. *4 de l'Essai*), « depuis la prison jusque sur l'échafaud, ne » cessa de chanter des hymnes et des psaumes avec M. David, » qui la conduisait sous le bras, parce qu'elle était boiteuse. » (mars 1794).

« Le même jour, François-Louis Chartier, prêtre non asser- » menté, et vicaire de la paroisse de Sœurdres, près Château- » gontier, 32 ans...... arrivé aux pieds de l'échafaud, donna à » tous l'absolution, tandis qu'un prêtre, dans une maison voi- » sine, la lui donnait à lui-même. » Ce prêtre, je n'en doute pas, devait être l'abbé Gruget, qui ne veut pas se nommer.

Cet article est suivi de cette mention : Il y a encore deux

autres, dont on ignore les noms et morts le même jour; puis écrit d'une autre main, MM. Bodi et Delahaie-des-Hommes : mais cette addition est la suite d'une erreur, ils ont été exécutés le 30 octobre 1793.

Ces manuscrits, dans divers passages, attestent et la véracité de l'auteur, et, ce qui n'est que trop prouvé, les cruelles représailles commises par les Vendéens et les chouans : 30 novembre. « On s'occupe toujours de l'amnistie : ni les chouans ni les in-
» surgés ne veulent en entendre parler : aujourd'hui même les
» insurgés se sont portés sur les patriotes, qui étaient à Roche-
» fort, ils en ont tué un grand nombre ; plusieurs ont péri dans
» la Loire, qu'ils ont essayé de passer pour se sauver. Les in-
» surgés, il y a huit jours, avaient entré dans l'île de Cha-
» lonnes, où ils avaient aussi tué bien des patriotes ; les chouans,
» de leur côté, tuent tous les jours des patriotes ; l'armée de
» Coquereau s'est portée dans le bourg de Bierne, où était curé
» M. Philippon : ils ont tué dix-sept membres de la municipalité ;
» il y en a eu un qui a sauvé sa vie en payant 11,000 francs. »

L'abbé Gruget donne *in extenso* une lettre de la mère Sainte-Félicité, du monastère de ***, diocèse de Rennes, à la sœur Sainte-Scholastique du même monastère, son ancienne novice, lettre de cinquante pages, véritable sermon, contenant, entre autres choses, une définition de la liberté, qui s'éloignait quelque peu des principes de 1793, et qui n'a guère plus de conformité avec le code de la démocratie moderne ; mais au milieu de ces prédications contre-révolutionnaires, la bonne mère a des élans de tendresse, de résignation et de foi religieuses, dignes d'admiration et de respect, parce qu'ils s'échappent d'une âme sincère et convaincue : « Toi que j'ai formée, par le secours du ciel, à la
» perfection de la vie religieuse, dit-elle à la jeune novice, te
» voilà devenue une *jureuse ! une jureuse de la liberté* et de *l'é-*
» *galité*, c'est-à-dire tout à la fois apostate de ton baptême, de
» ta religion et de ton Dieu ! En un jour, en un moment, que tu
» as fait du chemin à rebours du terme vers lequel tu volais avec
» la rapidité de l'aigle ! quelle cause donner à une si criminelle
» démarche ! *Jurer la liberté !* qu'as-tu entendu par là ? Observe,

» ma fille, que la liberté signifie quelque chose dans le serment, » car si elle ne signifie rien, c'est jurer en vain et enfreindre le » second commandement du Seigneur : *Dieu en vain tu ne jureras.* » Dis-moi donc, ma petite Scholastique, ce que tu as entendu » par la *liberté :* je ne cesse de poursuivre sur cela nos mères » *jureuses*, et aucune n'a pu encore me satisfaire ; elles restent » toutes muettes quand on les met sur cela à l'interrogatoire ; » je te crois, mon enfant, tout aussi embarrassée qu'elles ; » quand je rêve aux moyens de faire quelque chose de bon de » ta liberté, je me trouve, comme on dit, *au bout de mes pelo-* » *tons*, et dans une ignorance parfaite : le seul nom de liberté » me révolte et me fait frémir d'horreur. Il y a bien une bonne » liberté que Dieu a donnée ; mais si on jurait de la maintenir, » on ne pourrait, ce me semble, le faire sans faire injure à » Dieu qui nous l'a départie : la bonne liberté que nous avons » reçue du ciel, consiste, ma fille, à pouvoir se déterminer li- » brement au bien ou au mal; c'est, par exemple, la liberté que » tu as de prier Dieu le soir et le matin, ou de ne le pas prier, » de jeûner les jours prescrits par l'Église ou de ne pas jeûner, » de dire ton bréviaire ou de ne le pas dire ; la liberté que tu » avais de *jurer* ou de ne pas *jurer*, sans doute, mon enfant. » Voilà une excellente liberté : elle est l'ouvrage de la sagesse » éternelle, d'où il n'a pu sortir rien de mauvais . . . . .

» Est-ce là, ma fille, ce que tu as juré de maintenir ? Ce serait » une folie, une extravagance : jurerais-tu de maintenir dans la » possession des hommes les présents que Dieu leur a faits, et » qui sont inhérents à leur nature? Jurerais-tu de maintenir l'es- » prit que Dieu t'a donné pour réfléchir ...

» A ce mot de *liberté française*, l'âme est comprimée d'horreur, » le sang se glace dans les veines : les plus honnêtes protes- » tants en frémissent, les royaumes étrangers infectés de l'hé- » résie, et les peuples assis à l'ombre de la mort, l'appellent » avec justice le *mal français*....

» Cette liberté résulte des droits de l'homme, droit de faire » tout, excepté de tuer et de voler, et encore ne s'établit-elle » qu'en volant et en tuant ; cette liberté enseigne l'art diabolique

» de se soustraire à toute autorité, à commencer par celle de » Dieu. » Page 46, la chrétienne résignée et prête à tous les sacrifices, se révèle en paroles ardentes et sublimes qu'on ne saurait trop admirer. « Nous sommes tous, ma fille, d'une noble » et ancienne famille ; je veux dire de la race antique et illustre » des martyrs, qui nous ont engendrés à la foi : ils nous appellent » tous à leur suite ; le martyre est la vocation attachée au saint » Baptême »....

Ces mémoires comprennent aussi la relation de la détention et du voyage des religieuses d'Angers jusqu'à Lorient, par Madame Besnard, ursuline ; elles furent arrêtées le 13 avril 1794 ; le 15, dans la nuit, on leur adjoignit 21 religieuses hospitalières de Beaufort ; les 21 et 22, la commission militaire les condamna à la déportation. Leur départ, au nombre de 96, eut lieu le 24 juin seulement, dans des charrettes à bœufs. Il n'y a dans ce récit ni éclat de style, ni violentes récriminations ; tout y respire l'humilité, la modestie, la patience, et je ne sache rien de plus propre à apitoyer sur le sort de ces pauvres femmes, que le courage constant avec lequel elles supportent leurs souffrances et les injures qui leur sont prodiguées sur la route. Au-dessus de tout, j'admire leur vive reconnaissance pour les moindres soins, pour les moindres paroles de consolation : c'est un cri de joie et de bonheur quand quelqu'un vient à leur tendre une main secourable, quand la voix amie d'un compatriote vient frapper leurs oreilles : le lecteur me saura gré, j'en suis sûr, de quelques courtes citations :

« A Vannes, un homme aidant à une malade à descendre de la » charrette, lui dit : vous me faites pitié, mais votre cause est » belle : quand on fait son devoir on est toujours heureux, soyez » fidèle.

» A Hennebon, à l'entrée du pont, il se trouva un soldat » angevin, qui cria : vivent les Angevines ! Quand on nous pre- » nait pour des brigandes, nos conducteurs répondaient : ce ne » sont pas des brigandes, ce sont des femmes respectables, des » religieuses, ce sont de bonnes sœurs....

» Depuis Angers jusqu'à Lorient, nos conducteurs méritent

» tout l'éloge possible pour leur politesse, leur douceur, leur » complaisance ; il y a même à dire le respect qu'ils nous » portaient.... »

Cette lettre est adressée à une sœur Madelon restée à Angers, de la maison d'arrêt de la grande Cayenne de Lorient, le 22 juillet 1794. — En post-scriptum, on lit ces mots touchants, qui ne sont, du reste, que le résumé des sentiments exprimés dans le récit tout entier : « Toujours gaies, toujours contentes ; pas » un seul moment d'ennui, ni de chagrin, depuis notre déten» tion. »

Des prêtres étrangers étaient expédiés de loin, et venaient se joindre aux prêtres angevins, comme si ceux-ci n'avaient pas été en nombre suffisant pour satisfaire l'activité et la fureur de nos proconsuls.

Une délibération du comité révolutionnaire, à la date du 13 ventôse an II, constate l'arrivée récente à Angers de 61 prêtres expédiés de Nevers : .... Et « considérant que la majeure partie » de ces scélérats est empêtrée de maladies naturelles ou forcées, » et ne peut pas, par conséquent, aller à Nantes ; qu'enfin les » voitures sont raréfiées par le départ des réfugiés de la Vendée, » arrête révolutionnairement : que ces 61 contre-révolutionnaires » demeureront renfermés en la citadelle de cette place, que le » représentant Francastel sera instruit de tout... »

Dans sa lettre du 11 ventôse an II, au comité de sûreté générale, le comité d'Angers s'exprimait ainsi : « Il paraît qu'on a » une grande confiance dans notre manière de traiter ces diffé» rents empoisonneurs... La commune de Nevers vient de nous » en envoyer 61 réfractaires. »

Le 26 frimaire, le comité avait déjà demandé à Francastel des moyens prompts et sûrs pour débarrasser les prisons encombrées de prisonniers tous attaqués de mal pestilentiel. Le 15 ventôse, deux jours après la délibération que je viens de transcrire, le comité écrit cette fameuse lettre à Francastel relative aux 61 prêtres :

A Francastel, pour soixante prêtres dont la majeure partie est sexagénaire ou infirme, envoyés de Nevers.

Du 15 ventôse.

Maintenant, citoyen, indique-nous quelle marche nous avons à suivre pour ces soixante scélérats, ainsi que pour ceux qui sont ici détenus à la maison de la Rossignolerie, dont nous pourrions et voudrions même nous débarrasser par la même occasion ; te les enverrons-nous à Nantes ? Les donnerons-nous à la commission militaire ? Les ferons-nous fusiller au coin d'un bois ? Ou les embarquerons-nous sur la Mayenne, pour leur faire faire la pêche du corail, vis-à-vis la Baumette ?

Parles, citoyen, et quelque puisse être ta décision, tu peux compter qu'elle sera ponctuellement exécutée ; mais veuille te décider promptement, car tous ces monstres nous consomment des subsistances, qu'il est important de ménager pour les enfants et les défenseurs de la République.

Francastel ne répondait pas toujours à ces questions embarrassantes. Nous lisons, en effet, dans le rapport fait le 26 frimaire, par Girard et Lefevre, à la suite d'une mission dont ils étaient chargés : « Quant aux brigands et autres détenus dans les prisons de cette ville, le représentant Francastel n'a voulu donner aucun ordre par écrit à cet égard ; mais je lis dans Blordier-Langlois, t. I, p. 414, à propos de cette lettre du 15 ventôse :

Francastel répondit : « Il faut laisser aller à leur destination
» ces 61 prêtres dont la Nièvre se débarrasse ; vous ferez bien de
» les faire partir avec ceux qui sont encore à la Rossignolerie...
» Le comité se conforma aux volontés du représentant ; il
» nomma un de ses membres pour surveiller cette exportation ; les prêtres devaient être conduits à Nantes, et de cette
» ville à Brest, lieu de leur destination : le commissaire fut
» autorisé à prendre toutes les mesures révolutionnaires.........
» Arrivé à Nantes et muni peut-être d'un ordre secret de Francastel, il confia ces prêtres aux *bâteaux à soupapes*. Là fut

» le terme de leurs inquiétudes et de leurs souffrances. » — (M. Blordier commet ici une grave erreur : *Voy.* plus bas.)

Le rapporteur nommé pour l'examen des papiers saisis chez Robespierre fait remarquer avec raison que ces *bateaux à soupapes* n'étaient point une invention nouvelle : un monstre, dont quelques historiens ont cherché à réhabiliter la mémoire, Néron, y avait eu recours pour se débarrasser de sa mère : idée digne de ce tyran et de ceux qui ont désolé notre pays.

Navem... cujus pars ipso in mari per artem soluta.
Un vaisseau dont une partie pouvait s'entr'ouvrir en pleine mer.
TACITE, *Annales*, lib. XIV.

Que sont devenus ces malheureux prêtres, auxquels quinze autres de la Rossignolerie (le Lycée) avaient été réunis ? C'est le 20 ventôse que le comité révolutionnaire les a expédiés à Nantes, sous la garde de l'un de ses membres ; c'est à lui à en rendre compte.

Nous connaissons la version de M. Blordier-Langlois, écoutons celle d'un autre auteur et la déclaration de quelques témoins :

Dom Piolin, dans son estimable *Histoire de l'Eglise du Mans pendant la Révolution*, parle de 72 prêtres renfermés à Angers, dont 58 seulement purent être embarqués pour Nantes à la fin de novembre. On se fit un jeu, dit-il, d'en jeter six à la rivière vis-à-vis la Baumette. Ce dernier fait ne me semble pas démontré, comme on le verra quelques pages plus bas. Le fût-il, il s'appliquerait au convoi de 76 prêtres, et non à celui de 58. C'est bien pour les premiers que le comité révolutionnaire consultait Francastel, en lui demandant *s'il fallait les fusiller au coin d'un bois, ou les envoyer à la pêche au corail à la Baumette*, et non pour les 58. La lettre d'où ce passage est extrait est du 15 ventôse, et le départ est du 20. Quant aux 58, c'est trois mois auparavant qu'ils avaient été expédiés d'Angers à Nantes, où ils avaient été noyés dans la nuit du 9 au 10 décembre.

Outre ces 58 prêtres, dom Piolin parle encore d'un convoi de 51 prêtres angevins noyés à Nantes, par ordre de Carrier, dans la nuit du 9 au 10 décembre. C'est évidemment une confusion avec le convoi des 58, dont le sort est certifié par la lettre de Carrier à la Convention, ainsi que la date de leur mort.

Il y a donc erreur certaine de la part de dom Piolin, erreur facile à commettre avec des documents aussi confus que ceux concernant la *justice révolutionnaire*. Quoiqu'il en soit, attachons-nous à rechercher exactement ce qu'est devenu ce nombreux convoi du 20 ventôse, à propos duquel il n'est que trop avéré que l'on avait conçu d'abord les plus horribles desseins, ainsi que cela est révélé par la lettre du comité révolutionnaire.

Edom, commandant de la gendarmerie nationale, déclare, dans l'enquête édifiée par Macé-Desbois, en prairial an III, que le membre du comité chargé de la conduite, lui dit qu'il croyait bien qu'ils n'arriveraient pas jusque-là (Nantes); que sûrement ils seraient attaqués sur la route, et que ses mesures étaient prises en conséquence. Et, en effet, les prêtres furent embarqués sur un bateau, et la force armée sur un autre.... A son retour, il raconta que lesdits prêtres étant dans le bateau et voulant s'arracher à la mort, on avait été obligé de les enfoncer dans l'eau à coups de pied, et en leur coupant les mains, lorsqu'ils voulaient s'accrocher à quelques objets.

Le témoin dit un jour, au comité, au citoyen Bremault : Que la postérité dira-t-elle, quand elle verra tous les actes émanés de votre comité, qui ne sont qu'une effusion générale de sang? A quoi Bremault repartit : La postérité n'en saura jamais rien, car Francastel nous a ordonné de brûler tous ces monuments de mort.

Il y en a eu certainement de brûlés ou d'enlevés, car il y a d'importantes lacunes dans ces archives *de la terreur ;* mais ceux qui subsistent suffisent pour faire juger ces hommes et ce temps. La déclaration d'Edom prouve qu'ils avaient quelque souci de la postérité vengeresse; et pour mon propre compte, je ne regarde que comme une horrible fanfaronnade ces paroles de Danton à la Convention, en janvier 1793 : « Que m'importe ma réputation ! » que la France soit libre, et que mon nom soit flétri à jamais ! » J'ai consenti à être appelé buveur de sang... »

Les 76 infortunés prêtres sont donc entassés sur un bateau

dans la soirée du 20 ventôse. Que sont-ils devenus? La déclaration du sieur Edom me faisait craindre qu'ils n'eussent tous été massacrés.

Dans un mémoire justificatif adressé à ses concitoyens, G... se présente comme fort d'une conscience sans reproche, du sentiment intime de son innocence, de quarante années de vertus et de probité.

Il explique les atrocités de la Vendée.... par la juste vengeance des patriotes... ses propres actes : une partie, parce qu'il n'était que délégué près de la commission militaire... *être purement passif.* « Je ne participai à aucun acte de cette commission et me
» concentrai dans l'exercice des pouvoirs qui m'étaient délégués
» près d'elle... C'est le 20 germinal qu'il a été nommé membre
» de cette commission... Il ose affirmer avec vérité que tous les
» jugements rendus par cette commission pendant le temps qu'il
» en fit partie, furent basés sur les articles précis des lois exis-
» tantes... »

Quant aux prêtres de Nevers, il produit une attestation signée par Pinson et Bernard-Legros, voituriers par eau, qui déclarent avoir conduit avec le citoyen G... fils, à Nantes, les prêtres réfractaires venant de Nevers... Que les susdits prêtres ont été déposés le 25 ventôse an II, au soir, sur les 10 heures, dans une galiotte hollandaise, vis-à-vis le corps de garde de la Seicherie, à Nantes.

Cette déclaration est également signée par l'assesseur du juge de paix de Maurice, qui avait requis les voituriers.

La fameuse lettre du 15 ventôse, et l'information suivie par Macé-Desbois, pouvaient bien faire présumer assurément qu'une partie de ces infortunés, cinq ou six, avaient été massacrés à la Baumette, le 20 ventôse, et le reste, les jours suivants. Mes premières investigations sur divers points de la Loire, et à Nantes même, n'amenèrent aucun éclaircissement à cet égard. Enfin, grâce à l'obligeance de MM. Mollat et Lallié, de Nantes, à qui je dois les documents ci-après, j'ai acquis la certitude qu'un grand crime n'a pas été commis, et que le délégué du comité révolutionnaire, le sieur G..., chargé de la conduite des prêtres, a rempli sa mission, comme il l'affirme dans son mémoire justificatif, et comme l'attestent les deux bateliers. Je ne puis donc m'expliqner un massacre même partiel ; je ne m'explique pas non plus la déposition d'Edom, qui, du reste, ne repose que sur un ouï-dire, à moins qu'à Nantes on n'ait pas vérifié le nombre de tous les détenus à leur arrivée (tant le désordre était grand dans les administrations), et que, pendant leur séjour sur la galiote, ainsi qu'à leur départ, on s'en soit toujours tenu aux chiffres de l'ordre de conduite délivré à Angers, sans qu'un seul appel, sans qu'aucune vérification aient été faits de nouveau, ce qui, je l'avoue, ne me paraît pas devoir être admis; en effet, on lit sur le registre du comité révolutionnaire de Nantes, vol. II, f° 1 (Archives du greffe) :

Envoyé à la galiote hollandaise ancrée près le port de la Sécherie, 76 prêtres venus d'Angers, avec les pièces y relatives. — Réquisition au commandant de la place de Nantes de fournir une garde pour la susdite galiotte, 25 ventôse an II (15 mars 94).

Et même registre, f° 9 — 3 germinal an II. — Doléance de *76 prêtres de la Nièvre et d'Angers,* détenus vis-à-vis le poste de la Sécherie.

6 germinal. — On presse l'administrateur de la marine de hâter l'envoi de 98 prêtres réfractaires à Brest ou à Rochefort. — *Nota.* 22 avaient, paraît-il, été réunis aux 76.

11 germinal. — Ecrit pour hâter le départ pour Rochefort des prêtres de la galiote.

19 germinal, f° 26. — Lettre du citoyen Boivin, commandant de la place, qui nous fait part des réflexions de Binet, chef d'arrondissement, au sujet des prêtres détenus à la galiote hollandaise, qui, si l'on n'y remédie, empoisonneront bientôt tous ceux commis à leur garde.

5 floréal, f° 40. — Pétition de plusieurs citoyens qui demandent qu'on fasse descendre plus bas la galiote hollandaise, où sont détenus les prêtres réfractaires destinés à la déportation, parce qu'il en sort un principe de corruption qui fait craindre pour ceux qui sont auprès de cette galiote.

16 floréal, f° 49. — Lettre du citoyen Even, relativement au départ des prêtres, dont trois sont morts.

Une lettre, déposée aux archives de la préfecture, fait connaître la somme avec laquelle on a dû pourvoir aux dépenses de ce convoi, et la source d'où elle provenait. Cette somme n'était autre chose que la dépouille des prisonniers.

Les membres du Comité de surveillance et révolutionnaire, aux administrateurs du district d'Angers.

29 pluviôse an III.

Après les recherches faites sur nos registres, nous n'y avons rien trouvé qui constate la dépense qu'a occasionnée le transport des prisonniers.... Nous y voyons seulement que le citoyen G... ci-devant membre du comité, chargé par Francastel, représentant du peuple, de transférer les prêtres de la Nièvre et ceux de la Rossignolerie à Nantes, a reçu de nos prédécesseurs la somme de 800 fr. pour pourvoir aux frais que nécessiterait sa mission, laquelle a été prise sur la dépouille desdits prêtres, suivant le compte qui nous a été rendu par l'ancien comité.

S'il pouvait encore y avoir quelques doutes sur le sort de ces malheureux, et je ne le crois pas d'après les registres du greffe de Nantes, il ne saurait y en avoir sur celui de 90 prêtres qui ont péri sur la Loire, d'après le *Moniteur* du 8 frimaire, pas plus que sur celui des 58 conduits également d'Angers à Nantes, et que Carrier annonce à la Convention avoir été engloutis dans le fleuve (Voy. *Moniteur* du 25 frimaire) : « 58 individus désignés sous le nom » de prêtres réfractaires, sont arrivés d'Angers à Nantes. Aussi- » tôt ils ont été enfermés dans un bateau sur la Loire ; la nuit, ils » ont été engloutis dans cette rivière. Quel torrent révolution- » naire que la Loire ! »

70 autres ont péri, le 20 novembre 1793, dans l'affreuse noyade qui eut lieu en face de Montjean. M. Lejeune, économe du grand séminaire, faisait partie de ce convoi.

M. Baugé, curé de Candé, âgé de 82 ans, a souvent raconté qu'au milieu d'une nuit, il fut réveillé par le passage d'une troupe armée ; il ouvrit sa fenêtre et vit une quinzaine de prêtres que l'on conduisait dans la rue Toussaint du côté de la place de l'Académie ; le lendemain on disait qu'ils avaient été noyés à la Baumette ; la plupart âgés ou infirmes, étaient d'Angers ou des environs. Malgré l'autorité de ce témoignage, je ne puis regarder cette exécution comme un fait avéré ; il peut bien se rapporter, en effet, à une autre expédition vers Nantes, celle du 20 ventôse, par exemple.

Les noyades de Nantes, racontées en détail par M. Berriat-Saint-Prix, sont l'infernale invention du plus féroce, sans contredit, de nos proconsuls, et lui mériteraient à elles seules, dans nos fastes révolutionnaires, une place à part, au-dessus de celles des plus exécrés, des Francastel, des Maignet, des Collot et des Lebon ; sa mémoire est déjà chargée de trop justes malédictions pour qu'on lui impute des crimes qu'il n'a pas commis. Il n'est donc pas permis de s'arrêter à cette idée que sa présence à Nantes eût pu être fatale aux prêtres de la Nièvre et de la Rossignolerie. Un arrêté du comité de salut public, du 20 pluviôse, l'avait rappelé et lui avait donné Prieur de la Marne pour successeur. « Carrier, rappelé de Nantes sans être blâmé ni inquiété, » dit M. de Barante.... se montrait glorieux et nullement embar- » rassé de ses atrocités. » Il était parti lors de l'envoi des 76 prêtres. Le *Moniteur* fait, en effet, connaître qu'il était arrivé à Paris le 1er ventôse ; le 16, il paraît à la société des Jacobins, ainsi que le 19 et le 24. Le 19, il y fait cette motion inhumaine : « Que » désormais les détenus ne seraient plus visités par leurs pa- » rents. » Motion digne des plus odieux tyrans, digne de celui qui trouvait encore des défenseurs sur les bancs de la Convention, dans la séance du 5 frimaire, mais que Legendre, de Paris, accusait ou plutôt condamnait dans ces termes : « On a demandé » des preuves matérielles : eh bien ! si vous en voulez, faites re- » fluer la Loire à Paris, faites amener les bateaux à soupapes, » faites venir les cadavres des malheureuses victimes qu'on a » sacrifiées ; ils sont en assez grand nombre pour cacher les » vivants (*applaudissements*). » — L'image sanglante évoquée par Legendre avec tant d'énergie, n'a rien que de juste, même pour nous qui sommes déjà loin de ces horribles événements. Nos contrées de l'Ouest garderont un éternel souvenir de ce représentant du peuple, cruel, adonné à la débauche et à l'ivrognerie, qui, en quatre mois à peine, a fait périr, et la plupart sans jugement, près de cinq mille Angevins et Vendéens, suivant les évaluations les plus modérées, c'est-à-dire deux mille environ par les *noyades*, le reste par le sabre, par la fusillade, et enfin par la guillotine, qui agissait avec trop de lenteur à son gré.

Ce monstre n'épargnait même pas ses maîtresses; il n'avait nulle pitié des enfants qu'il envoyait à la mort. *Ce sont des vipères*, disait-il, qu'il *faut étouffer*, et l'on voyait leurs cadavres flotter pêle-mêle, avec ceux des autres condamnés, sur les eaux empestées de la Loire. *Quel torrent révolutionnaire!* Il appelait aussi ce fleuve: *la baignoire nationale*. Ce fut Julien fils, indigné de ses atrocités, qui le fit rappeler de Nantes à Paris, où il reçut bon accueil. Le comité de salut public se contentait d'écrire à son successeur Prieur de la Marne, qu'il avait eu, dans l'exercice de ses fonctions, des *formes dures*: ses paroles ne l'étaient pas moins. Des témoins entendus dans son procès, font connaître que dans le cours de sa conversation, il lui échappait de s'écrier: *Tue, tue... brûle, brûle...* Il se réjouissait des *grimaces* de ceux qu'il envoyait à la mort. (*Voy.* MM. de Barante et Berriat-Saint-Prix.)

M. Campardon donne, dans tous ses détails, le procès de Carrier, qui avait occupé soixante séances. « Les fastes de la jus-
» tice criminelle, dit-il, ont rarement présenté un homme couvert
» d'autant de sang et d'infamies, parlant à ses juges avec tant
» d'impudence. » Ce fut le 26 frimaire an III qu'il fut exécuté avec ses infâmes séides, Pinard et Grandmaison... Carrier promena jusqu'au dernier moment sur la foule son regard dur et menaçant: il ne put rencontrer que l'expression de la joie et de l'indignation contre les forfaits que les débats avaient révélés.

Nous donnons ici le portrait de cet homme, trouvé chez Hudoux, après la mort de ce dernier, en 1839. Il a été acheté par M. Mordret, et a pris rang dans le précieux cabinet de cet amateur. La miniature de Carrier est faite sans aucun art, et ne peut avoir d'autre mérite que de rappeler les traits enluminés de ce cruel proconsul *de la terreur,* dont le nom seul résume les crimes les plus odieux, commis en Anjou et en Bretagne. On remarquera cette guirlande de roses, entourant le chiffre composé des trois lettres entrelacées LMH, et surtout, au bas, deux colombes, se becquetant, touchant symbole de l'amitié, ainsi que des *tendres* sentiments qui distinguaient Hudoux et Carrier, Carrier qui disait un jour en parlant des modérés : « Les monstres voudraient briser les échafauds. » La guillotine était donc son idéal, et le bourreau le premier ministre de son gouvernement. Cet homme-là, je le demande, était-il donc capable de quelques douces affections, ainsi qu'on l'a prétendu ?

REVUE de L'ANJOU.

CARRIER.

Lith. Barassé Angers

CHAPITRE IX.

Siége d'Angers. — Déroute du Mans. — Fusillades

Quanta moves funera !
Quels flots de sang !
(HORACE, lib. Ier, *odes*.)

Après la prise de Saumur, le 9 juin 1793, l'on devait bien s'attendre à voir les Vendéens suivre le cours de leurs succès, et venir sous peu de jours attaquer la ville d'Angers. Elle fut déclarée non défendable par le conseil de guerre, qui se réunit alors; et cependant les généraux Barbazan et Gauvilliers pouvaient encore disposer de quatre à cinq mille hommes, soldats ou gardes nationaux, qui certes étaient en état de faire une honorable résistance. Cette décision prise, les diverses autorités se retirèrent au Lion-d'Angers et à Laval. Les troupes évacuèrent la ville, se dispersèrent dans la plus déplorable confusion, commirent des désordres de toute nature, et se laissèrent même enlever le trésor national qui leur avait été confié. L'armée vendéenne avait donc pu, le 24 juin, s'emparer de notre cité sans coup férir ; elle s'imagina qu'il en serait de même quelques mois après, et qu'elle trouverait encore les portes ouvertes; mais les dispositions étaient bien changées de part et d'autre. Les derniers succès des troupes républicaines, le passage de la Loire, le désordre qui l'avait suivi, avaient porté à un haut point l'espoir et l'exaltation du patriotisme chez les habitants de notre ville, et le découragement chez les Vendéens. Ils se présentèrent, le 13 frimaire, sous les murs d'Angers, au nombre de 60,000, sur lesquels on ne pouvait guère compter que 25,000 hommes en état de porter les armes ; ils avaient une cinquantaine de canons. La garnison de la ville était composé de 3,000 hommes à peine, mal commandés, mais exaspérés par le souvenir de ce qu'ils avaient souffert à la première invasion, poussés par le vif sentiment de la vengeance et bien résolus à défendre énergiquement leurs murs, leurs familles, leurs propriétés. Ils se sont héroïquement acquittés de cette mission sacrée : les femmes apportaient aux combattants des munitions, des vivres, pansaient les blessés, ranimaient leur courage ; et l'on peut dire avec fierté, qu'elles ont pris une part glorieuse au triomphe des assiégés. Un instant ceux-ci se crurent perdus ; l'ennemi avait pénétré dans la ville ; le général Danican avait ordonné la retraite, et tournait le dos aux assaillants, lorsque le 2e bataillon de la garde nationale, chargé de la défense de la porte Cupif, se jeta au-devant de lui, et s'opposa à sa fuite précipitée. Quelques soldats sortirent des rangs, couchèrent en joue le général, lui enjoignirent de revenir, et le ramenèrent au plus fort de la mêlée. Les noms de ces courageux citoyens ne peuvent rester dans l'oubli, car la ville leur a dû ce jour-là sa délivrance. Honneur donc à leur mémoire ! Ils étaient une douzaine au plus : Evain, Letourneau, Chassebœuf, Lachèse-L'Ollivrel, Guillot, Godard, Morteau, Monsallier, Claveau, Camus, Lefèvre. Les chances du combat furent bientôt rétablies, une lutte acharnée s'engagea à la porte Saint-Michel, et les Vendéens, désespérant de reconquérir un terrain défendu avec tant d'opiniâtreté, se retirèrent le 14, vers cinq heures du soir, laissant environ 1,200 prisonniers, dont 700 furent fusillés sur-le-champ.

Les hommes qui étaient alors au pouvoir, n'avaient nulle disposition à user généreusement de la victoire : il y eut bientôt en Anjou une recrudescence de terreur ; plût à Dieu que les soldats intrépides que nous venons de désigner eussent pu, après avoir sauvé la cité, sauver aussi tant de malheureuses victimes, et rappeler dans la voie de l'humanité les exécrables proconsuls qui décimaient notre pays ! De nombreux habitants de la ville furent arrêtés par leurs ordres. Parmi eux, se trouvaient Caillard, Loiré, Bourdais, Béclart, Préaubert, Duval, etc., etc.

On ne tint même pas compte de l'amnistie que Westermann fit publier : il fut désavoué par les représentants, et l'on arrêta tous les Vendéens qui, sur la parole du général, avaient mis bas les armes, et s'étaient livrés à la foi du vainqueur. Hommes, femmes, enfants, tous furent amoncelés à Saint-Maurice (Blordier, t. I, 407).

Une lettre citée par M. Dauban, écrite le 29 frimaire à la Convention par Carrier, annonce qu'on avait pris aux rebelles de la Vendée leur dernier parc d'artillerie. Une enceinte de huit lieues, disait-il, a été à l'instant couverte de nos braves républicains : ils ont porté partout le fer et la flamme sur cette terre scélérate. De petits rassemblements s'étaient formés autour de Poux : nous y avons envoyé quelques détachements de cent hommes, qui les ont *républicainement dissipés*, c'est-à-dire assassinés ; car c'était là ce que voulait faire entendre ce misérable par ces expressions dérisoires.

Ces événements amenèrent chez les Vendéens un désespoir profond. Tous, mais principalement les vieillards, les femmes et les malades, comptaient recevoir des vivres et un abri dans cette grande ville qui déjà leur avait fait bon accueil; et voilà qu'au contraire ils sont vigoureusement repoussés, poursuivis, forcés de s'éloigner davantage de leur pays, sans argent, sans provisions, presque dénués de vêtements et de chaussures, et ce, à l'entrée de la saison du froid et des pluies. Les chefs eux-mêmes se reconnaissaient hors d'état de pouvoir longtemps soutenir la lutte. Ils comptaient encore, à la vérité, près de 24,000 combattants, aguerris, éprouvés, mais n'ayant plus cette ardeur indomptable qui les animait sur leur propre terrain, sur le sol chéri de leur Vendée. Inquiets de savoir où l'on voulait les mener, ils demandaient à hauts cris de retourner sur leurs pas et de repasser la Loire. Ces soldats étaient d'ailleurs moins libres dans leurs allures qu'aux premiers temps de la guerre ; leur marche était embarrassée par plus de 30,000 Vendéens, prêtres, femmes et enfants de tout âge, qui fuyaient un pays devenu inhabitable, et qui ne faisaient qu'accroître les difficultés au moment du combat, aussi bien qu'à celui de la retraite. Larochejacquelein se montra néanmoins inébranlable ; il ranima le courage des soldats et des chefs. Arrivé à La Flèche, il trouve le pont coupé, passe la rivière à gué avec 300 cavaliers portant en croupe pareil nombre de fantassins, défait 3,000 hommes qui défendaient la ville, rétablit le pont et fait entrer les Vendéens. Il accorde un jour de repos, que tous réclamaient, même les officiers, qui ne le secondaient plus avec la même ardeur. Enfin il se remet en marche et arrive au Mans, dont il s'empare sans peine, le 20 frimaire; mais les républicains se présentent, dès le lendemain, aux portes de la ville, au nombre d'une vingtaine de mille, ayant à leur tête Westermann, Kléber et Marceau, nobles et dignes adversaires, les deux derniers surtout, de Lescure et Henri Larochejacquelein. Avec de tels chefs de part et d'autre, le combat devait être sanglant, acharné. Les Vendéens font une résistance héroïque aux abords de la ville, dans les sapins de Pontlieue ; mais ils sont forcés de céder: Larochejacquelein les rallie, se porte sur tous les points, s'expose en soldat, deux chevaux sont tués sous lui ; mais, en dépit de ses prodigieux efforts, l'impétuosité des troupes républicaines finit par l'emporter, et la ville fut prise dans la soirée. Des Vendéens se défendirent encore, en petit nombre, une partie de la nuit et de la matinée du 22; c'est ce qui facilita la retraite de l'armée, ou du moins la préserva d'un désastre encore plus grand. Mais à partir de huit heures, ce ne fut qu'un affreux carnage, une vraie boucherie : les rues étaient encombrées de chevaux, de voitures, de canons, de mourants. On comptait jusqu'à trente cadavres, écrit un témoin oculaire, amoncelés en certains endroits, et particulièrement à la porte de l'hôtel des représentants. C'était partout des cris de femmes, de mères séparées de leurs enfants, de blessés qu'on fusillait ou qu'on mitraillait. Il est difficile de se figurer une situation plus lamentable que celle de cette multitude poursuivie par un ennemi impitoyable, pressée sur une petite place, ne pouvant s'écouler assez vite par des rues de quelques mètres et la voie étroite des anciens ponts, sabrée par la cavalerie, blessée par les baïonnettes des soldats vendéens fuyant avec elle. J'ai souvent entendu raconter par des témoins et sur les lieux mêmes, quarante ans après, ce terrible épisode de nos guerres civiles, qui a laissé dans le Maine des souvenirs ineffaçables, non moins durables, je puis l'affirmer, dans la mémoire de ceux qui ont assisté à ces navrants récits. On évalue à

8,000 hommes la perte des républicains, à 15,000 celle des Vendéens.

On cite de nombreux actes d'admirable générosité envers des femmes, des enfants recueillis, cachés et sauvés, mais aussi quelques actes cruels d'égoïsme et de peur. Le droit d'asile, inviolable autrefois, aurait été refusé à des enfants abandonnés ou égarés, à des blessés sans secours ! !

Le représentant Turreau écrivait, dès le 23 au soir, à la Convention : « ... Des chefs, des marquises, des comtesses, des » prêtres à foison, des canons, des caissons... tout est tombé en » notre pouvoir, et des monceaux de cadavres sont les seuls » obstacles que l'ennemi opposait à la poursuite de nos troupes ; » les rues, les maisons, les places publiques, les routes en sont » jonchées, et, depuis quinze heures, ce massacre dure encore. »

Garnier, de Saintes, complétait ce lugubre tableau, en affirmant que « dans l'espace de quatorze lieues de chemin, il n'y » avait pas une toise où il n'y eut un cadavre étendu... » Il écrivait le 27 frimaire : « On nous amène des prisonniers par tren- » taines. Dans trois heures, on les juge ; la quatrième, on les fu- » sille dans la crainte que ces pestiférés trop accumulés dans cette ville n'y laissent le germe de leur maladie épidémique. (*Tribunal criminel de l'Orne*, par de Robillard de Beaurepaire, pages 87, 92.)

Tous les prisonniers ne furent pas exécutés sur-le-champ, à la suite de ce grand désastre : de nombreuses arrestations de suspects eurent lieu sur tout le parcours suivi par l'armée de la Vendée. Pendant plusieurs mois, des condamnations successives, et sur divers points, furent prononcées jusqu'à la chute de Robespierre : ce fut comme une abondante moisson qui tomba sous la faux révolutionnaire.

Parmi ces victimes, on compte une jeune fille issue d'une noble famille angevine de Montfaucon, et que Marceau disputa vainement à la mort.

A peine arrivé à l'armée de l'Ouest, le jeune général avait été lui-même dénoncé à Bourbotte, qui le fit arrêter ; mais peu de temps après il fut mis en liberté. Il se trouva à la prise de Saumur par les Vendéens. Bourbotte fut un instant cerné par eux, et allait être ou fait prisonnier, ou massacré, lorsque Marceau, voyant le danger qu'il courait, s'élança à la tête de quelques cavaliers et le délivra. Le représentant ne tarda pas à lui témoigner sa reconnaissance, et le fit nommer général de brigade à 22 ans. C'était lui qui commandait les républicains à la sanglante bataille du Mans. Il s'efforça, souvent en vain, d'humaniser la victoire; il put, au moins, aidé de l'adjudant général Savary, arracher à la brutalité des soldats une jeune et belle fille, et la préserva de leurs outrages. Cet épisode intéressant de nos guerres civiles n'est pas raconté d'une manière uniforme par tous les écrivains. Suivant certains récits, dont je suis bien loin de garantir la complète exactitude, Marceau se serait attaché à la belle prisonnière avec toute l'ardeur de sa noble et généreuse nature; il la conduisit à Laval, où il la confia à l'honneur d'honnêtes gens; mais il fut bientôt hors d'état lui-même de veiller à sa sûreté. Le commandement en chef des armées de l'Ouest, dont il avait été investi avant la bataille du Mans, sur la désignation de son ami Kléber, lui avait créé des envieux. Ce fut à cet insigne honneur, plus encore qu'à sa conduite généreuse vis-à-vis des Vendéens, qu'il dut d'être dénoncé de nouveau. Il fut obligé de remettre le commandement au général Turreau, et envoyé à l'armée des Ardennes. On peut douter, du reste, qu'il ait conçu de cette disgrâce imméritée un vif chagrin : la guerre civile répugnait à sa grande âme; les excès qu'elle entraînait lui faisaient horreur : il lui tardait d'avoir en face d'autres ennemis que des concitoyens. Il partit pour repousser l'étranger de nos frontières, après avoir fait promettre, dit-on, à la jeune Vendéenne de le prévenir si ses jours étaient menacés. La pauvre victime eut trop tôt l'occasion de s'adresser à son protecteur. Les juges de ce temps punissaient rigoureusement, quelquefois de mort, les receleurs *des brigands*. Angélique ne voulut pas compromettre ses hôtes, et se découvrit elle-même. C'était se vouer à la mort. Elle fut emprisonnée, puis jugée et condamnée. Si la version d'un grave historien devait être admise, Marceau, averti de l'arrestation, se serait aussitôt rendu à Paris, et aurait obtenu la grâce de la jeune Desmesliers; mais il arriva trop tard à Laval, la guillotine avait fait son œuvre peu d'heures auparavant, le 3 pluviôse an II (1). Le général s'empressa de quitter nos contrées et de retourner là seulement où il y avait quelque gloire à acquérir. Les ennemis eurent bien vite une haute idée de son courage impétueux et de son caractère chevaleresque ; mais bien peu d'années s'écoulèrent, et la mort vint terminer sa brillante carrière. Il fut atteint mortellement, à Alten-Kirchen, par la balle d'un chasseur tyrolien, le 19 août 1796, à l'âge de 27 ans. Ses funérailles furent célébrées dans les deux camps, au bruit de l'artillerie française et autrichienne. L'archiduc Charles voulut lui rendre en personne les derniers hommages. Les soldats, ce jour-là, confondirent leurs rangs et suspendirent leurs haines, animés tous des sentiments de la douleur et de l'admiration pour le héros. Le grand poëte de l'Angleterre a dit de lui :

Il est mort pour la France... mort jeune, mais sa carrière a été celle d'un brave, d'un héros ; il a été pleuré, dans les deux camps, par ses ennemis comme par ses amis.

Falling for France...
Brief, brave and glorious was his young career,
His mourners were two host, his friends and foes.

(Lord BYRON, *Child-Harold,* ch. 3, st. 57.)

Kléber qui combattait avec lui, dessina de sa main le monument qui lui fut élevé sur la terre étrangère. Chartres, sa ville natale, lui érigea une statue en bronze, œuvre remarquable de Préault, et reçut des mains de Bouchot sa belle toile des *Funérailles de Marceau.* Ainsi la sculpture, la poésie, la peinture, ont dignement célébré l'un des plus illustres capitaines de la Révolution. Le maire de Coblentz avait, en quelques mots simples, rendu un hommage éclatant à ses vertus : « Celui-là, avait-il dit, » n'a pas outragé nos filles, et a fait respecter nos propriétés. »

S'il y a quelques détails de la vie de Marceau qui manquent

(1) Voy. *Histoire de l'Eglise du Mans durant la Révolution.* D. Piolin, tome II, page 490.

d'authenticité, et que le lecteur saura bien reléguer parmi les inventions légères du roman, sa bravoure, sa générosité, son ardent amour pour la patrie (1), sa mort pleurée par tous, voilà, du moins, ce qu'il y a d'avéré dans son histoire.

Un de ses biographes, racontant l'épisode du Mans, représente une jeune fille, tout armée, se jetant aux pieds du général, qui l'arrache aux mains des soldats. Un autre écrivait, moins de trente ans cependant après la bataille du Mans, « qu'une Ven-» déenne jeune et belle, le casque en tête et la lance à la main, » poursuivie par des soldats, tombe aux pieds de Marceau. Se-» courez-moi, s'écria-t-elle... »

L'abbé Feller, inspiré par une réminiscence d'Homère ou du Tasse, fait apparaître ainsi la jeune Desmesliers, sous la forme de Clorinde ou de la déesse de la Guerre. C'est avec des couleurs bien différentes, assurément, que Mme Larochejacquelein nous dépeint le misérable costume des femmes de la Vendée à la suite des armées royalistes! Ces fables ont fait dire à un troisième biographe, qui, de son côté, en les signalant, dépasse la juste mesure : « Tout ce qu'on a écrit jusqu'ici sur ce jeune guerrier, est plein d'erreur et d'inexactitude (2). »

On me pardonnera ces longueurs, en se rappelant que tout héros a sa légende, et que parfois la légende le peint aussi bien que l'histoire. D'ailleurs, au milieu des personnages ignobles dont nous avons eu à nous occuper, ne se sent-on pas soulagé en s'arrêtant quelques instants pour contempler les traits d'une physionomie aussi pure, et que la fiction n'a nul besoin de chercher à embellir. Les Angevins ont de plus une raison particulière de s'intéresser à tout ce que l'on a pu écrire sur Marceau : il a combattu avec les soldats du 1er bataillon de Maine-et-Loire ; il était enfermé avec eux dans les murs de Verdun ; il opinait avec notre compatriote Beaurepaire au conseil de guerre, et voulait comme lui défendre la ville jusqu'à la dernière extrémité.

---

(1) A ceux qui devant lui, à son lit de mort, versaient des larmes sur sa fin prochaine, il disait : Je suis heureux, je meurs pour la patrie.

(2) Voy entre autres, biographies de Michaud, nouvelle biographie de Rabbe, Vieilh de Bois-Jolin, etc., dictionnaire historique de l'abbé Feller, etc.

Dans l'ouvrage de M. le comte de Quatrebarbes, *Une paroisse vendéenne*, on lit également un touchant épisode des désastres du Mans. La famille Boguais y était prisonnière. La mère et ses trois jeunes filles devaient périr. M. de Fromental, officier républicain, gagna le geôlier, et put sauver deux des sœurs. L'une d'elles, Eulalie, devenait, très-peu de temps après, Mme de Fromental. Le mariage fut célébré à Châteaubriand. Le sentiment de la reconnaissance, un sentiment plus vif encore, consacrèrent cette union.

CHAPITRE X.

Le 9 thermidor; exécutions de cette époque à Paris, en Anjou. — Réaction.

« Plus le corps social transpire, plus il devient sain. »

(COLLOT-D'HERBOIS.)

En rappelant le 9 thermidor, les événements qui s'y rattachent, et la brusque réaction qui se fit alors sentir en Anjou, nous ne pouvons omettre le nom d'un Angevin, qui a pris une part importante à cette mémorable journée. Talot, d'abord *praticien*, avait suivi avec succès la carrière des armes, où il était entré comme simple soldat. En peu de temps il était parvenu au grade d'adjudant général. La Convention le chargea du commandement en chef de la force armée de Paris : par son intrépidité et son sangfroid, il se montra digne de cette haute confiance; il prit immédiatement, en personne, possession du poste où il y avait pour lui honneur et péril : il vint se placer à la porte d'entrée de la salle des séances, et sut remplir courageusement sa mission.

Le règne de la *terreur* était subordonné à la domination et à l'existence même de Robespierre ; c'est lui qui, dans les derniers temps, se faisait le plus fervent apôtre, le panégyriste le mieux écouté de ce régime qui décimait la France. Il disait, en effet, le 5 février 1794, dans son rapport *sur les principes de morale politique, qui doivent guider la commission nationale :* « Si le ressort du gouvernement populaire dans la paix est la vertu, » le ressort du gouvernement populaire en révolution, est à la » fois la vertu et la terreur ; la vertu, sans laquelle la terreur est » funeste, la terreur; sans laquelle la vertu est impuissante :

» *la terreur* n'est autre chose que la justice prompte, sévère, in-
» flexible ; elle est donc une émanation de la vertu. »

A-t-on jamais ainsi profané ce nom ?

Une émanation de la vertu ! C'est dans de bien autres termes que la qualifiait Benjamin Constant. « *La terreur*, dit-il, au lieu
» de préparer le peuple à la liberté, l'a préparé à subir un joug
» quelconque ; elle a courbé les têtes, mais en dégradant les
» esprits, en flétrissant les cœurs ; elle a servi, pendant sa durée,
» les amis de l'anarchie ; et son souvenir sert maintenant les
» amis de l'esclavage et de l'avilissement de l'espèce humaine. »

Nous avons vu ce que pensait et ce qu'a dit lord Byron *de la terreur*. Gœthe la flétrit non moins vigoureusement : il va même jusqu'à l'injure et l'injustice. « La bête féroce, dit-il, est moins
» hideuse. Que l'homme ne parle jamais de liberté ! comme s'il
» pouvait se gouverner lui-même ! »

Ce sont là des cris arrachés par la douleur, bien plutôt que d'irrévocables sentences. Non, non, l'homme ne peut renoncer au bienfait imprescriptible de la liberté : par son origine, par son âme, par ses grandes conceptions, qui ne peuvent éclore et se développer sous le despotisme, par ses vertus, il y a des droits que les plus odieux excès ne peuvent supprimer ni prescrire ; rien ne saurait le déshériter de ses plus nobles et de ses plus légitimes espérances.

Il n'y a pas de peuple, si dégradé qu'on le suppose, qui ne dût enfin secouer un joug aussi monstrueux : la tyrannie faisait indistinctement passer toutes les têtes sous le sanglant niveau : jeunesse, talent, célébrité de toute sorte, rien n'était épargné. On peut juger de l'indignation et de l'effroi général, par le chiffre des exécutions et le nom de quelques victimes des quatre journées qui ont précédé le 9 thermidor :

Le 5. — 55 condamnés, parmi lesquels le général Beauharnais, Boucher d'Argis, ex-lieutenant particulier au Châtelet.

Le 6. — 37 condamnés.

Le 7. — 38 ; et, dans le nombre, André Chénier, l'auteur de la *Jeune Captive*, et dont la mort a été dignement chantée par notre poëte Angevin, M. Daillière.

Roucher, l'auteur du poëme des Mois, qui aima mieux se laisser arrêter et mourir, que de compromettre un ami qui avait répondu de lui. Avant de subir son jugement, il fit faire son portrait par un artiste détenu comme lui, et mit au bas ces vers adressés à sa femme et à ses enfants :

Ne vous étonnez pas, objets sacrés et doux,
Si quelque air de tristesse obscurcit mon visage,
Quand un savant crayon dessinait cette image,
J'attendais l'échafaud, et je pensais à vous.

L'ex-baron de Trenck, si célèbre dans toute l'Europe, non-seulement par ses incroyables aventures, mais aussi par sa beauté, ses talents, son courage, et par la vive passion qu'il avait inspirée à la sœur de Frédéric II, la princesse Amélie, passion qui a causé en partie ses malheurs. Ayant perdu la haute faveur de son roi, il fut enfermé dans la forteresse de Glatz, d'où il parvint à s'évader. Repris plusieurs années après, il passe près de dix ans dans les prisons de Magdebourg. Vers 1775, il se lie en France avec Franklin, y revient en 1791, après avoir publié plusieurs brochures et ouvrages intéressants. Enfin il est arrêté et condamné comme ayant participé à *la conspiration des prisons*. Le courage héroïque de toute sa vie ne l'a point abandonné à sa mort.

On lisait, sur la liste des 38, le nom de Goësman, conseiller au parlement Maupeou, rapporteur du procès de Beaumarchais, et si rudement flagellé par la plume acérée de ce grand écrivain.

Le 8. — 53. Parmi ces victimes, la demoiselle Senecterre, veuve d'Armentière, ex-maréchal de France.

La princesse de Chimay.

Le duc de Clermont-Tonnerre.

Demoiselle Riquet, femme de Cambon, premier président du parlement de Toulouse.

Le 9. — 45 têtes tombent sous la guillotine.

Le 10. — 11 membres de la commune périssent sur l'échafaud, avec Robespierre, Couthon, Lavalette, commandant des gardes françaises, Henriot, Dumas, ex-président du tribunal révolutionnaire, Saint-Just, Payan et Robespierre jeune.

Après ces terribles journées, le sang ne cesse pas de couler.

Le 11.— 69 membres de la commune et cinq autres individus sont exécutés.

Le 12. — 11 membres de la commune et un autre condamné.

Le 18.— Cofinhal, vice-président du tribunal révolutionnaire.

La chute de Robespierre ne ralentit donc pas immédiatement le cours des exécutions dans la capitale. Le parti qui avait conquis le pouvoir par la violence, semblait tenir à le conserver aussi par des mesures de violence, afin de rassurer les esprits soupçonneux, et de donner des gages à la Révolution. Si le tableau qui précède démontre qu'à Paris, pendant les jours qui ont suivi le 9 thermidor, de nombreuses victimes ont marché à l'échafaud, nous avons vu que l'Anjou n'a pas été mieux traité sous ce rapport. Partout, en effet, les passions populaires, depuis longtemps accoutumées à une licence effrénée, repoussaient avec force les mesures d'ordre qui devaient les contenir et les réprimer. Toutefois, c'est à Paris, où elles avaient si longtemps exercé leur tyrannie, qu'elles devaient réagir avec fureur, et engager une lutte désespérée.

Depuis le 9 thermidor, presque toutes les séances de la Convention étaient des plus tumultueuses. Les terroristes avaient vu avec rage le pouvoir qui leur échappait, passer dans des mains naguères amies. Les gens honnêtes, qui regrettaient leurs fautes passées, et trouvaient que trop de sang avait été versé, étaient décidés à s'opposer, au prix même de leur vie, aux hommes qui faisaient de Robespierre et de Marat leurs idoles, s'efforçaient de justifier les actes des Carrier, des Maignet et des Lebon, et faisaient, en un mot, de *la terreur*, l'idéal absolu de leur gouvernement. Merlin, de Douai, s'écriait, le 4 vendémiaire, à une séance de la Convention : « Je périrai, *ou le système des égorgeurs ne » prévaudra pas.* » Ces paroles énergiques faisaient crier à la réaction, au royalisme ; et pour rassurer les esprits, Cambacérès, à la séance du 3 brumaire, s'exprimait dans ces termes : « Il faut » que le peuple sache que, pour son salut, la Convention ne per» mettra jamais que la Révolution rétrograde. »

Parmi les survivants, et même parmi les vainqueurs de thermidor, il y en avait beaucoup qui auraient pu figurer sur la liste des proscrits. Ceux-là n'étaient pas toujours les réactionnaires les moins ardents : ils avaient tant à faire oublier ! De là ces accès de colère et de haine, qui retentissent plusieurs mois encore, et qui rappelaient les plus mauvais jours. Il n'en pouvait être autrement : la Révolution, dans ses crises diverses, avait développé trop de rancunes et de passions contraires : Legendre, Choudieu, Châles, Léonard Bourdon et tant d'autres rejetaient bien loin les idées de Lanjuinais, de Boissy d'Anglas, et ils avaient constamment recours aux récriminations et aux injures.

La séance du 12 germinal fut des plus agitées. Tallien, devenu le chef du parti *modéré,* fut interrompu par les huées des tribunes ; l'assemblée presque entière se leva indignée. L'orateur, sans se décontenancer, termina en invitant la Convention à ne plus se laisser dicter des lois par quelques portions du peuple : Choudieu défendit chaudement les partisans de la *terreur ;* Bourdon de l'Oise fit décréter son arrestation et celles de Châles et Foussedoire ; Fréron signala Choudieu et Léonard Bourdon, comme les principaux conseils d'un comité d'insurrection existant à Paris, et fit ordonner, au milieu des applaudissements, la translation des députés arrêtés, au château de Ham ; Choudieu était trop peu maître de ses impressions pour éviter cette mesure rigoureuse ; toutes les fois qu'il parlait, c'était pour passionner le débat : il avait reproché à Legendre d'avoir tenu autrefois une conduite différente de celle *qu'il tient aujourd'hui, lui qui accusait Carnot et Collot-d'Herbois d'avoir agi d'une manière timorée les 8 et 9 thermidor.* C'est alors que Choudieu fut interrompu par Bion et plusieurs autres députés, qui le traitèrent d'*assassin ;* dans le cours de la discussion relative à la translation des prisonniers hors de Paris, Bourdon de l'Oise s'écria : *Si nous laissons dans leurs maisons ces assassins de la patrie, ils nous égorgeront.* — Un peu plus tard, en prairial, Guffroy dénonçait Joseph Lebon : Guffroy avait rédigé le journal *Rougiff* (anagramme du nom de l'auteur), *ou la France en vedette ;* à lui, qui se faisait un peu tard le dénonciateur des hommes de sang, on pouvait lui rappeler entre autres ce passage atroce de son journal : *à bas tous les nobles, et tant pis pour les bons, s'il y en a ! Que la guillotine soit en permanence dans toute la République, la France aura assez de cinq millions d'habitants ;* c'était presque le vœu atroce de Néron, ignoblement exprimé.

A plusieurs reprises la Convention fut vivement menacée ; mais son indomptable énergie triompha de l'insurrection. Pourtant, le 1er prairial, elle avait été audacieusement envahie : Féraud, un de ses membres, avait été assassiné en combattant héroïquement pour sa défense ; sa tête avait été promenée dans la salle au bout d'une pique, et l'inébranlable fermeté de Boissy-d'Anglas n'avait pu intimider les assassins.

Ces luttes de la Convention devaient nécessairement se reproduire en province, d'autant plus violentes que les hommes, vivant plus rapprochés, se connaissaient mieux ; il y avait de graves dissentiments parmi les représentants de l'Anjou. Choudieu n'avait pas changé comme tant d'autres, il n'était pas homme à modifier ses idées suivant les événements ; chaque fois qu'il revenait dans son pays natal, on retrouvait en lui les sentiments et le patriotisme farouche des années précédentes : la journée de thermidor avait passé sans amollir cette âme de fer ; il se montrait toujours inébranlable *sans culotte*, s'efforçant d'exciter le zèle des Jacobins, que les circonstances pouvaient refroidir ; dans les clubs, au district, au comité, dans la commission militaire elle-même, dans les lieux publics, il se produisait en effet des opinions diverses ; Choudieu n'était plus écouté avec la même faveur, ses ordres étaient méconnus, et les modérés l'emportaient sur les plus violents. En rappelant quelques séances antérieures du club de la Trinité, on verra combien dans peu de mois l'esprit s'y était modifié.

La société populaire de l'Ouest avait toujours été le lieu de réunion des Jacobins forcénés. Le 11 janvier, on y avait proposé de faire un arrêté *sur la casque monacaille, savoir s'ils doivent être parmi nous, ou si l'on doit éloigner de notre société toutes les bêtes noires ;* on a demandé aussi, *qu'on ferait une pétition à l'administration, pour penser qu'elle a à prendre les moyens pour la destruction d'un reste de fanatiques, qui règnent encore dans les campagnes. Les citoyens J.-B. Cordier et Gouron ont été chargés d'en faire pétition au district, pour qu'ils fassent venir les saints outy, pour qu'ils soient passé au scrutin préparatoire.*

Les saints Outy que l'on réclamait ainsi, dans cette séance de la société populaire, ce n'était rien autre chose, on le comprend bien, que la *sacram sanctam guillotinam.*

A peu près à la même époque, les représentants assistaient à une séance de la société. Hentz dit d'un ton d'emportement : « Que les Angevins étaient des capitalistes, riches et égoïstes, » plus attachés à leurs intérêts personnels qu'au bien public ; » que la société de l'Est n'était composée, pour la majeure par- » tie, que de *muscadins,* hommes de lois ou gens de barreau, » et que la société populaire de l'Ouest renfermait les seuls » vrais patriotes de la ville d'Angers. »

Le 23 mars 1793, le club des *muscadins* fut fermé, le club de l'Ouest restait sans rival ; le premier, suivant l'expression de M. Blordier, fut dévoré par l'autre.

Le 23 juin, le bureau s'était renouvelé. On remarquait, parmi les membres, Boniface, Brutus-Thierry, Marat-Boussac, etc. Le président annonce que le citoyen Quétier vient d'être choisi par le département pour transférer à Nantes *une cargaison de religieuses fanatiques par l'état et par le caractère,* et demande pour Quétier l'approbation de la société. La société non-seulement la donne, mais encore applaudit au département, *qui purge d'autant le sol de la liberté, de la raison et de la philosophie.*

Le 30 juillet (13 messidor), après la chute de Robespierre. ... la société qui ne se sentait plus soutenue par ses chefs, et surtout par Choudieu, qui si souvent avait inspiré ses délibérations, la société, dis-je, vote une adresse de félicitations à la Convention, sur le nouveau triomphe de la liberté, contre les ennemis de la Révolution. — Le 8 octobre, elle envoie demander à la municipalité, que la guillotine soit enlevée de la place du Ralliement, où elle était en permanence.

Hentz et Francastel sont dénoncés ; il fut convenu en outre, à l'*unanimité,* « que Choudieu, représentant du peuple, qui a été » en mission dans le département de Maine-et-Loire, lors du » commencement de la guerre de la Vendée, sera nominative- » ment compris dans la dénonciation, afin que la Convention » nationale soit instruite de tous les maux qu'a soufferts le pays, » et connaisse ceux qui les ont causés. » Cette dénonciation contre Choudieu, même de la part de cette société, s'explique par toute sa conduite, notamment par celle qu'il a tenue à l'égard de la Vendée ; M. Bougler lui attribue des idées de modération qu'il n'avait pas ; lui-même le reconnaît dans ses écrits. Lorsqu'en effet, il fut ordonné par décret que la Vendée serait incendiée et dépeuplée, de nombreux commissaires se transportèrent à Saumur près du représentant, afin d'obtenir que le décret n'atteignît pas les patriotes dans leurs personnes et leurs propriétés ; ils furent reçus par Bourbotte en l'absence de Richard et de Choudieu ; ils ne reçurent aucune promesse d'adoucissement à cette odieuse mesure : « Si nous eussions été à Saumur, dit Choudieu, » notre avis eût été conforme à celui de notre collègue. »

Il y a toutefois dans la vie de Choudieu, comme dans celle de tous les révolutionnaires ardents et passionnés, de bien étranges contrastes. Nous le voyons ici enclin aux mesures violentes et cruelles ; après le 10 août, il s'y oppose avec vigueur, et repousse vivement les propositions d'un envoyé de la commune venant dire audacieusement à l'assemblée : « Le peuple est las de n'être » point *vengé*. Craignez qu'il ne se fasse justice lui-même..... » Deux députés appartenant à la portion la plus ardente des Jacobins, dit M. de Barante, « Choudieu et Thuriot s'indignèrent de ces » menaces et firent entendre des paroles que la Gironde n'aurait » pas risquées. » Nous rappelons ce trait de la vie politique de Choudieu, parce que vis-à-vis même de cet homme qui a tant fait de mal, nous tenons à ne pas nous écarter des règles de la justice et de l'impartialité.

Le 9 germinal, après l'arrestation d'Hébert, Vincent, Ronsin, Momoro, *monstres machiavéliquement exécrables*, suivant les expressions des membres du club, ils envoient à la Convention une autre adresse consignée sur leurs registres et dans laquelle on lit : « Et vous, scélérats, leurs complices, vous avez reçu le » prix de vos horribles attentats : les tyrans qui vous sou- » doyaient vont dessécher de rage et de désespoir, en appre- » nant votre supplice : les projets sanguinaires et liberticides » des anthropophages de l'Europe sont encore une fois confon- » dus, et la France est vengée : et vous, courageux montagnards, » recevez le juste hommage de toute notre reconnaissance et de » toute notre admiration. »

Ainsi, il s'était opéré une réaction notable, quoique peu satisfaisante encore, dans la marche du club, qui s'était longtemps modelé sur celui des Jacobins de Paris : à son exemple, il avait admis dans les tribunes des *tricoteuses* angevines, qui suivaient assiduement les séances, et dont les applaudissements frénétiques stimulaient vivement le zèle et le patriotisme des orateurs. Quelle stupide animosité, quelle ignorance, quelle mobilité parmi les membres de cette société ! et pourtant c'étaient de tels hommes qui dirigeaient l'opinion publique, et décidaient du sort de nos ancêtres, de leurs fortunes et de leurs vies ! Oubliant tout ce qu'ils ont fait, leurs excès et leurs crimes, ils poussent l'inconséquence et l'impudeur jusqu'à féliciter la Convention du supplice infligé à des hommes qu'ils ont approuvés et imités, et devant lesquels naguères ils s'humiliaient jusqu'à l'idolâtrie. Les administrateurs du district s'empressaient également de féliciter la Convention de son énergie et de ses glorieux travaux.

13 thermidor an II.

Les administrateurs du district à la Convention nationale,

La patrie est donc encore une fois sauvée, et la plus dangereuse conspiration qui ait jusqu'à ce moment menacé la République est heureusement étouffée, sans avoir pu réaliser les parricides projets qu'elle méditait. Grâces vous soient rendues, représentants ; c'est à votre énergie, à votre courage, à votre union, que nous devons ce grand bienfait. Grâces soient également rendues aux braves Parisiens qui ont volé à votre défense.....

Robespierre, Couthon, les scélérats! comme ils ont trompé le peuple ; représentants, continuez vos glorieux travaux....

Quoiqu'il en soit, les honteuses palinodies que nous signalons, annonçaient une autre direction dans les esprits. La Vendée entrait dans une voie d'apaisement ; quelques rares engagements y avaient lieu encore, même après le traité de paix ; en messidor, les chouans avaient été défaits dans le district de Châteauneuf : Coquereau, l'un de leurs chefs les plus audacieux, avait été tué de la main d'un hussard. — Peu auparavant, l'escorte d'un convoi républicain avait été attaquée près de Chemillé ; mais en général le pays était tranquille. En effet, le 8 floréal, la Convention avait approuvé l'arrêté des représentants Bezard et Delaunay (1), qui mettait les insurgés de la Vendée à l'abri de toute recherche pour le passé et les réintégrait dans leurs biens ; un autre représentant, Ruelle, rendait compte, le 20 floréal, des conférences qui avaient eu lieu entre les représentants envoyés en mission et Stofflet ; il lisait la déclaration signée des chefs de l'armée catholique et royaliste de l'Anjou et du haut Poitou, contenant leur soumission aux lois de la République. — Et le 15 thermidor, Cambacérès faisait décréter que la mission des Tallien et Blad dans les départements de l'Ouest était terminee.

D'un autre côté Hentz, le digne collègue de Francastel, était dénoncé par Merlin de Thionville, *pour avoir entassé des victimes vivantes sur des victimes mourantes.* — Esnue La Vallée, autre représentant envoyé en Anjou, était arrêté. — Rossignol était décrété d'accusation.

Voici ce que M. de Barante raconte de ce général et d'Esnue La Vallée :

De Fermon, tout modéré qu'il était, parla d'Esnue La Vallée ; il raconta (à la Convention), entre autres atrocités qui avaient signalé sa mission, comment un ancien membre de l'Assemblée

(1) C'est de Bezard que M. Gruget écrit : « On fait l'éloge du représentant du » peuple, on dit qu'il a beaucoup d'humanité ; tous les jours il en fait sortir de » prison : on dit même qu'il a donné la liberté à un chef de brigands qui était en » prison au château, et qu'il l'a envoyé pour leur promettre une amnistie s'ils » voulaient se rendre ; mais ils n'oublient pas ce qu'on leur avait promis. »

constituante, Enjubault, après s'être tenu caché pendant quelque temps, av^it craint d'être soupçonné d'intelligence avec les chouans. Il se présenta à La Vallée, lui demandant s'il pouvait sans crainte revenir dans sa maison à Laval; le représentant l'en assura et lui offrit de le prendre dans sa voiture pour le conduire à Rennes. A peine arrivé, La Vallée le fit saisir; on lui lia les mains, on le mena en prison. Quelque temps après, ce même représentant écrivit à Rossignol : « La tête d'Enjubault ne figurerait-elle pas bien auprès de celle de Talmont? » Transféré à Laval, il fut mis à mort, et sa tête placée, comme celle du prince de Talmont, sur une des pointes de la grille du château, en face de la maison où habitait sa famille.

(De Barante, t. V, p. 414.)

Quant à Francastel, dont le nom vient encore d'être prononcé, et qui a laissé de si cruels souvenirs dans notre province, il a échappé au châtiment de ses crimes. A l'expiration de ses fonctions législatives, il fut chargé de recevoir sur les frontières les béliers que le gouvernement faisait venir d'Espagne : en 1799, il devint chef de bureau au ministère de l'Intérieur; en 1800, il était à Versailles directeur de la Ménagerie, puis il se retira à la campagne et s'y occupa d'agriculture. J'ai entendu raconter qu'un jour il avait été rencontré à Tours par M. Cesbron, de Cholet, qui, tout jeune, avait été obligé de lui servir de secrétaire. A sa vue, M. Cesbron ne fut pas maître de son indignation; il lui reprocha en termes amers, injurieux même, ses iniquités, et finit par le provoquer en duel : Francastel accepta la provocation, mais prudemment il quitta la ville aussitôt.

On se demande tous les jours, et nous nous demandons au moment où nous venons de clore les listes fatales dressées chez nous à l'époque la plus sombre, quel peut être le nombre des condamnations prononcées par les diverses juridictions révolutionnaires, tribunaux criminels, commissions et conseils militaires en Anjou; quel peut être aussi le nombre total des victimes condamnées ou exécutées sans condamnation; je crois que personne ne peut le dire en conscience, si ce n'est par approximation, et mes chiffres, comme tous autres, doivent être contrôlés, parce que je reconnais l'impossibilité de les déterminer avec exactitude; de 1792 à 1794, il y avait du désordre partout :

Dans les armées de l'Ouest.

Dans les administrations du département.

Dans les districts.

Dans les tribunaux dont les présidents et les juges changeaient fréquemment.

Dans les commissions et les comités (1) qui cherchaient à empiéter les uns sur les autres.

Ce désordre provenait des malheurs du temps, et de l'incapacité de la plupart des fonctionnaires.

A certaines époques, les prisons étaient encombrées, et pourtant de vastes bâtiments, des églises même étaient convertis en prisons! On les *dégorgeait* par des fusillades, que ne précédaient souvent ni des jugements, ni même des interrogatoires réguliers, pas même quelquefois de simples notes sur les listes ou les registres d'écrou; si bien que le comité a ordonné des mises en liberté s'appliquant à des individus déjà fusillés. Je ne crois pas que jamais on ait pris moins de souci et de la liberté et de la vie des hommes.

Nous l'avons déjà dit, « Francastel ne voulait pas qu'on gar- » dât par écrit ce qui avait rapport aux brigands... Tous ceux » qui furent arrêtés et conduits dans le temple de la Raison, et » dans la ci-devant église des Petits-Pères, furent également » fusillés sans être portés sur le registre révolutionnaire. » (Blordier-Langlois, I, 427).

Ce qui augmente les difficultés, c'est qu'il y a des tables ou

---

(1) 2 messidor an II. — *Les membres du Comité révolutionnaire à l'agent national,*

Jaloux de remplir, le plus promptement possible, les vues des comités de sûreté générale et de salut public, relatives à la confection du tableau des détenus, nous t'invitons à nous faire aider d'un membre du district, pour recommencer demain, huit heures du matin, cette opération dont il est urgent *de réparer les erreurs.*

recensements, faisant double emploi pour partie au moins, contenant des noms qui sont les mêmes, sans prénoms qui les distinguent ; enfin un grand nombre de personnes ont disparu, sans qu'on ait pu suivre leurs traces et spécifier le genre de leur mort ; en marge de quelques noms je lis sur des cahiers : *assassinés*. Combien de personnes ont péri de cette façon ?

Plusieurs auteurs se sont occupés néanmoins de fixer des chiffres, M. Godard-Faultrier, entre autres, *dans son Champ des Martyrs ;* il évalue à 2,100 environ le nombre des individus fusillés en cet endroit, ci 2,100

Aux Ponts-de-Cé. 1,500

A Angers et ses environs. 3,600

1,000 à 2,000 exécutés.

Ce qui ferait un chiffre de quatre à six mille personnes.

Mais M. Godard dit qu'il ne compte pas les individus fusillés au port de l'Ancre, à Érigné, à la pointe de l'île des Ponts-de-Cé, les exécutions sur l'échafaud, les noyades de la Baumette, de Montjean, et les fusillades répétées sur tous les autres points de l'Anjou, p. 183 et suiv. Quant à ces derniers, M. Gruget s'exprime en ces termes : « Il serait difficile de compter le nombre » des personnes qui ont péri par les fusillades qui avaient lieu » partout, surtout à Châteauneuf et dans les environs, ainsi que » dans les paroisses voisines du Lion-d'Angers et de Segré. » Et, en définitive, M. Godard n'a pas l'air de trouver exagéré le chiffre total de 10,000 ; c'est qu'en effet il ne l'est pas suivant moi ;

J'admets, comme lui, son premier nombre . . 2,100

2° Pour les Ponts-de-Cé de 1,500, j'irais à 1,900. (Voyez ch. 5). 1,900

3° Pour Angers et ses environs. 1,500

4° Saumur, Bournan, etc. 600

5° Doué. 550

6° Sablé, Chemillé. 180

A reporter. . . . 6,830

Report.	6,830
7° Tours, Laval, Le Mans, Alençon (je ne parle que des angevins ou vendéens).	1,500(1)
8° Assassinés. (Voy. liste du greffe).	50
9° Paysans, femmes, etc. (après de nombreux engagements).	2,500
	10,880

En adoptant le chiffre de dix mille, je crois rester en deça de la vérité. Je n'y fais entrer, est-il besoin de le dire, aucun de ceux qui ont péri les armes à la main ; et dans le n° 9, notamment, je n'entends parler que des gens exécutés pour avoir favorisé, recelé *les brigands,* ou avoir eu des intelligences avec eux.

Dans leur lettre du 1er brumaire an III, au représentant Bezard, Félix et Laporte fixent à douze ou quinze cents au plus le nombre des personnes exécutées par la guillotine ou la fusillade. Il n'y a pas à discuter cette évaluation, qui est réfutée par des chiffres incontestables.

Ceux que j'ai posés plus haut ne sont point, on le comprend, un relevé exact des tableaux des différents chapitres de ce travail. Il y a plusieurs condamnations en masse ou particulières, que je n'y ai pas fait figurer, faute de documents précis, ou parce qu'elles n'avaient aucun caractère qui les distinguât des autres.

On arriverait à un chiffre effrayant, en laissant toujours à l'écart ce qui doit être considéré comme fait de guerre, si l'on voulait approximativement se rendre compte des malheureux qui ont été massacrés dans la confusion des déroutes, à la suite des combats multipliés de la Vendée, et surtout après la prise de Cholet, de Saumur, le siége d'Angers, les désastres du Mans et de Savenay. Cette appréciation serait, du reste, très-difficile à faire ; elle n'entre pas, d'ailleurs, dans le cadre restreint que je me suis tracé, et appartient à ceux qui se proposent pour tâche l'histoire générale de la Vendée et de l'Anjou pendant la Révolution.

(1) Ce chiffre est le minimum. Voy. *Justice révolutionnaire,* Berriat Saint-Prix, n° 19, pages 6 et suivantes.

Je n'ai pas mentionné, en regard de ces condamnations et exécutions, les acquittements prononcées par les commissions, les membres des comités, les *recenseurs* des prisons : beaucoup de ces acquittements n'offrent aucune circonstance particulière ; mais que l'on ne croie pas que j'aie eu dessein de les passer sous silence. Je me fais un devoir de consigner ici que de pluviôse à floréal, ils furent en grand nombre ; que le 26 pluviôse, notamment, les *recenseurs* mirent 36 détenus en liberté...... et que pendant leur séjour à Noirmoutiers (l'île de la Montagne), Obrumier et ses collègues prononcèrent plus de 600 acquittements ; quant à la commission ambulante Bignon, contre près de 3,000 condamnations, elle n'a pas prononcé 50 acquittements : rien n'était plus aléatoire, on le voit, que cette justice de la *terreur*.

CHAPITRE XI.

Correspondances des membres du comité révolutionnaire avec les comités d'autres villes, les représentants du peuple, etc.

En réalité, il n'y a pas de petit tyran d'Asie, si stupide, si ignorant qu'il soit, qui ne puisse faire aussi bien que les Jacobins en matière de gouvernement et de finances ; une seule chose leur tenait lieu d'habileté en législation, en finances, en stratégie, en diplomatie, c'était la guillotine.

(*Essai sur Barrère,* par MACAULAY.)

Il me paraît utile de publier certain nombre des lettres du comité et de quelques autres autorités ; peu d'entre elles sont connues, et aucune n'a encore pris place dans nos leçons de littérature ; elles ne méritent pas cependant un complet oubli, et je crois pouvoir les recommander à l'attention du lecteur ; les unes, à la vérité, se distinguent par la grossière rudesse du vrai *sans-culotte*, par un stoïcisme allant jusqu'à la cruauté ; les autres, par une simplicité touchant à la niaiserie ; aucune, assurément, par l'élégance du style et, en même temps, par l'élévation des pensées. Mais, à tout considérer, c'est un genre épistolaire particulier, très-propre à donner une idée des mœurs, de l'éducation, des conceptions politiques et administratives de cette période de notre révolution ; et comme ce genre est des plus expressifs et des plus pittoresques, j'ai dû me borner à de courtes et rares observations.

1 septembre.

Au Département.

« Le comité, instruit que le nommé Beaumont, ci-devant compte d'Autichamp, propriétaire de la terre de Ste-James et d'autres lieux, a mis tous ses biens à l'abri de la séquestration au moyen d'un passe-port qu'il a surpris au département pour les colonies, estime que l'île de St-Domingue étant en pleine contre-révolution, d'Autichamp, qui a supposé aller dans cette colonie, doit être réputé émigré; en conséquence, requiert le département de faire séquestrer les biens dudit *quidam.* »

Nota. Du mois de juin au mois d'octobre 1793, avant même le séquestre établi, les bataillons de Paris ont pillé et saccagé le château de Sainte-James : c'est ainsi qu'ils accomplissaient la mission d'ordre qu'ils avaient à remplir.

Au citoyen Perard (Cette lettre doit être du 7 au 9 novembre 1793).

« Appelé pour découvrir les traîtres et faire revivre l'esprit public que les malveillans ont anéanti dans notre malheureuse patrie, nous venons de vous (*prier de nous*, omis, sans doute) aider dans ce grand œuvre en nous faisant passer le bulletin de la Convention et les lois qui en émanent, et ainsi que *le père Duchesne.* Notre concitoyen Choudieu nous a fait espérer que vous vous porteriez, d'autant plus à notre demande que vous étiez du comité qui est chargé de cette partie; nous osons donc espérer que cette circonstance jointe au zèle que nous vous connaissons, concourront également pour vous rendre à notre demande; si à l'embarras qu'elle vous donnera, vous vouliez avoir l'attention de timbrer les paquets du mot *lois*, vous nous mettriez à l'abri des frais de poste, frais qui nous priveraient de l'utilité de vos envois, par l'impossibilité où nous serions d'y satisfaire.

» *Pavie* s'est évadé, et comme les républicains ne doivent pas dissimuler, nous devons vous dire que vous et Delaunay l'aîné que nous embrassons parce qu'il est de la Montagne, êtes accusés non pas d'avoir favorisé cette fuite, mais d'avoir trop vu ceux qui en sont la cause. L'intérêt que nous prenons à vous, nous oblige de vous dire sans déguisement que la prudence étant une des qualités qui caractérisent les talens, nous avons été *étonnans* que vous ayez admis chez vous les protecteurs d'un prévenu.

» On nous assure que Lepaux, Pilastre, Leclerc, etc., sont sortis de Paris : il importe au comité d'être assuré de ces faits, et vous devinerez aisément pourquoi, les proselites de ces protestans vont être incarcérés très-incessamment. Courage, cher républicain, nous touchons à la fin des Brissotins, Rolandins et des Girondins ; cette secte détruite, les forces des brigands couronnés ne seront point redoutables, et bientôt la République se consolidera d'une manière inébranlable. »

Nous copions ici la pièce suivante, parce qu'elle est inscrite sur le registre de correspondance :

« Le comité délibérant sur la mauvaise administration des hospices ; considérant que la très-grande majeure partie des femmes qui sont à la tête des maisons d'hospices, sont dans les plus mauvais principes, et qu'il est extrêmement urgent de les remplacer par des femmes patriotes, arrête : que la municipalité d'Angers sera requise d'annoncer de suite par une proclamation l'ouverture d'un registre où les *candidates* iront se faire inscrire et qu'à fur et mesure qu'il s'en trouvera un nombre suffisant pour le renouvellement de ces établissemens, elle sera requise de le faire de suite, etc., etc. »

Cette délibération est du 7 septembre 1793 : la municipalité prit des mesures pour son exécution.

Le 3 octobre suivant, Mailhe, Dupont et Lebon firent décréter par la Convention, que toutes les femmes aristocrates, attachées aux hôpitaux, seront remplacées par des femmes et des filles patriotes ; mais le comité révolutionnaire d'Angers avait eu l'initiative de cette mesure : à lui doit en revenir tout l'honneur. Elle est, à mes yeux, l'une des plus barbares que l'on ait à reprocher à la Révolution. Pour desservir les hôpitaux, pour soigner les malheureux atteints des maladies les plus cruelles, des infirmités les plus répugnantes, il faut les attentions délicates et le dévouement de la femme ; il faut plus encore, il faut l'abnégation absolue, la charité, la religion, toutes les vertus enfin qui honorent les saintes femmes des ordres nombreux consacrés au service des hôpitaux. Non-seulement elles passent toute leur vie au chevet des blessés et des malades, pansant leurs plaies, soulageant leurs misères ; mais, quand la dernière heure est venue pour ces infortunés, qui de la vie n'ont guère connu que ses amertumes et ses tristesses, elles savent aussi la leur rendre moins pénible par leurs douces paroles et leurs pieux encouragements. Tous les peuples nous envient ou nous ont emprunté l'établissement de ces ordres si précieux pour l'humanité. Il appartenait aux terroristes de 93 de les supprimer, bien plus, de proscrire et de massacrer comme fanatiques et aristocrates ces femmes vertueuses dignes de tous nos respects.

3e jour, 1re décade, 2e mois, an II.

Au montagnard Richard, représentant du peuple.

« Citoyen, nous vous envoyons le nommé Henri Verdier, dit de la Saurinière, copie de son interrogrtoire, son procès-verbal d'arrestation, une suite d'interrogats qu'il a plu au département de lui faire subir, enfin une pièce qui le concerne signée *Garot ;* vous ne serez pas long à voir que c'est un présent que nous faisons à la guillotine : notre vœu sera rempli si la danse qu'il mérite suit de prest l'envoie... Sous peu vous en recevrez un autre d'aussi bon aloi : c'est le sieur la Haie des Omes qui vient de nous arriver... L'exemple est un motif si puissant sur le peuple que le comité vous demande de lui envoyer la *sacram sanctam guillotinam* et le ministre républicain de son culte... il n'est pas d'heure dans la journée qu'il ne nous arrive des récipiendaires que nous désirons initier dans ses mistère.. Jugez de la joie que nous éprouvons en songeant que les autels de cette divinité (libératrice de la République) ne sont pas prest d'être abandonnés... Pour que le service n'éprouve aucun retard, trouvez bon que nous en prévenions St-Felix l'Hiérophante du *sacré collége.* »

Nota. — Cette lettre a déjà été publiée, et ne pouvait dès lors manquer d'acquérir une juste célébrité ; je la reproduis, parce qu'entre toutes, elle se distingue par une soif de tigre, la soif du sang de deux des plus nobles victimes de notre révolution. — (*Voy.* pour leur exécution, ch. V et VI.)

Du 9 brumaire an II.

Au comité révolutionnaire de Chinon.

« Vous êtes heureux d'estre éloigné du théâtre de cette monstrueuse guerre, vous n'este point à portée comme nous d'antre voir toutes les horreurs, cependant nous avons comme vous tous les sentimens dumanité qui respire pour la liberté, et nous y coopérerons de tout nottre pouvoir toutes les foy que la loy ne si oposera pas, et encore nous ne prononçon jamais lorsque les détenus navaint pas leur domicille sur nottre territoire, ce nest qu'en nous renfermant dans les pouvoirs que la loy nous donne, que nous pouvons faire marcher la machine.

» Nous nous occuperons de prendre tous les renseignemens sur le compte des filles Cady et nous leur procurerons la liberté si elles le méritent, en atandant vous voudré bien les laissé incarcerée jusque ce que le comité de surté général ou les représentans du peuple ou toute autre autoritté ayant droit, vous envoy leur mise en liberté. »

Angers, le 10e 3e décade an II.

Au républicain Clemanceau, commissaire du dép[t] à Cholet.

« Républicain,

» Nous avons reçu ta lettre... elle ne nous a pas surpris ; tant il est vrai que nous avions déjà expédié l'ordre d'arrêter le *prêtre* Rabin ; ainsi tu peux compter qu'il va passer au Creuset... Fais même conduire près de nous et de suitte des témoins de *poids*, et ça ira... Je te demande encore tout ce que tu as de dénonciations et de renseignement sur Tabary... Il est en arrestation depuis quelque temps et je me dispose à lui faire subir un interrogatoire... Tu nous demandes des *pères duchesne* et des *papiers nouvelles*, nous n'en avons aucuns et depuis que la commission militaire est à Laval, nous nen recevons plus... Quant au catéchisme de Volney, nous n'en avons plus encore et quand nous en aurions nous ne t'en enverrions pas, et cela parce que rempli de métaphisique et d'idées ci-devant religieuses, il doit être incessamment remplacé par la Convention (1). Sans adieu... Ouvre cent yeux, veille, parle, révolutionne le malheureux pays que tu habites, et songe enfin à le purger de tout ce qui peut être resté d'impur.

Sans date indiquée, mais du 24 au 25 brumaire 1793.

Au citoyen Francastel, représentant du peuple.

« Républicain,

» Nous avons reçu tes deux dépêches... une nous adjoint deux citoyens que nous t'avions demandés... l'autre nous demande le nombre des individus gangrenés dont nous avons arrêté la déportation... Nous ne pouvons te donner qu'un aperçu, tant il est vrai qu'il nous en arrive à chaque instant : cependant nous te promettons un envoi de cent hommes et de 200 femmes au premier jour ; cet envoi dépend maintenant de toi puisque seul tu peux disposer du local, mais nous croyons devoir t'avertir que ce local dans le dép[t] de la Sarthe serait trop près de nous et que Chartres ou autre lieu conviendrait beaucoup mieux... Maintenant réfléchis, hâte-toi, écris, ou si tu ne veux, si tu ne peux t'en occuper, autorise-nous à choisir ce local et y envoyer un commissaire comme nous avions fait pour Amboise, et *ça ira*.... Maintenant nous allons te rappeler encore deux demandes aux *quels* tu n'as pas répondu. C'est 1° le procureur général syndic du département de notre comité, comme remplissant deux emplois absolument incompatibles, tel que de surveillant et de surveillé (c'est Vial), et 2° *une augmentation d'indemnité* pour les membres du comité, augmentation précé-

---

(1) Volney proscrit ! cela devait être : à de tels hommes il ne fallait que des écrivains professant le plus vil athéisme, ou bien faisant de pompeuses descriptions de leurs ridicules cérémonies.

demment accordée de vive voix par toi ou tes collègues, dans la personne de Proust.

» Nous sommes tout à toi, après la République s'entend. »

Le 27 brumaire an II.

Au Comité révolutionnaire de Nantes.

« Frères et amis,

» Nous sommes instruits que votre département et votre municipalité mettent toujours des entraves à la circulation des denrées de première nécessité ; il est aisé, au plus incrédule, de s'en convaincre en jettant les yeux sur l'*embargo* nouvellement mis dans nos ports, sur un bateau chargé de quatorze miliers de tabac, acheté par un de nos concitoyens, nommé Abraham, qui ne joue point en ce moment le rôle àgillotine d'*accapareur,* mais est bien au contraire dans l'intention d'alimenter notre ville des marchandises dont elle manque et dont la votre abonde.

» Le citoyen Abraham fit dernièrement chez nous la déclaration de ces 14 milliers de tabac, près à faire voile pour Angers : le comité qui a toujours cent yeux ouvers sur le besoin de ses concitoyens, la reçut avec satisfaction persuadé qu'avec les ordres qu'il donne et dont il surveille l'exécution, les villes et districts du département seront gratifiés de cette denrée devenue un besoin de la vie.

» Nous vous invitons donc en frères, à tenir la main à ce que vos autorités constituées n'enveloppent pas dans votre département tout ce qu'il tient et de votre sol, et des isles, mais bien plutot à le partager avec nous qui vous rendrons à coup sûr la réciproque ; ses mesures urgentes une fois prises, effacerons des esprits les idées de fédéralisme et l'égoïsme dont votre ville est entachée.

» Et en effet n'appartient-il pas à un peuple de frères, de sans-culottes et d'amis, malgré les distances et les lieux, de permuter entre eux les productions variés de leur sol ? »

Nota. Est-il nécessaire d'appeler l'attention sur cette dernière partie de la lettre et sur l'exquise aménité de langage des membres du comité vis-à-vis de leurs collégues Nantais ?

10e jour, 3e décade, 2e mois, an II.

Au Comité révolutionnaire de Nantes,

« Républicains et frères,

» Le comité vous adresse ci inclus deux lettres trouvées sur le nommé Desbrosses, domicilié de Paimbœuf ; comme il importe au salut public de punir tous les malveillans, les désorganisateurs et que le particulier sur lequel ont été trouvées ces lettres pourrait bien être un des instrumens que l'odieux et infernal fédéralisme se servait pour assassiner la *montagne sainte* qui a sauvé la liberté, vous voudrez bien vous informer aux corps administratifs de Paimbœuf, quelle a été la conduite du nommé Desbrosses, depuis le décret qui abolit la royauté, afin de mettre sous la hache de la loi, la tête de cet individu, s'il est coupable d'avoir trempé dans cet affreux complot. »

Angers, le dizième jour de la 3me décade, deuzième mois de l'an deuzième de la République une et indivisible.

Au citoyen Halbert, procureur de la commune de St-Melaine,

« Citoyen,

» Le comité te requiert *de faire comparaître* devant lui, vendredi matin, à dix heures du matin, *toi le premier*, Pierre Bompas, Gaultier officier municipal, Jean Veteau, la Cerisier femme Veteau, leur fille, Mercier des Loges, sa femme, son fils Auguste des Loges, Pierre Moreau, sa domestique et le citoyen Ferrau maire de St-Jean-des-Mauvrêts..... Le comité te rend responsable du présent réquisitoire ; tu demeures en conséquence autorisé à délivrer des mandats de comparution aux citoyens ci-dessus dénommés. »

Nota. En conséquence, le citoyen Halbert, procureur de la commune, *requis de faire comparaître, lui le premier,* a dû se comprendre sur les *mandats délivrés aux ci-dessus nommés.*

Le 10e jour, 3e décade, an II.

Au Comité révolutionnaire de Bordeaux.

« Oui, sans doute, nous avons appris avec plaisir l'heureuse révolution de votre cité, et en voyant son retour à la liberté, nous nous sommes écriés : *Vive la république une et indivisible;* Vive les sans-culottes de Bordeaux !

» Nous aussi, frères et amis nous avons éprouvé tous les maux de la narchie et de la guerre civille : mais la Vendée est détruite, le fanatisme terrassé, l'égoïsme et le fédéralisme détruit, et *Maine-et-Loire* presque anéanti par les secousses terribles s'en relève plus fier, plus républicain et plus révolutionnaire........ . Vous désirez correspondre avec nous, tant mieux, depuis longtemps nous avions senti l'indispensable nécessité ; Lion, Toulon et Bordeaux même nous avaient indigné par leur conduite imprudente qu'audacieuse et nous nous étions tû..... Mais grande partie de ces villes sont rendu à la république, à la liberté.

» Comptez sur vos frères de Maine-et-Loire et croyez qu'il ne tiendra pas a eux que la république une et indivisible ne serve en peu de modelle et par ses loiz à l'universalité des gouvernemens existans aujourd'hui et tous plus bizarres et plus ridicules les uns que les autres. »

Le 5e jour, 2e décade de l'an II, le comité révolutionnaire écrivait aux Montagnards, membres de la commission militaire :

« Républicains,

» Nous vous faisons passer les procès-verbaux d'arrestations des brigands ci-dessus nommés : Symphorien Colin et 21 autres.

» C'est tout pour aujourd'hui, braves et fiers montagnards, mais demain nous vous ferons un autre envoi et jours suivants, tant qu'il y en aura.

» Vivent les sans-culottes,
» Vivent les révolutionnaires,
» Vivent les bonnes gens.

» BONIFACE, *président, etc., etc.* »

La lettre suivante est un modèle de cette phraséologie ridicule et incohérente des Jacobins du comité ; elle démontre qu'en révolution les plus exaltés sont quelquefois en butte aux soupçons, réduits à se justifier, et qu'une fois entré dans la voie révolutionnaire, il n'est plus permis de s'arrêter ; elle vient, en outre, à l'appui de ce que nous avons déjà dit, que des personnes étaient arrêtées sans procès-verbaux, et que l'on n'avait même pas le soin d'en dresser des états nominatifs.

12 pluviôse an II.

A Francastel, représentant du peuple à Angers.

« Républicain,

» D'après ta lettre d'hier tu parais douter de la confiance que nous avons en toi, cependant les preuves que nous t'en avons donné jusqu'à ce jour, ainsi qu'à tes collègues, auraient dû te prouver le contraire; certes jamais nous n'en avons manqué. Tu veux que dans le court espace de vingt-quatre heures nous te donnions par écrit les motifs qui ont pû nous déterminer à prononcer l'élargissement de personnes suspectes d'aristocratie ou de fédéralisme, mais nous pouvons t'assurer que jamais il n'est entré dans nos principes d'élargir des personnes *prouvées suspectes* (1), encore moins des fédéralistes.

» Si nous avons remis en liberté quelques individus, ce n'a jamais été que d'après les réclamations sans nombres des maires et officiers municipaux des communes en faveur de gens envoyés par cinquantaines ou centaines sans procès-verbaux quelconques sans dénonciations, sans même d'états nominatifs.

» Pour les fédéralistes (2), ceux que nous qualifions comme tels sont à Amboise ou autres maisons de détentions ; mais si par ceux que tu dis que nous avons élargis, tu entends parler des administrateurs destitués et dont la détention n'a été que momentanée, nous te répondrons en t'envoyant la copie d'une lettre que nous

(1) L'alliance de ces deux mots est curieuse.

(2) Brevet de Beaujour et autres.

avons écrit aux représentans du peuple à Saumur, pour les instruire du renouvellement des autorités constituées, de larrestation des membres destitués et de notre résolution de les faire partir de suite pour Amboise; ce qui te prouveras que nous n'étions pas dans l'intention de les mettre en liberté.

» Tu verras dans une lettre de ces mêmes représentans l'expression de leurs vœux pour qu'il ne reste en arrestation que les *meneurs en titres* et l'autorisation qu'ils donnent au comité d'élargir les moins coupables; citoyen, nous pouvons errer, mais sois persuadé que l'unité et l'indivisibilité de la République, la mort des tirans et de leurs partisans serons toujours les vœux les plus chers des révolutionnaires sans-culottes composant le comité révolutionnaire d'Angers.

Seize pluviôse an II.

A la Commission militaire d'Angers.

« Républicains,

» Le comité vous observe, dans la maison où cette missive va vous parvenir il existe deux ci-devant religieuses nommé Melanie et Adelaïde Richeteau qui n'ont été mises en détention que comme devant être regardées comme suspectes, à cause du scélérat Richeteau leur frère guillotiné et plusieurs de leurs parens émigrés : ces deux filles n'ont absolument rien contre elles; elles se sont soumises à tout ce que les lois ont exigés d'elles.

» Encore deux autres victimes détenues dans la même maison, Adelaïde et Pauline Talour de la Vilnière dont le père comme un cheval brutal et despote a contraint ces deux malheureuses de le suivre dans l'armée des brigands; mort aux traîtres et aux scélérats : mais les scélérats !... »

Grâce au ciel, nous entrevoyons ici une lueur d'humanité. Le lecteur me saura quelque gré d'avoir copié cet extrait : il faut parfois sortir de cette atmosphère lourde et malsaine, et respirer un air plus pur.

17 pluviôse an II.

Au Commandant de la place d'Angers.

« Nous ne pouvons te dissimuler que le service se fait on ne peut plus mal dans cette commune, que les militaires courent les nuits dans les rues, en passent une partie dans les cabarets et autres lieux, quil se battent et enfin trouble lordre public et allarment les gens.

» Différentes déclarations nous aprennent et nous savons aussy par nous-même que les postes laissent entrer en ville sans aucunes demandes de passe-ports ny même de reconnaissance, des détachements qui entrent en ville et qui est de la plus grande importance dans un moment où cette commune est entourée de chouans et de brigands et qu'il se commet des assassinats aux porte de la ville, nous comprometrions la surveillance qui nous est confié, si vous ne preniez des mesures vigoureuses pour remédier à ces abus et prendre les moyens pour que l'ordre règne dans la ville et que le service se fasse aux portes avec exactitude, que les militaires se rendent après la retraite dans leur logement, ce qui serait facile de faire exécuter si des patrouilles actives se faisaient dans la nuit et que les postes fussent visitées exactement.

18e jour de pluviose an II.

A Francastel, représentant du peuple, les membres composant le comité de surveillance et révolutionnaire établi à Angers.

« Républicain montagnard,

» Nous te faisons passer les motifs d'incarcération et d'élargissement des individus les plus marquans qui ayent été conduits devant nous et mis en liberté ; puissent-ils te satisfaire !

» Tu croiras aisément qu'au milieu des horreurs d'une guerre exécrable et des déroutes multipliées de l'armée républicaine, dont Angers devenait ordinairement l'azile le plus près et le plus subit, qu'au milieu et sous le glaive des fanatiques, des royalistes, des rolandins, des modérés, des fédéralistes et autres scélérats contre-révolutionnaires de cette trempe, dont cette commune était le réceptacle depuis que des meneurs éloquemment perfides avaient fait entendre leurs voix anti-maratistes ; tu croiras aisément, disons-nous, qu'un seul soubçon, qu'une seule dénonciation verbale devait être pour nous des motifs assez puissants dans nos arrestations puisque (tant était mauvais l'esprit public) nous ne pouvions obtenir une dénonciation signée ; des républicains des montagnards devaient incarcérer et mettre hors d'état de nuire tant d'êtres pervers toujours prêts à corrompre le peuple bon mais facile à séduire.

» Tu croiras encore que dans le premier mouvement révolutionnaire le comité a pu se tromper et faire arrêter quelques innocents, mais toujours juste dans ses opérations, le comité n'a jamais eû honte de revenir d'une erreur, il devait la liberté aux innocents, il la leur a rendu.

» Il s'en rencontra d'autres que le deffaut de preuves, que des maladies pestilentielles nous obligèrent de rendre encore, mais provisoirement à la liberté ; avec le temps néanmoins, avec les succès de la Vendée, avec l'aide du *razoir national,* l'esprit public s'électrisa, s'accrut et prit un nouvel essort, nous en suivions tous les progrès que nous avions provoqué et changeâmes de batterie; les coupables rendus à la liberté dans notre enfance révolutionnaire furent remis en arrestation et livrés à la commission militaire qui leur a rendu justice.

» Telles sont les explications que le comité a cru te devoir, ce que nous avons fait depuis notre formation, nous l'avons fait pour le plus grand bien de nos concitoyens et de toutte la république ; nous le ferions encore aujourd'hui si les temps n'étaient pas changés ; l'intérêt personnel, la passion ou la parenté ne dicta jamais l'arrestation ou l'élargissement d'un individu ; la justice seule guida le comité dans ses opérations contre-révolutionnaires : donc (nous ne disons pas cellui qui blâmeras nos travaux) mais cellui qui oserait les noircir des couleurs odieuses de l'intérêt, de lincivisme, du modérantisme, des êtres perversement passionnés peuvent chercher à te tromper, et à t'indisposer contre nous ; nous les méprisons mais deffie-t-en, viens au milieu de nous ; nous ne craignons pas l'œil de la surveillance, viens nous voir opérer et juger. Nous, nous avons ta confiance, nous n'en sçaurions douter, puisque tu nous a conservé les pouvoirs que nous tenons de tes prédécesseurs et que tu pouvais nous ôter. Eh bien ! tant que tu nous les conserveras en dépit des êtres qui nous craignent peut-être plus qu'ils nous haïssent, nous irons notre train, fiers, pleins de confiance sur la justice de nos opérations passées et futures, nous révolutionnerons, nous électriserons, nous *maratiserons* nos concitoyens et notre dernier cri sera vive la montagne, vive la république une et indivisible, guerre aux traîtres et aux anarchistes !!! »

22 pluviôse an II.

Au Comité révolutionnaire de Thouars.

« Républicains,

» Votre lettre du 16 de ce mois, qui nous annonce l'arrestation de la nommée Richeteau, dite la Coindric, *nous a fait tout le plaisir possible.* Cette aristocrate, ex-religieuse, ne nous est pas encore arrivée, nous l'attendons avec impatience. — Vous nous demandez ce que nous pensons de la citoyenne Revelière, femme Thareau, réfugiée dans votre commune, nous estimons que cette femme ayant père, *mère* et sœur en état d'arrestation ne peut exister que sous la surveillance la plus sévère.

» BONIFACE. »

La *mère* dont il est ici question, Mme Revelière, est morte au Champ des Martyrs.

La sœur, Mme Gardereau, veuve d'un ex-directeur d'enregistrement, décédée à Angers, il y a dix ans environ, était alors fort malade et a ainsi échappé au supplice.

25 pluviôse.

Au républicain Félix, président de la Commission militaire.

« Frère et ami,

» Quand le comité par la lettre de ce jour, commençait par ces mots : *le comité voit avec peine,* et finissant par ceux-ci : *à ne vous mêler que des brigands*, s'est expliqué trop laconiquement ; il est juste qu'il doit vous dire ce qu'il entend par ce mot *brigand*.

» Le comité entend par *brigand*, non seulement les Vendéens, mais encore les volontaires, pillards et voleurs, les désorganisateurs, les déserteurs, ou *seulement soupçonnés* d'un de ces délits, enfin pour lever tous les doutes que vous pourriez avoir sur ces intentions, il vous observe qu'il croit de la compétence de votre tribunal, tous les détenus, à la réserve de ceux dont la détention est limitée conformément à la loi et de ceux qui n'ont été arrêtés que *comme suspects*,. et contre lesquels il n'existe ni dénonciation ni preuve.

» *Signé* : BONIFACE, *président, etc.* »

Boniface, l'ex-bénédictin, président du comité révolutionnaire, écrivait donc, le 25 pluviôse à son frère et ami Félix, président de la commission militaire, pour lui expliquer une lettre *trop laconique* du même jour, et lui faire bien comprendre qu'il ne doit juger que *les brigands*. Or, il est juste qu'il lui dise ce qu'il faut entendre par cette expression.

Les brigands sont : les Vendéens, les volontaires pillards et voleurs, les désorganisateurs, les déserteurs, ou seulement les *soupçonnés de ces délits*, c'est-à-dire apparemment *des suspects*.

Enfin, dit Boniface, tous les détenus, à la réserve de ceux qui n'ont été arrêtés *que comme suspects*.

Félix, après cette seconde lettre et cette explication si claire de son ami Boniface, n'a-t-il pas dû éprouver quelque peu de l'hésitation de Panurge consultant Pantagruel à l'effet de savoir s'il doit ou non se marier, et se dire plus d'une fois : Vais-je juger, ou ne pas juger ? mais sa façon de procéder habituelle me porte à croire que *soupçonnés, suspects*, il a dû finir par tout juger : et véritablement il y était autorisé par la lumineuse consultation du père Boniface.

En regard de cette ineptie, transcrivons cette page immortelle de Camille Desmoulins devenu modéré, sur la loi des *suspects* ; *le vieux cordelier* la flétrit avec l'âpreté de couleur de l'un des plus vigoureux tableaux de Tacite :

« Un citoyen avait-il de la popularité ? C'était un rival du » prince qui pouvait susciter une guerre civile : *Studia civium in* » *se verteret, et si multi idem audeant, bellum esse ! — Suspect !*

» Fuyait-on au contraire la popularité ? se tenait-on au coin de » son feu ? Cette vie retirée vous avait fait remarquer, vous » avait donné de la considération : *quanto metu occultior tanto* » *plus famæ adeptus !* — Suspect !

» Étiez-vous riche ? Il y avait un péril imminent que le peuple » ne fût corrompu par vos largesses : *auri vim atque opes* » *Plauti principi infensas.* — Suspect !

» Étiez-vous pauvre ? Comment donc ! invincible empereur ! » Il faut surveiller de plus près cet homme. Il n'y a rien d'entre- » prenant comme celui qui n'a rien : *Syllam inopem, unde præ-* » *cipuam audaciam.* — Suspect ! »

29 pluviôse.

Comité révolutionnaire aux républicains composant le comité de salut public, près la Convention, à Paris.

« Citoyens,

» Jusqu'à quand les généraux consulteront-ils plus leurs intérêts que ceux de la République qui les paient *si chèrement* pour la servir et commander ses défenseurs ? Quoi des Desmares, des Tabary, adjudants généraux guillotinés dans nos murs ; d'autres à Paris, d'autres comme Duhouz en instances au tribunal révolutionnaire de Paris, n'engageront point cette nuée épaisse de généraux qui couvre cette Vendée trop fameuse, à s'occuper uniquement de l'intérêt général. Crouzact comme un traître et rossignol, comme un assassin ! la République en est-elle donc réduite à ce point de ne pouvoir trouver dans son sein un général assez brave, assez désintéressé, assez fidèle, assez honnête et ami de l'ordre et de la discipline militaire ! Non, nous nous en flattons il existe de braves gens dans la République ; une modestie malentendue et presque coupable les a tenus jusqu'à ce jour à l'écart, mais vive la République ; il est enjoint à toutes les sociétés républicaines de rechercher les individus : sentinelles vigilantes elle les découvriront, vous les indiqueront et c'est vraiment alors que nous dirons avec toute la République que nous ne craignons plus ni les *marchands de déroutes,* ni les *marchands d'argent* Ah ! puisse cet instant arriver promptement, c'est le vœu sincère des sans-culottes républicains, composant le comité de surveillance et révolutionnaire d'Angers. »

4 ventôse.

Aux représentans Francastel et ses collègues à Nantes.

« Républicains,

» ... Vous trouverez quelques changemens au projet d'organisation que nous avions déjà proposés à Francastel pour la municipalité, mais s'il veut y jeter un coup d'œil, il verra qu'ils sont en petit nombre, dans le département nous en avons pris quelques membres que nous avons cru plus utiles dans d'autres places : au district nous en avons exclu Aubry que nous avons reconnu incapable de remplir sa tâche, Latté, homme faible, sans caractère, et point fait pour sa place, Hunault, gendre du trop fameux Vial, qui, comme l'a dit cet intrigant (et c'est peut-être la seule fois qu'il ait mérité d'être cru) n'est bon (*ici des expressions ordurières qu'on ne peut reproduire*)... sans capacité aucune, et cependant, disait cet impudent Vial, il est assez bon pour être administrateur du district...

» Nous sommes convaincus, citoyens, que si vous ratifiez notre travail, tout ira bien, et que jamais les administrations n'ont été aussi bien composées, et qu'il est impossible de faire mieux à Angers.

» Nous vous avons annoncé des dénonciations contre le soi-disant représentant Vial ; nous vous en envoyons un échantillon ; mais nous vous en préparons une jolie collection pour votre retour dans nos murs. »

(*Voy.* procédure C. Vial, ch. 6.)

Du 11 ventôse.

Les sans-culottes du comité d'Angers, aux représentants du peuple composant le comité de sûreté générale de la Convention.

« Salut et liberté,

» Nos maisons d'arrêt se vuident, républicains, puis on les remplit, puis on les vuide encore ; on croirait que le pays se purge.... hé bien ! pas du tout. C'est une hydre, *on a beau couper*, il reste toujours une tête.

» La commission militaire ou autrement *le médecin des aristocrates* vient de juger les fédéralistes : leurs fortunes, le pauvre esprit en révolution et les intrigans de tous les pays ont si bien travaillé que le grand exemple local tant désiré des sans-culottes n'a pu s'opérer ; ils sont renvoyés au tribunal révolutionnaire, et Paris qui a jugé le grand maître en fédéralisme, Brissot, n'épargnera pas plus les enfans que le père.... (1).

» Le comité n'entend point accuser la commission militaire ; Francastel, représentant du peuple, lui en avait donné l'ordre, fondé sur ce que les deffenseurs officiels de ces *messieurs* avaient dénoncé une partie de la commission militaire et Francastel lui-même.. .

» La Vendée enfin touche à sa fin ; par un arrêté des représentans du peuple Garreau, Hentz et Francastel, qui envoie à 20 lieüs du domicile qu'ils s'étaient choisis, tous les réfugiés de cette *putridante* contrée vendéenne et qui ne cessaient d'avoir des intelligences avec le petit reste des brigands soutenu par Stofflet et Charrette, les deux seuls chefs qui leur restent.

» Nos nobles vont à la mort avec *caractère et nos charlatans de prêtre pieusement et en habits sacerdotaux.*

» Il paraît qu'on à une grande confiance dans notre manière de traiter ces différents empoisonneurs.... La commune de Nevers vient de nous en envoyer soixante et un réfractaires.

» Ah ! mais encore un mot sur la Vendée ; deux causes nous paraissent soutenir cette guerre exécrable, la *lâcheté* pillardine

---

(1) *Voy.*, en effet, chapitre 6, procès Dieuzie, etc.

des soldats et le choix qu'on semble s'étudier à mettre à la tête de nos armées des scélérats, des contre-révolutionnaires pour guides ... deux faits le prouvent :

» Un détachement d'un bataillon qui se disait républicain, vient de lâcher traitreusement le pied à Châlonne à l'approche des brigands.... Le comité en fut instruit.... Le détachement fut désarmé et conduit à la citadelle.... L'affaire s'instruit et la commission militaire va démêler cette fusée et emmener les traîtres meneurs à la sainte guillotine.

» Le comité apprend qu'un nommé *Marlais,* porteur de *cocarde blanche, brigand, contre-révolutionnaire* marquant, est guide de la colonne du général Cordellier... Bientôt il est arrêté, incarcéré, jugé et déjà il a vécu... Voilà, citoyen, de ces coups, de ces événemens incroyables, mais non rares dans la Vendée.

» Oui, le comité révolutionnaire fera tout pour républicaniser l'ésprit angevin, mais il sait plus que jamais le besoin qu'il a d'estre constamment soutenu par les représentans du peuple.... Leur amour pour la chose publique les porte tantôt à Nantes, Saumur et autres communes, et Angers alors privé de ses supports, les intrigans, les meneurs profitent de leur absence pour remuer en tous sens l'esprit public et le rolandiser... Le club de l'est (car nous en avons deux) se dispose enfin à féliciter la Convention et à la prier de rester à son poste.

» C'en est assez.... Compté sur nous, républicains, les sans-culottes, les révolutionnaires du comité qui ont juré la république une et indivisible et basée sur l'égalité et la liberté, la soutiendront, la deffendront envers et contre tous ou périront. »

Cette lettre du 11 ventôse est remarquable sous plusieurs rapports : son but principal était de recommander à la sévérité de la Convention, ou du tribunal révolutionnaire, Dieuzie, Brevet de Beaujour, Tessié, etc. Le comité les voyait avec rage échapper à la justice locale. « *Le grand exemple local, tant désiré des sans-*
» *culottes, n'a pu s'opérer*... Paris, qui a jugé le grand maître en
» fédéralisme, Brissot, n'épargnera pas plus les enfans que le
» père. » Le grand crime des accusés, c'était donc le fédéralisme. C'était d'avoir reçu une députation de Caen et de Rennes qui vou-

laient, au moyen d'une alliance des honnêtes gens dans les provinces, le retour à l'ordre et à la modération, l'envoi de troupes vers Paris, pour contenir le jacobinisme et mettre fin à sa tyrannique oppression. Le vœu sanguinaire du comité angevin ne tarda pas à se réaliser.

C'est dans cette lettre aussi que se trouve 1° l'éloge irrécusable des nobles et des prêtres marchant d'un pas ferme à l'échafaud, glorieuse oraison funèbre, cri du bourreau rendant hommage à la vérité; 2° la condamnation infamante de la plupart des généraux de la Vendée; 3° dans la dernière partie, la protestation de l'indomptable énergie du comité qui ne s'est hélas! que trop rarement démentie!

12 prairial.

Adresse envoyée à la Convention.

« Jour heureux! Jour immortel! Jour enfin où les vrais républicains peuvent épancher dans le sein de leurs représentans, la joie qu'ils ont ressentie en apprenant que la main miraculeuse de l'être suprême a confondu les monstres assassins, qui dans leur fureur contre-révolutionnaire ont osé attenter à la représentation nationale : Qu'ils périssent! ces scélérats avides d'un sang aussi pur et aussi cher à la république! Que le glaive national tranche dans le plus bref délai, les jours de ces furieux que le crime a fait naître, qui sont les perfides agens des Pitt, Cobourg et de tous les tirans coalisés qui conspirent contre notre liberté : leurs efforts seront vains et la valeur républicaine les fera rentrer dans le néant d'où ils sont sortis. »

Cette adresse est relative à l'assassinat de Collot d'Herbois. — Voyez le décret du 4 prairial an II, rendu sur le rapport de Barrère qui, après un préambule sur la scélératesse du gouvernement anglais, fait connaître l'arrestation de L'Admiral, auteur du crime. Cet assassin a exprimé le regret d'avoir manqué Collot-d'Herbois. Il a, en outre, avoué que la veille, il avait attendu Robespierre pendant quatre heures.

Le jour de l'assassinat, on chantait à Paris, sur le théâtre Faydeau, les vers suivants improvisés par le citoyen Conjon, et qui ont été chantés ensuite sur plusieurs théâtres de province :

Tu vis, Collot.... pour les Français,
Combien ton existence est chère ;
Travaille à nous rendre parfaits
Avec Couthon et Robespierre, etc.

C'est cet homme *si cher aux Français et à la liberté*, qui proposait à la Convention, le 11 mai 1793, de supprimer tous les journaux modérés, accusés d'être la cause de la révolte d'une foule de malheureux qui ne savaient pas lire (*La démagogie à Paris*, p. 184). — Nous aurons plus tard occasion de rappeler quel sort était réservé aux journalistes, sous ce régime qui arborait la devise : *La liberté, ou la mort.*

Lettre écrite au général Radermacker.

7 thermidor an II.

« Nous te prévenons, général, que ta conduite n'est pas conforme à celle que doit tenir un général. Tu t'es permis hier d'ordonner la mise en liberté d'un militaire détenu par un autre ordre que le tien : apprends la loi et ne l'enfreins pas davantage.

» Nous te reprochons peu d'exactitude, et de donner des permis aux officiers en cette commune de s'absenter pour se faire habiller, et sans que le terme puisse être connu, les permissions n'étant pas dattées ; nous ne te celerons pas que ta conduite est connue ; que le représentant Bo en est instruit, ainsi que le général Moulin. Si tu mets des entraves aux mesures révolutionnaires, ta tête en répondra. — Salut. »

Quelle a été la réponse de Radermacker? Je ne sais ; mais ce que je sais parfaitement, c'est que de nos jours pas un officier supérieur de l'armée française ne se laisserait ainsi traiter impunément par des Vacheron et des Thierry.

Lettre au citoyen Drouet, directeur de l'artillerie de l'arsenal de la citadelle.

7 thermidor an II.

« Le comité après avoir pris lecture de ta lettre de ce jour, à raison de différens ouvriers qui désertent ton atelier, se fera un plaisir de te seconder dans tes opérations et y maintiendra de tout son pouvoir l'ordre, qu'il semble ne pouvoir être par toi établi : il est une loi à cet égard, et il s'agit de la mettre à exécution, et de faire punir le premier qui viendra à l'enfreindre : si tu connais les différens moteurs qui ont ancré tes operations, fais-les arrêter et conduire au comité ; à tous justice leur sera rendue et ils seront mis en état de pleurer après avoir joui de la liberté. »

La femme du citoyen Drouet a été incarcérée comme aristocrate. L'importance du poste qu'occupait son mari, la confiance qu'il devait inspirer n'étaient pas alors des gages suffisants de la conduite d'une mère de famille. — Son fils, mort au Mans il y a quelques années, m'a souvent raconté ce fait.

9 fructidor an II.

Société populaire de Vincent la Montagne à Nantes, à la commission militaire, révolutionnaire et extraordinaire, séant à Nantes.

« Frères et amis,

» La société est fort étonnée d'apprendre que votre tribunal continue de se faire ou présider, ou accompagner de 4 ou 5 dragons le sabre nud à la main ; cette conduite lui a paru si étrange, si contraire à la simplicité, au régime républicain qu'avec peine elle peut le croire.... Elle a été de plus instruite... que votre tribunal jugeait encore d'après la loi du 22 floréal, loi qui a été formellement révoquée par celle du 14 thermidor et que vous n'accordiez aux accusés ni jurés, ni défenseurs officieux.

» *Signé :* BADEL, *président ;* KIRMEN, *secrétaire.* »

Réponse. — 9 fructidor.

« La commission n'a jamais prononcé ni jugé que d'après les

lois des 9 avril, 19 mars et 5 juillet 93, interprétative de celle du 19 mars ; si ces lois sont abrogées, veuillez m'en informer.

» OBRUMIER fils, *président;* L. JOULAIN. »

Deuxième réponse, plus rude. — 10 fructidor.

« La commission n'a donné et ne donnera à la loi plus d'extension que le législateur ne lui en a donné... Toujours la commission leur (aux accusés) a offert et leur offrira le peuple pour défenseur, mais lorsqu'ils le refuseront, la commission ne connaît aucun moyen pour les contraindre de s'en servir. . . . .
(quant à l'escorte). . . . .

» Au surplus nous ne tenons pas plus à une forme si légère et si peu susceptible de faire l'objet de vos discussions.

» *Signé :* OBRUMIER, *président,* etc. »

28 pluviôse an III.

A Francastel, Garreau et Hentz, représentans du peuple.

« Citoyens,

» Hudoux et Loizillon sont dénoncés par le peuple d'Angers. Huit témoins ont été entendus ; le juge de paix les a entendus, interrogé : nous avons examiné les dépositions et les interrogatoires, mais nous avons trouvé les interrogatoires bien au-dessous des dépositions : nous estimons qu'Hudoux et Loizillon sont coupables : notre devoir est de les mettre en arrestation, mais l'un est membre de la commission militaire, l'autre en est le secrétaire ; déjà Francastel nous a blâmés d'avoir mis en arrestation l'agent national du district sans l'en avoir prévenu qu'au moment de l'arrestation. »

Il est intéressant de rapprocher cette dénonciation contre deux membres de la commission militaire à ces mêmes représentants Hentz et Francastel, qui adressaient à cette commission, quelques mois auparavant, un arrêté qui relevait, dans les termes les plus élogieux, son énergie et sa dignité dans l'exercice de ses fonctions.

Tours, 10 thermidor an II.

Les représentants du peuple,

« Arrêtent ce qui suit :

» Article 4. — Les représentants du peuple annoncent leur satisfaction à la commission militaire d'Angers ci-dessus désignée, de la manière énergique, révolutionnaire et pleine de dignité avec laquelle elle a exercé ses fonctions, etc.

» FRANCASTEL et HENTZ. »

Je termine ici cette copie textuelle de quelques-unes des lettres du comité révolutionnaire, travail des plus attristants, mais utile assurément pour donner une juste idée de ce qu'était cette réunion d'hommes, ce cénacle étrange des vrais dictateurs de l'Anjou. Tout était, en effet, sous leur dépendance, et rien ne se faisait que par leur bon plaisir : à eux la principale responsabilité de tous les maux dont nos pères ont eu à gémir : police, administration civile et militaire, culte, justice préventive et répressive ; tout, en un mot, était soumis à leur autocratie absolue, exercée. Je ne crains pas de le dire, par ce que la classe moyenne et la classe du peuple avaient alors de plus ignare et de plus abject. Cette correspondance émanée des chefs du parti de la *Terreur* dans notre province, atteste, en effet, non-seulement une ignorance et une ineptie honteuses ; mais partout, à quelques exceptions près, l'absence de tout sentiment de compassion et d'humanité. Au lieu de la gravité du juge qui condamne à regret, même les plus coupables, on y voit éclater la joie du sauvage qui se venge avec bonheur de son ennemi vaincu, les plaisanteries atroces du bourreau qui prépare le supplice, et se rit des tortures qu'il fait subir à ses victimes. Pauvre pays, n'est-ce pas arriver au dernier degré de la misère et de l'humiliation, que de tomber sous la domination de pareils maîtres !

CHAPITRE XII.

Conduite des généraux, des représentants ; leur correspondance, celle des administrateurs. — Proclamations.

> Il semble, que par une sorte de fatalité, on ait rassemblé dans cette malheureuse armée (de l'Ouest) tout ce qu'il y a de plus inepte et de moins propre à commander des hommes. Si je te citais tout ce que je sais sur la plupart des officiers, tu serais indigné de voir, à la tête de nos phalanges, des hommes qui ne seraient pas bons pour être caporaux.
>
> (Lettre du citoyen Gillet, représentant du peuple, du 15 frimaire an II, trouvée parmi les papiers de Robespierre.)

On a dit avec raison qu'aux plus malheureux temps de nos troubles révolutionnaires, l'honneur français s'était réfugié dans les camps. Oui, dans les camps, d'où s'élançaient nos soldats pour combattre l'étranger, car il sera toujours glorieux pour un citoyen d'exposer sa vie en défendant l'intégrité de son pays ; mais cela ne peut s'appliquer d'une manière absolue aux camps de la Vendée ; la guerre civile, partout où elle éclate, entraîne de trop cruelles représailles, de trop regrettables excès. Ce ne sont plus des ennemis, ce sont des frères qui s'égorgent entre eux. La guerre de la Vendée, en particulier, a été dirigée par des chefs, pour la plupart incapables ou inhumains, au jugement même de quelques-uns d'entre eux, d'après leurs lettres, celles de plusieurs officiers et des représentants du peuple. Voici, du reste, la liste d'une partie des généraux qui ont exercé un commandement dans les armées de l'*Ouest*. Je ne cite que ceux désignés dans les pièces que j'ai parcourues. Beaucoup de ces noms sont tombés dans l'oubli, d'autres restent tristement célèbres, quelques-uns ont acquis une juste et grande renommée déjà consacrée par l'histoire :

Baillot, Ballard, Hamey, Quetineau, Salomon, Danican, Moulin, Vincent, Radermaker, Desclozeaux, Beauregard, Gauvilliers, Ligonnier, Grignon, Rossignol, Dutertre, Crouzac, Santerre, Vidalot du Sirat, Menage, Cordellier, Menou, Marceau, Duhoux, Savary, Westermann, Hoche, Kléber, Léchelle, Tunck, Canelaux, Dubayet, Rey, Sandoz, Grouchy, Chalboz, Mieskowski, Vachot, Delage, Boulanger, Bard, Huchet, Dumas, Turreau, Carpentier, Chelbe, Berruyer, Marcé, Suleau, Ronsin, Vimeux, Girardon, Flavigny, Boussard, Coustard, Barbazan, Beaupuy, Haxo.

De ces généraux, plusieurs ont été disgraciés, emprisonnés ou même exécutés :

Moulin a été emprisonné par ordre de Carrier ;

Westermann a été accusé de trahison et acquitté, puis repris et exécuté ;

Rossignol échappe à l'échafaud et va mourir en Corse ;

Marceau est emprisonné et plusieurs fois disgracié ; ajoutons ici les noms de Hoche, Sandoz, Menou, Huchet, Grignon.

Boulanger, Marcé, Quetineau et Duhoux sont exécutés.

Et sur la liste des autres généraux de la République, combien ne peut-on pas en citer qui ont été poursuivis ou qui ont porté leur tête sur l'échafaud !

Parmi les premiers, ce sont, entre autres : Beysser, mis hors la loi comme fédéraliste, puis déclaré irréprochable par le comité de salut public, qui lui rend son commandement le 19 août 1793 ; Kilmaine, Stengel, Lanoue, de Bruli, Barthélemi, Kellermann, Ligneville, Boucher, d'Harville.

Au nombre des seconds :

Brunet. . . . . décapité.
Custine père. . . . . id.
Custine fils. . . . . id.
Houchard . . . . id.
La Marlière. . . . . id.
Davesne. . . . . id.

Biron. . . . . décapité.
Donnadieu. . . . . id.
Beauharnais. . . . . id.
Ronsin. . . . . id.
Le maréchal Luckner. . . . . id.
Lecuyer. . . . . id.
comme complice de Dumouriez.
Deflers, ex-général en chef de l'armée des Pyrénées. . . . . id.
La Touraille, ex maréchal de camp. . . . id.
Omoran. . . . . id.
Daoust. . . . . id.

Le lecteur s'expliquera facilement pourquoi, dans les pages qui vont suivre, je n'ai pas placé sur la même ligne les administrateurs et les généraux de nos armées de l'Ouest. Ceux-ci avaient une immense responsabilité, de grands et difficiles devoirs à remplir; mais ils me semblent moins excusables dans leurs défaillances, et combien d'entre eux en ont éprouvé! Turreau, Ronsin, Crouzac, Rossignol, Santerre, Grignon, Moulin, etc., ont laissé dans nos départements des souvenirs qui ne s'effaceront point. Quand on a l'honneur d'être investi d'un commandement militaire, il faut savoir s'en servir dans un but utile, l'intérêt du pays, et non pour satisfaire des haines ignobles, pour commettre des dévastations que ne justifie pas la nécessité, des pillages honteux et des actes de cruauté, pour lesquels n'est pas faite l'épée du soldat. Plusieurs chefs, il faut bien le reconnaître, ont toléré, autorisé même de déplorables excès : certains passages de leur correspondance peuvent l'attester. Il y a, du reste, des rigueurs qui, de leur part, n'ont surpris personne. Santerre, Ronsin, entre autres, étaient précédés d'un triste renom. « Le 2 septembre, dit M. de Barante, en parlant du dernier, on vit arriver à Meaux une bande de prétendus volontaires nationaux commandés par Ronsin, qui fut depuis général de l'armée révolutionnaire. S'indignant de l'incivisme des autorités locales, ils forcèrent les prisons, et y massacrèrent huit prêtres et douze autres personnes. » — Ronsin était homme de lettres; il avait cet avantage sur le brasseur de bière, devenu général. Le *Moniteur* du 10 frimaire 1793 mentionne la tragédie d'*Arétaphile*, ou la révolution de Cyrène, par Ronsin, général de l'armée révolutionnaire, jouée avec succès au théâtre de la République. Je ne sais à quel point le talent du littérateur pouvait l'emporter sur celui du général.— A Paris, lorsqu'il y fut appelé, il habitait un hôtel splendide; il donnait des soupers magnifiques au pavillon de la Muette : son écurie contenait une quarantaine de chevaux.

Santerre et Ronsin ont parfaitement répondu, dans l'accomplissement de leur mission, à ce que l'on pouvait attendre d'eux, et la plupart de leurs successeurs n'ont que trop fidèlement suivi leur exemple.

Rien ne peut donner une plus juste idée des projets conçus contre la Vendée, et des souffrances de ce malheureux pays, que le compte rendu desséancesde la Convention des 8 vendémiaire et 18 brumaire.

Un membre désigne le général Huchet comme ayant violé, massacré et fait fusiller les femmes après en avoir abusé. Carnot déclare que Huchet ayant été arrêté pour les cruautés qu'il avait commises, Robespierre le défendit, et le fit renvoyer à l'armée avec un grade supérieur, qu'il fut obligé de signer, malgré son opposition.

Quel temps que celui où la conscience d'un homme aussi intrépide que Carnot, est réduite à se taire, au commandement de Robespierre lui imposant une indignité !

A la même séance, Billaud-Varennes dit que le comité de salut public a toujours été opposé aux mesures de rigueur, et que c'est contre son ordre que le général Turreau, qui a commis des infamies dans la Vendée, se trouve encore en fonctions.

Cette assertion de Billaud-Varennes ne s'accorde nullement avec ce qui est consigné dans le rapport de Benaben, commissaire près les armées de l'Ouest aux administrateurs du département :

« J'ai lu plusieurs lettres.... notamment une du 4 floréal, » adressée au général Carpentier, dans laquelle il lui est ordonné » expressément de tout tuer, tout brûler dans la Vendée ; car tels » sont les ordres, y est-il dit, *du comité de salut public.* »

Carrier avait ordonné l'incendie des maisons et le massacre de tous les habitants de la Vendée. (*Voy.* Berriat-St-Prix sur Carrier.)

Le 18 brumaire, Merlin de Thionville avait présenté des mesures tendant à détruire, dans la Vendée, toutes les séparations d'héritages, et à y envoyer de chaque département une famille de cultivateurs *infortunés*, pour y recevoir une portion de terre à cultiver en propriété. — Fayau voterait pour ce projet, si les brigands n'existaient plus. Il pense que la première mesure à prendre serait d'y envoyer une armée incendiaire, et de faire que pendant un an nul homme, nul animal ne trouve de subsistance sur ce sol. (Renvoi au comité de salut public.)

Politique admirable et toute nouvelle !

Faire un désert d'un pays de quatre cents lieues carrées environ, en expulser jusqu'aux animaux, puis y implanter moins de mille individus des plus malheureux parmi les cultivateurs, femmes et enfants compris, et avec cela rendre ce pays à la culture, à la civilisation, au bonheur! C'est tout simplement barbare et insensé.— Il n'en est pas moins vrai que ce système a été plus ou moins rigoureusement suivi, selon le caractère des chefs, car chacun d'eux agissait à peu près à sa fantaisie, quant aux mesures politiques aussi bien qu'aux mesures et aux mouvemens militaires. Choudieu le reconnaît lui-même :

« Chaque général agissait à son gré sur le point où il se trou-
» vait, et ne donnait même pas avis de ses mouvements aux
» colonnes qui l'environnaient. »

(*Guerre de la Vendée*, rapport de Richard et Choudieu à la Convention.)

Le 17 septembre 1793, au combat de Beaulieu et du Pont-Barré, le défaut d'entente entre les chefs entraîna leur défaite et la perte de 600 républicains ; il en avait été de même le 9 juin, à la prise de Saumur, où se trouvait une garnison formidable de 9,000 hommes et cinq représentants : il est vrai que les assaillants étaient commandés par les héros de la Vendée, Lescure et Larochejacquelein.

A Coron, les soldats républicains, ivres pour la plupart, ne tinrent pas une heure, et abandonnèrent leurs canons et leurs munitions. Le général Santerre, l'homme du 21 janvier, s'enfuit des premiers... Il se sauva en faisant franchir à son cheval un mur très-élevé, au moment où Forest allait le faire prisonnier (*Mémoires de Mme Larochejacquelein*, p. 280). — Plusieurs soldats, qui servaient sous ce général, m'ont souvent raconté cette circonstance ; ils ne dissimulaient ni les pillages qui se commettaient sous les yeux de leurs chefs, ni l'incapacité de ceux-ci.

M. Laroche, chirurgien de première classe à l'hôpital militaire d'Angers, écrivait au citoyen Perrin, commandant l'artillerie à Coron :

« Les soldats s'amusant à boire et à piller plutôt qu'à combattre les tirailleurs ennemis, et à défendre leurs pièces, ne pouvaient faire battre en retraite une nombreuse et lourde artillerie. Elle tomba au pouvoir de l'ennemi, au grand dépit des canonniers que je voyais écumer de rage.

» Je dois à la vérité que t'ayant vu dans plusieurs autres affaires, notamment à Doué, le 14 septembre, tu as montré le plus grand courage à poursuivre l'ennemi. »

Dans sa défense à la Convention, Carrier osait rappeler ce désastre de Coron, et célébrer la *victoire* de Santerre (*voy.* de Barante, t. V). — Phelippeaux disait, au contraire, à la Convention, que Ronsin y avait fait accabler 40,000 patriotes par 3,000 brigands... Il signalait en même temps la lâcheté de Rossignol et l'ineptie de Santerre.

Les autorités administratives, comme je l'ai déjà énoncé, ne doivent pas être jugées, en bonne justice, avec la même sévérité. Parmi les lettres qui nous paraissent mériter d'être citées, il y en a des administrateurs du département, MM. Dieusie, Brevet, Tessié, Couraudin, Delaunay, etc. Il y en a également des administrateurs du district d'Angers, dont étaient membres MM. Boutton, Latté, Joubert-Bonnaire, Boré, Guillori, etc. ; elles ne sont pas de la même main, ni du même style, et une solidarité trop rigoureuse ne doit pas peser sur tous les membres indistinctement de chacune de ces administrations ; dans quelques-unes de ces lettres, on retrouve cette phraséologie sauvage, cette éloquence boursoufflée du jacobinisme, cette exaltation passionnée ou ridicule des comités révolutionnaires; mais, au moins, on ne se sent plus oppressé par cette lourde atmosphère qui entoure un abattoir. Cette longue correspondance, qui ne laisse aux administrateurs ni repos, ni trêve, vous confond et vous étonne : elle a quelque chose de louable et de grand, car elle se réfère à une tâche utile et presque au-dessus des forces humaines, tâche acceptée avec courage et poursuivie au milieu de difficultés de toute sorte et sans cesse renaissantes, des récriminations du peuple qui souffre et qui accuse même ses amis, des plaintes et des embarras du commerce et de la détresse générale. La situation de notre pays était affreuse; l'agriculture était ruinée, les récoltes périssaient sur pied, l'industrie avait fermé ses ateliers, la famine pressait et décimait nos populations, au point que la farine de fèves allait manquer comme celle de seigle et de froment. Le pain valait souvent dix sols la livre; il était à ce prix le 3 avril 1795, et M. Grugé écrivait alors : *On présume qu'il va augmenter un peu.* Nos soldats n'avaient souvent ni vivres, ni munitions. Eh! bien, il fallait répondre à toutes les demandes, à tous les besoins, faire venir des grains et des farines des districts et des départements voisins, se procurer en quantité suffisante des chevaux, des voitures de transport, approvisionner nos armées de poudre (on cherchait partout du salpêtre), de vêtements, de chaussures, de pain, de fourrages, notre marine de bois de construction, etc., etc.

La lettre du 6 prairial an II contient de vifs reproches à Joachim Proust, *agent pour accélérer et surveiller la fabrication du salpêtre révolutionnaire.* Elle gourmande en termes acerbes son inaction et sa lenteur.

« T'es-tu transporté dans toutes les communes pour échauffer le zèle et aviver le patriotisme des citoyens? As-tu veillé à l'exécution de *cet* arrêté des représentants? As-tu fait réunir les cendres dans des dépôts, examiné si l'aristocratie et la malveillance ne s'opposaient pas encore aux succès de nos entreprises? Cependant c'était là ta première mission, et au lieu de t'amuser dans des ateliers de la régie, où tu n'avais que faire, parce que les intérêts particuliers meuvent toujours assez ceux qui les dirigent, as-tu cherché à te procurer les matériaux les plus essentiels pour la fabrication d'un salpêtre révolutionnaire pour laquelle tu étais particulièrement choisi ? Tu sembles croire que lorsque tu nous as écrit quelques phrases, notre responsabilité absorbe la tienne, tu te trompes, et lorsque tu réfléchiras sur ce que tu devais faire et sur ce que tu as fait, tu reviendras de ton erreur, tu te qualifies d'agent sédentaire pour le salpêtre, où as-tu pris cette nouvelle qualité ? Tu étais si éloigné de penser ainsi, que tu nous as demandé, il y a quelques mois, des bottes, que nous t'avons accordées, ensuite une voiture que nous t'avons accordée. Tout cela ne devait-il servir qu'à demeurer en ville ? » Suivent de nombreux détails relatifs à la mission de Proust ; ils témoignent de l'activité et du patriotisme des administrateurs. La mollesse de cet agent était enfin stimulée par une apostrophe, annonçant quelque prétention à la connaissance des auteurs classiques. « Joachim Proust, moins de verbiage et plus d'effet ; prends garde de ressembler à cet empressé de Phèdre, *qui multa agendo, nihil agebat... enfin il faut en finir, de peur d'être aussi long que toi,* etc., etc. »

Le plus diligent aurait eu peine, je crois, à satisfaire la vive impatience des administrateurs ; tout retard était imputé à crime. Ils ne négligeaient rien, et dans la situation qu'ils avaient courageusement acceptée, il y avait nécessité de descendre dans les plus infimes détails de l'économie domestique : chose peu croyable de nos jours, où nous avons le gaz et des huiles de toute sorte qui nous donnent la lumière, les moyens d'éclairage manquaient, et l'on avait de la peine à se procurer du suif, à raison de la rareté des bestiaux. Les industries les plus communes chômaient aussi bien que les industries de luxe. C'était à nos administrateurs à pourvoir à tout, à faire face aux rigueurs de la famine comme à celles de la guerre civile. Leurs travaux étaient multipliés à l'infini. Outre ceux que nous venons de mentionner, ils avaient à s'occuper des biens séquestrés ou confisqués, à toucher les revenus ou le produit de leurs ventes, à examiner et à résoudre les questions si compliquées, auxquelles donnaient lieu les lois révolutionnaires contre les prévenus, contre les émigrés, les conflits qui s'élevaient entre les créanciers et les héritiers de ceux-ci (1), entre les prêtres assermentés, ceux qui ne l'étaient pas et les populations. L'esprit peut s'égarer dans une telle immensité de travaux, et il y a de quoi écraser les plus intrépides ; pour moi, je ne puis m'empêcher de reconnaître là, dans cette administration vigilante, chargée de diriger, de faire vivre un pays et une grande cité, les efforts soutenus d'une prodigieuse activité. J'ai parlé de fautes et de faiblesses. Oui, il y en a eu, et je le déplore ; mais si je me transporte en idée dans cette mêlée effroyable, où les plus forts n'étaient pas sûrs de leur vertu et de leur fermeté, je me sens enclin à excuser et à juger avec quelque indulgence les fautes que peuvent expliquer les circonstances, et qui n'ont pas leur source dans les plus viles passions, la cupidité, la haine, la débauche et la soif du sang. L'historien doit donc établir une énorme différence entre les corps administratifs et les tribunaux révolutionnaires, commissions militaires, généraux, représentants ou membres des comités.

Ces réflexions qui m'ont été suggérées par l'examen des archives administratives, rentrent naturellement dans le cadre de mon travail ; elles seront en tous cas bien accueillies, je l'espère, de tout lecteur qui aime qu'en étudiant une époque, on ne laisse pas, comme à dessein, une partie dans l'ombre, que l'on produise la vérité entière, et que justice soit rendue à chacun, sans acception de personnes et de drapeau.

Outre les lettres enfouies dans nos archives, il faut lire aussi le rapport fait au nom de la commission chargée de l'examen des papiers trouvés chez Robespierre et ses complices, rapport que

(1) Ainsi se trouve aux archives de la Préfecture, une lettre du 16 nivôse an II des administrateurs du district au comité de législation ; elle est relative au sieur Lagoux-Duplessix, décédé à Angers sans jugement le 12 nivôse an II; on l'avait vu, lors de l'invasion de la ville, décoré de sa croix de Saint-Louis et de son cordon rouge; de plus, il avait tenu sur les fonts de baptême un enfant qu'on avait orné d'une cocarde blanche, et qui avait été baptisé par le fameux évêque d'Agra. On demandait s'il fallait traiter Legoux simplement comme suspect, ou comme émigré; dans ce dernier cas, les héritiers et les créanciers ne devaient rien avoir. — Dans une autre du 22, les administrateurs demandaient si les biens des individus fusillés sans jugement n'appartenaient pas à leurs héritiers d'après la loi du 12 brumaire an III, art. 21.

j'ai déjà cité. Voici quelques extraits des pièces inventoriées : quelques-uns ne concernent ni l'Anjou, ni la Vendée ; je les transcris néanmoins, et les entremêle avec celles de nos dépôts publics, toujours dans le but de prouver que partout l'œuvre révolutionnaire s'accomplissait d'après le même système :

La Rochelle, 27 pluviôse an II.

Laurent à Robespierre aîné.

« Vrai montagnard, je dois m'adresser à toi pour te dire de grandes vérités, mais frappantes pour le vrai sans-culotte. Je t'apprends avec douleur que la scélératesse est à l'ordre du jour dans la Vendée. La conduite infâme qu'y tiennent nos gros *épauletiers* nous a causé, dans *l'affaire* d'un mois, sept déroutes... Le rapport de toutes ces vérités a été fait au citoyen Julien qui se trouve dans les murs de La Rochelle...

» LAURENT, *adjudant général.* »

Rapport sur les papiers trouvés chez Robespierre. — Séance du 16 nivôse an III.

Rennes, 26 novembre an II.

Gainon, chirurgien, à un chirurgien de ses amis.

« C'est avec douleur que je vous apprends une déroute que nous venons d'avoir entre Dol et Antrain, à 11 lieues d'ici, qui est bien désavantageuse pour la République ; elle a eu lieu le 22 de ce mois... Il faut vous dire que des soldats indisciplinés, pas susceptibles de la moindre réflexion, se sont portés dans les hôpitaux de Fougères, y ont égorgé les blessés des brigands dans leurs lits, etc... *(ici détails odieux concernant des femmes)*... J'ai été témoin de tout cela. Ce n'est pas que je veuille dire qu'il ne faut pas exterminer tous les brigands, au contraire ; mais c'est sur le champ de bataille qu'il faudrait signaler son courage, et ne pas commettre des actions qui tendent à désorganiser la chose publique, et qui font beaucoup de mécontens. »

Cousin à Robespierre.

Cossé (Bas-Maine), 27 nivôse an II.

Il parle des batailles auxquelles il a assisté : Martigné, Vihiers, Coron, etc. ; sollicite une nomination dans une des commissions militaires. « Ce sont, dit-il, la plupart, tous prêtres et curés qui » les composent, au grand scandale et murmure des patriotes. »

Il paraît que ce n'est pas à Angers seulement que les Boniface et les Duboueix se glissaient, soit dans les sociétés populaires, soit dans les comités ou les commissions militaires : les rénégats pullulent en temps de révolution ; celle d'Angleterre en a produit comme la nôtre.

Lettre anonyme d'un ex-constituant, trouvée dans les papiers de Robespierre.

Nantes, 30 ventôse an II.

« ... Ton âme sensible frémirait d'horreur au récit des mesures exécutées dans les cantons paisibles des départements insurgés. Les ordres du comité de salut public ont été méprisés, tout, tout, sans exception, est incendié, massacré, dévasté. Des villes, des bourgs, des villages, habités par des patriotes, ont disparu, et le fer a achevé ce que la flamme épargnait. C'est ainsi qu'on a ressuscité la Vendée. Elle était finie par la prise de Noirmoutiers, mais Ronsin et Vincent ne le voulaient pas. Ils l'ont recréée, en forçant les paysans, dont un grand nombre rapportaient leurs armes, à se réunir aux brigands pour éviter la mort. »

Peu de temps auparavant, les mêmes horreurs, on va le voir, se commettaient à Lyon.

Ville affranchie, 17 frimaire an II.

Achard à Gravier, juré du tribunal révolutionnaire, à Paris.

« Frère et ami,

» Encore des têtes, et chaque jour des têtes tombent ! Quelles délices tu aurais goûtées, si tu eusses vu avant hier cette justice nationale de deux cent neuf scélérats ! Quelle majesté ! Quel ton imposant ! Tout édifiait. Combien de grands coquins ont, ce jour-là, mordu la poussière dans l'arène des Breteaux ! Quel ciment pour la République ! »

Commune affranchie, 24 frimaire an II.

Pilot à Gravier.

« ... La guillotine, la fusillade ne va pas mal : 60, 80, 200 à la fois sont fusillés, et tous les jours on a le plus grand soin d'en mettre de suite en état d'arrestation, pour ne pas laisser de vide aux prisons. »

Commune affranchie, 29 germinal an II.

Reverchon à Couthon.

« ... Oui, mon ami, tous ces énergumènes (les dénonciateurs de la commission temporaire) ne voulaient la République que pour eux. Environ trois mille devaient partager toute la fortune lyonnaise.... »

Les lettres suivantes vont mettre en relief la basse rivalité, l'ineptie et les cruautés des généraux républicains de la Vendée.

Lettre de Westermann.

La Châtaigneraie, 23 septembre 1793.

« Hier, l'armée des Sables, commandée par le général Mieskowski, a été complétement mise en déroute... Notre marche rétrograde n'a pas peu contribué à ce nouveau malheur. L'on a heurté l'opinion publique par la nomination de Rossignol, que l'on fait jouer dans cette guerre le rôle d'automate... Les uns, choqués de sa nomination, ont juré sa perte en lui faisant faire des sottises ; les autres profitent de son ineptie pour s'emparer d'un commandement auquel ils n'entendent pas plus que lui. — Je vous répète ce que je vous ai dit dans ma dernière, que cette guerre n'est qu'une guerre d'intrigue... »

Rossignol était dénoncé par tous comme incapable et pillard (*Voy.* ci-après la lettre du représentant Gillet). A la séance de la

Convention du 26 août 1793, on avait donné lecture d'une lettre de Bourdon de l'Oise et Goupilleau; ils rendaient compte des motifs qui les avaient déterminés à suspendre Rossignol de son commandement en chef... Tallien se leva, et reconnut que Rossignol n'était pas capable de commander en chef une armée... Je n'examinerai pas, dit-il, si Rossignol boit, s'il pille, mais si vos commissaires ont eu le droit de le suspendre. Eh! que m'importe à moi quelques pillages particuliers! (Violents murmures.) — Tallien aurait eu raison s'il eût comparé le pillage avec les cruautés commises dans la Vendée. En tout cas, son langage est loin d'être aussi révoltant que celui de Prudhomme, dans ses *Révolutions de Paris*. Cet auteur blâme les attentats contre la propriété, du 25 février 1793, et glorifie, au contraire, le 2 septembre. « Peuple... quand tu te portas aux prisons, tu ne fis que » prévenir le coup qu'on te préparait dans l'absence de tes plus » ardents défenseurs partant pour la frontière : tu ne rentras » chez toi que couvert d'un sang ennemi; mais quand on te » poussa dans les boutiques, tu en sortis chargé de marchan- » dises pillées ou achetées bien au-dessous de leur valeur. Vois » la différence de ces deux moments : autant tu fus *grand* et ré- » volutionnaire le 2 septembre, autant on te rendit vil et criminel » le 25 février. » La perversion des idées morales ne peut pas aller plus loin.

Lettre du citoyen Gillet, représentant du peuple.

Paris, 15 frimaire an II.

« Citoyen collègue,

» ... La cause de tous nos désastres est dans le mauvais choix des généraux... Il semble que, par une sorte de fatalité, on ait rassemblé dans cette malheureuse armée tout ce qu'il y a de plus inepte et de moins propre à commander des hommes. Si je te citais tout ce que je sais sur la plupart des officiers, tu serais indigné de voir à la tête de nos phalanges des hommes qui ne seraient pas bons pour être caporaux; et cependant je ne dirai que la vérité. Rossignol est patriote, je le crois; mais c'est un véritable délire de le croire général, et ce n'est pas encore le plus mauvais... J'ai vu élever au grade de général divisionnaire un capitaine imbécile, qui n'est ni aristocrate, ni patriote, un homme nul, officier de l'ancien régime, etc.... »

M. Dauban s'exprime ainsi sur le compte de Rossignol : « Il bouleversa tout, désorganisa tout, pilla tout... et il contribua beaucoup, par ses cruautés, à donner à la guerre (de la Vendée) le caractère d'exaspération féroce qui la distingue entre toutes. Il fit mettre à l'ordre qu'il paierait dix livres par paire d'oreilles de chouan qu'on lui apporterait, et Danican assure, dans ses Mémoires, avoir vu solder ces comptes. Rossignol avait été arrêté par les ordres de Biron, commandant en chef, mais Danton, qui le protégeait, le fit mettre en liberté le 9 juillet 1793. — De garçon orfèvre à Paris, il était en peu de temps devenu général. » — Avant la publication de ses Mémoires, Danican avait signalé le fait de cruauté que nous venons de rappeler, mais en l'imputant alors directement à un autre. Danican adressa, en effet, une lettre à la Convention, où il lui dénonçait l'adjudant général Bouland, comme donnant pour récompense aux soldats 20 livres par paire d'oreilles humaines, et non plus dix livres... Il parle d'un mémoire de 800 fr. qui aurait été produit à un représentant pour 80 oreilles. Bouland cherche à se justifier, en attribuant la responsabilité de ces cruautés au féroce Rossignol. Danican signale, en outre, les cruautés du général Vachot.

Pour lui, Danican, il se vante de ne pas s'être écarté des sentiments de l'humanité. On en peut juger par ses propres écrits. — Le 28 brumaire, six exécutions avaient eu lieu à Laval, le jour même de l'arrestation. Le 29, quatre autres. Le général de brigade commandant à Laval écrivait ce dernier jour aux membres de la commission militaire : « Je vous fais tenir ci-jointe une » note... des exemples et de la terreur, et tout ira. »

Aug. Danican (1).

(1) C'est lui qui demande ici des exemples, et qui en donnait un si triste à ses soldats lors du siége d'Angers. (*Voy.* ch. 9.)

Tels étaient ses sentiments d'humanité ! Ce général, malgré ces preuves de sévère patriotisme, ne fut pas toujours à l'abri de soupçon. La lettre ci-après le démontre :

2 frimaire an II, quartier général à Loiron.

« Citoyens,

» J'apprends que les chouans se rendent en foule, ils apportent leurs armes. Je crois qu'il sera bon de renvoyer les innocents chez eux avec une espèce de pompe. Cela ramènera les esprits : le frère *Chouan* a été joindre l'armée des brigands, et il vient de m'être assuré qu'il avait été noyé au mont Saint-Michel... Faites-moi marcher les corps constitués, qui traînaillent sans cesse, et parlent toujours d'eux... J'oubliais de demander de grands pardons au sévère Millier, qui s'est plaint de ce que j'avais dîné chez un négociant où mon adjudant général m'a conduit. Précisement on a arrêté, le soir, chez lui, un citoyen appelé Forestier, et me voilà tout de suite un contre-révolutionnaire... Ah ! grand Dieu ! qu'il est donc difficile de faire le bien ! »

C'est ce même général que nous retrouvons, le 13 vendémiaire, avec Duhoux, à la tête des sections, et sommant la Convention de faire retirer ses troupes. On sait comment il fut répondu à cette sommation par un jeune officier, dont on ne prévoyait pas alors les hautes destinées.

Phelipeaux, député de la Sarthe, qui, avec Camille Desmoulins, s'était rangé parmi les modérés, qui fut jugé et condamné comme lui par le tribunal révolutionnaire, le 9 floréal an II, rappelait, pour sa défense, ce qu'il avait fait comme commissaire dans la Vendée « J'ai dénoncé, disait-il, bien des horreurs au comité de » salut public. » Il avait signalé, en effet, les atrocités commises par Ronsin, Rossignol et Léchelle, qui, disait-il, avaient fait verser inutilement le sang de 50,000 citoyens. Violemment accusé par Levasseur et Robespierre, il fut mollement défendu par Danton. Il avait été lui-même dénoncé par Choudieu, qui jugeait que sa conduite n'était pas celle d'un vrai patriote, et l'accusa vivement dans un écrit portant pour épigraphe : *Avez-vous lu Phelippeaux ?*

La lettre qui suit est une de celles qui signalent, avec le plus de véhémence et de raison, les excès et l'immoralité des autorités militaires :

Angers, 14 floréal an II.

« ... Les pauvres patriotes de la Vendée ou de son voisinage, s'ils n'avaient été que ruinés, seraient à plaindre ; mais il en est beaucoup qui ne s'en plaindraient pas. Le pire est que, par un système détestable, ceux qui étaient en possession de l'autorité militaire, et aussi de l'autorité supérieure, oubliant ce qu'ils étaient et ce qu'ils devaient être, se sont plu à tenir dans l'opprobre et à abreuver de fiel et d'amertume les vrais amis de la République. De quels abus de puissance, de quel mépris des lois, ne sommes-nous pas tous les jours témoins ?... On s'est trop servi contre eux de la torche au lieu de la baïonnette (contre les brigands)...

» *P. S.* Il faut trancher le mot. Il n'y eut jamais, sous la tente, rien d'aussi pervers, d'aussi immoral que tous ces généraux qui partagent successivement le commandement des armées ; leur présence offense autant le ciel que peut le faire celle des brigands. Ce n'est pas parce qu'ils font massacrer et incendier : c'est un grand malheur, mais il a été jugé nécessaire ; mais c'est parce qu'ils sont tous, je ne dirai pas des ignorants, quoiqu'on pût l'assurer sans crainte de se tromper, mais des traîtres... Viennent des détails sur des monceaux de blé brûlés... des paysans, des femmes tués... et le massacre de toutes ces victimes sans défense vous est envoyé avec emphase comme celui de brigands déterminés..

» *Signé* : D****. »

Ces massacres ne suffisaient pas à quelques-uns de ces généraux. Après tant de sang répandu, Turreau disait : Il faut encore passer vingt mille de ces scélérats au fil de la baïonnette.

Le 25 frimaire an II, après la déroute du Mans, les représentants du peuple Bourbotte, Turreau, Prieur de la Marne, firent cette proclamation :

« Saisissez vos armes, prenez vos piques, vos faux, vos fourches, vos leviers ; qu'au même instant le tocsin retentisse dans toutes vos communes, qu'il sonne la dernière heure des brigands, et qu'il ne s'arrête que lorsqu'il n'en existera plus un seul ! »

Quinze jours après, le 11 nivôse, Francastel, parfaitement d'accord sur ce point avec ses collègues, écrivait à la société des Jacobins de Paris : « La Vendée sera dépeuplée, mais la » République sera vengée et tranquille ; que la terreur ne cesse » d'être à l'ordre du jour, et tout ira bien ! »

Sur une feuille du tome VIII du greffe, je lis une dénonciation faite, en termes concis et terribles, par un homme qui plusieurs fois a fait preuve de la même sévérité.

Au quartier, place de Vihiers, 5e jour, 1re déc., 4e mois an II.

« Bertrand, qui a toujours servi avec les brigands, et a été arrêté les armes à la main..... qu'il faut expédier.

» Guichelot Marie Baranger, veuve Grolleau, id.

» Marie Morin, femme Baranger, id.

» Pierre Ribay, curé de Chemillé, un scélérat qu'il faut expédier le plutôt possible.

» B..., *Commandant la place de Vihiers.* »

A l'époque du siége d'Angers, le général G., ex-marchand de bœufs, écrivait, de son quartier général à la Roche d'Erigné, au commandant de la place d'armes, à Doué :

« L'ennemi est toujours aux portes d'Angers... Je viens de voir un membre du comité révolutionnaire d'Angers. . il m'a assuré qu'Angers ne craignait rien : les hommes, les vieillards, les femmes, tous vont servir la troupe sur les remparts, au milieu des coups de fusil... Je conseille au citoyen Minier de rester à Doué et d'y faire jouer la guillotine ; cela fera un bon effet ; qu'il n'épargne pas surtout un nommé Boileau fils, de Saint-Clémentin, qui a toujours été à la tête des brigands ; le nommé Morneu, maire des Herbiers, Gallard... Il y en a beaucoup d'autres dont je ne me rappelle pas le nom, qui doivent subir le même sort pour le salut de la République.

» L. G. »

Malgré l'amnistie, le général fit lier deux à deux des insurgés... les fit conduire à Doué et fusiller.

Le général Crouzac l'emporte encore en cruauté. Traversant les communes de Gonnord, Joué et Etiau, à la tête d'une colonne du nord... il fait arrêter des insurgés rentrés depuis deux mois dans leurs foyers. Ils furent inhumainement massacrés, sans distinction de sexe ni d'âge. (Voy. *Précis hist. de la guerre de la Vendée et des chouans*, par Bardou, président de la société populaire, à la bibliothèque d'Angers.)

Deux cents vendéens se rendent volontairement en frimaire an II. Le général Moulin en réclame dix seulement, pour les grâcier *par politique*, et les renvoyer dans diverses communes. Les 190 autres sont fusillés ; parmi eux se trouvent six enfants de 13 à 17 ans : j'ai donné leurs noms au chapitre 7 (1).

Le 3 brumaire an II, les autorités de Chalonnes faisaient, en termes cruels, la dénonciation suivante :

« Républicains,

» On nous a conduit ici, hier au soir, Mgr de Jourdan, seigneur de la terre du Jeu, en la commune de Chaudefond, et M. Granger, meunier en la même commune. Ce sont, à les entendre dire, les deux plus honnêtes gens du monde ; ils sont l'un et l'autre plus innocens que l'enfant qui vient de naître. Croyez-les sur leur aveu, et vous les aurez bientôt mis en liberté. Mais si, comme je le crois, vous aimez la destruction des scélérats, ceux-ci ne peuvent échapper à la vengeance nationale ; nous ne vous en envoyons que deux. Ah ! si nous pouvions vous les envoyer tous ! »

---

(1) J'ai lu que les 10 prisonniers dont la grâce était demandée, avaient été fusillés comme les autres.

Angers, 1er frimaire an II.

Francastel, aux membres de la commission militaire de Saumur.

« Courage, mes amis, votre présence électrise Laval, et fait trembler tous les malveillans. Vous contribuez aussi à faire dissiper les *choins*. La guillotine aura quelque pouvoir sur ces nouveaux révoltés qui ne sont pas encore enracinés dans leur rébellion. Danican achèvera le reste.

» ... Hier, jour de décade, on a célébré *une fête à la raison*... l'orgue républicain a joué les *Ça ira*, les *Où peut-on être mieux*, etc. On a fait un auto-da-fé de lettres de prêtres et de vieux nobiliaires. Un effet assez pittoresque était la réunion en masse de ces citoyens à la porte de la Vendée, marchant sur les débris des autels et du sanctuaire, foulant aux pieds les saints. On a fini par la danse dans les allées du Mail. Ce n'est pas mal pour un coup d'essai : le fanatisme ne bat plus que d'une aile. »

Angers, 27 frimaire an II.

Francastel, aux membres de la même commission.

« Vous devez avoir à Saumur encore bien des affaires à terminer. Si vous en chômiez, il en est ici un très-grand nombre que j'offrirais à votre zèle. »

Angers, 2 nivôse.

Du même aux mêmes.

« Votre présence ici va devenir bien nécessaire. Tout s'encombre ; une sorte de politique fait stationner dans nos prisons le troupeau. Le moment viendra de juger tout cela... Indulgence, oubli du passé, compassion, sensibilité, tous ces beaux noms ne couvrent que faiblesse, modération et perfidie. Vous savez qu'il a été pris au Mans un troupeau de plusieurs centaines de femmes ; ce sont des amazones, des paladines royalistes, des concubines de prêtres, des dames à pelisse, etc... Eh ! bien, tout cela semble inspirer de l'intérêt ! A qui ?... Venez ici, je compte sur vous, je connais vos principes, votre inflexibilité républicaine, votre intention immuable de purger, de saigner à blanc la génération vendéenne. »

22 frimaire an II.

Les administrateurs du district, à la Convention nationale.

« Elle va donc finir, enfin, cette infâme guerre de la Vendée, entretenue si longtemps par la scélératesse, la perfidie et l'atrocité de nos généraux, dignes agens de Robespierre et constamment accompagnés de tout ce que peuvent offrir de plus horrible la dévastation et la mort. — L'amnistie générale que vous venez de décréter, a été reçue dans cette contrée avec allégresse et reconnaissance ; elle nous donne l'espoir de voir revenir dans leurs foyers tous les malheureux habitans des campagnes égarés par leurs prêtres, et que la crainte d'une mort certaine retenait dans les sentiers du crime...

» Suit l'éloge du représentant Bezard... qui a fait couler, dans le sein de nos familles, le baume de la consolation, et naître l'espoir d'une tranquillité prochaine... »

Partout on trouve l'éloge de ce représentant qui, à la vérité, se montra beaucoup plus modéré que ses prédécesseurs. Nous avons vu ce qu'en disait l'abbé Gruget, qui, sans doute, ignorait que c'était sur la proposition de Bezard, qu'avait été rendu le décret de déportation contre les prêtres insermentés.

Je lis en marge de la lettre ci-après : *Exécutés.*

Saumur, au quartier de l'état-major, 1 nivôse an II.

« Citoyen,

» Je t'envoyent sept hommes et six femmes qui me sont venue hier avec 2 assignats de Louis 17, je te prie de faire exercer le couteau national sur ces mêmes célérats qui on passé la Loire il y a peu de temps. Les même gendarme nous annonce qu'il en on une grande quantité a nous ammener, je te prie de me faire donner des ordres afin d'élargir un peu les prisons de cette endroit, vue que nous en sommes surchargé.

» Je suis avec fraternité ton concitoyen,

» Pr G... *Commandant.*

» N... *Adjoint.* »

Le 14 du même mois, le président du département écrivait au président de la commission militaire :

« Le département t'envoie six copies de pièces.... S'il paraissait à ton tribunal quelques-uns de ces particuliers, ces pièces pourraient servir à l'instruction de leur affaire, et les faire pencher du côté de la guillotine. » Je cite cette lettre, mais en faisant remarquer que ce style n'était pas habituel chez les administrateurs du département.

Lettre du district.—22 nivôse an II.

Au citoyen Bremault, huissier, rue Saint-Martin, Angers.

« Citoyen, le directoire du district d'Angers vous a demandé plusieurs fois la vente qne vous avez faite des meubles de Silvie Hamonceau, rue de la Roë, de cette ville, suivant les scellés qui y étaient posés le 18 ventôse. On vous répète encore cette réquisition, au reçu de la présente; faute de quoi, vous y serez contraint désagréablement. Salut, fraternité.

» *Signé* : LATTÉ. »

Aux membres de la commission militaire.

Angers, 3 ventôse an II.

« Citoyens juges,

» Je suis ici d'hier soir, et déjà je me suis aperçu que vous et la sainte guillotine faisiez votre devoir. Je viens d'assister au supplice d'une espèce de père éternel, couvert de chasubles, de soutanes et de crimes. Vive la République ! il ne damnera plus personne. Le scélérat n'est pas le seul qui vous *reste* à expédier. (L'auteur de la lettre voudrait donc qu'il le fût une seconde fois.) Vous avez dans vos prisons le nommé La Durandière, ci-devant juge du présidial d'Angers, et qui a suivi les brigands...

» B. A. »

Nous avons vu, chapitre 6, que Berthelot La Durandière avait été exécuté à Angers.

Lettre du 10 pluviôse an II.— D... commandant à Champtocé.

Il réclame plusieurs mises en liberté (elles lui ont été accordées).

« Les vrais coupables, disait-il, sont punis. Trois de mes » proches parens le méritaient, ils ont subi le sort. Si j'avais » consulté mon cœur, j'aurais pu faire des réclamations. La Ré- » publique m'a dit : Ils sont coupables envers moi, ils ne veulent » pas me connaître pour leur mère. J'ai appris leur supplice de » sangfroid. »

*Le général *** au général ***.*

3 floréal an II.

« Je te prie de faire arrêter.... Lassé de les avoir battus (les Vendéens) dix fois pendant qu'ils étaient rassemblés, et de fatiguer mes troupes dans de très-difficiles recherches au milieu de 30 lieues de forêts, j'ai fait dire qu'il y avait une amnistie pour tous ceux qui se rendraient volontairement. Ma ruse a réussi. Vingt et quelques ont été envoyés hier à Nantes, avec prière de leur faire accepter la constitution derrière la haie. Je te recommande ceux-ci de même. Qu'importe quels moyens on emploie ! Ils sont tous légitimes, quand ils peuvent être utiles à la patrie.

» Salut et fraternité.

» **** »

Un envoi de cinq prisonniers accompagnait cette lettre.

Je lis sur le dossier : Sursis au jugement. Le général qui recevait ces malheureux, aura mieux compris que son camarade ses devoirs de soldat et de citoyen.

Le général Boulanger annonce à la Convention, le 20 du premier mois de l'an II, qu'il va partir avec Ronsin, et demande que pour leur promenade on leur donne une guillotine.

A la séance du 22, le représentant Parein, qui arrive de la Vendée, laisse à Momoro le soin de donner des détails sur ces contrées. Boulanger, dit-il, a demandé une guillotine, je vous en demande une seconde. Momoro assure que Parein a lui-même fait guillotiner un très-grand nombre d'aristocrates dans la Vendée.

Ces faits et ces lettres viennent à l'appui de ce que nous lisons dans les Mémoires déjà cités page 428. « Des colonnes républi-
» caines qui s'intitulaient *infernales*, avaient parcouru le pays
» dans tous les sens, massacrant hommes, femmes et enfants. Il
» est arrivé plus d'une fois que le général républicain, après
» avoir écrit au maire qu'il épargnerait les habitans d'une com-
» mune s'ils voulaient se rassembler sans crainte, les faisait
» cerner et égorger jusqu'au dernier. »

24 fructidor an II.

Les administrateurs du district aux citoyens Bezard et Auger, représentants du peuple près l'armée de l'Ouest.

« Nos maux sont à leur comble, nos dangers sont pressants, et si la Convention nationale ne vient promptement à notre secours, il ne nous restera plus qu'à mourir de faim ou à périr par les mains des chouans ou des brigands qui nous entourent depuis un mois. Nous n'avons cessé de faire retentir au comité de salut public ces vérités terribles, et nous nous étions flattés que les derniers cris de notre détresse avaient été entendus. »

28 messidor.

Aux membres du comité révolutionnaire, à Candé.

« Frères et amis,

» Nous nous empressons de vous informer qu'il vient de nous être fait une déclaration que le général Vachot, commandant à Candé, avait avec lui deux femmes que le public considérait comme brigandes; qu'une d'entre elles avait un trésor caché aux environs de Candé; que le général lui avait prêté un cheval, et l'avait fait assister de deux cavaliers d'ordonnance pour aller chercher ce trésor, que les deux cavaliers ont été tués; on assure que le général fait manger avec lui le brigand de le Clerc la Ferrière.

» En conséquence, vous sentez de quelle importance devient cette affaire, et nous vous prions de ne point perdre un instant à prendre des renseignements. Aussitôt qu'ils vous seront parvenus, nous vous prions de nous en instruire. »

Au milieu de tous ces actes si peu conformes au caractère de notre nation et aux habitudes du soldat français, on rencontre avec bonheur quelques traits chevaleresques, quelques actes de courtoisie et d'humanité qui soulagent nos cœurs attristés par tant de misères. Je lis dans les Mémoires de Mme de La Rochejaquelein : « M. Richard fut blessé au bras et fait prisonnier (au siége d'Angers). Le général Marigny, qui commandait la cavalerie des bleus, fut si charmé de sa bravoure, qu'il le renvoya sur-le-champ, mais à pied et sans armes. M. de La Rochejacquelein rendit aussitôt au général Marigny deux dragons tout équipés. ... Ce général républicain, le seul qui, à ce moment, ait montré de l'humanité en combattant contre nous, fut tué le jour même (1).

On rencontre aussi, de temps à autre, quelques nobles appels faits à la jeunesse oisive par une voix mâle et guerrière. Le 30 août 1793, le général Descloseaux s'adressait aux jeunes Angevins, et leur disait : « Jeunes gens, ce n'est pas dans les cafés, » dans les billards, ou bien à l'abri des murs d'une ville, que » l'on sert sa patrie... Journellement, vous foulez cette terre, où » maintenant reposent en paix, à côté l'un de l'autre, et le » Romain et l'Angevin, et la vertu guerrière n'embraserait pas » vos cœurs!!!! »

Les soldats de nos bataillons de Maine-et-Loire ont dignement répondu à ces patriotiques accents.

---

(1) Il y avait un général vendéen du même nom de Marigny. Il était naturellement humain, dit l'auteur des Mémoires que j'ai cités, mais la guerre civile l'avait rendu cruel. Après le passage de la Loire, il apprit le massacre par les bleus de quelques blessés vendéens abandonnés à Candé. Il se crut le droit de représailles. Il fit saisir le juge de paix de Châteaugontier, le tua de sa main sur la place publique, et fit quelques autres exécutions semblables. Marigny avait promptement oublié la sublime leçon de Bonchamp. Marigny, tu es trop cruel, lui dit un jour de Lescure, en le menaçant.

CHAPITRE XIII.

Mœurs des membres du comité, des tribunaux révolutionnaires, etc., leur intempérance, pillages. — Système de délation.

> Celui qui n'est pas jacobin, n'est pas l'homme de la liberté, parce que les jacobins sont les hommes *de la vertu* et *de la justice.*
>
> (LANOT, séance de la Convention, 16 brumaire an III.)

Plusieurs des membres du comité et de la commission militaire affectaient des manières rudes et grossières, des sentiments stoïques, des allures toutes républicaines. Ils déclamaient sans cesse contre la mollesse et la corruption des riches. L'un s'appelait et signait Tell-Obrumier ; l'autre, Brutus, au lieu de Louis-Antoine Thierry ; un troisième, Mucius... Examinons de près ces hommes de vertus antiques, afin que la postérité les juge, eux qui en ont jugé tant d'autres. A côté des sommes fabuleuses dues à l'exécuteur de leurs sentences, nous allons voir figurer les gages de leurs maîtres d'hôtels ou de leurs cuisinières, de leurs palefreniers, la dépense de leur table et de leur cave ; nous verrons avec quelle profusion ils agissaient, avec quel cynisme ils se vantaient d'avoir bien quelques droits aux vins exquis confisqués par eux. A la suite des orgies, nous verrons l'ivresse, et puis la cruauté qu'elle ne justifie pas, mais qu'elle explique. Tous ces excès avilissent le caractère d'un juge ou d'un administrateur. Il y en a de plus odieux encore, et je ne sache rien de plus révoltant que la conduite d'un fonctionnaire qui met son autorité au service de ses passions, qui méconnaît tout sentiment de délicatesse et de loyauté, et s'oublie jusqu'à vendre la liberté ou la vie, au prix de l'honneur, à une malheureuse qu'il détient sous les verrous.

C'est un être bien dégradé, celui qui, en présence d'une femme que rien ne protége, ne se sent pas touché de quelque pitié, n'est pas retenu par le respect que commandent la faiblesse et l'infortune, et se livre brutalement aux plus vils instincts de notre nature. Les procédures criminelles de l'an II et de l'an III révèlent les plus honteuses tentatives, les actes les plus coupables. Pour en avoir une idée exacte, c'est aux textes même des témoignages qu'il faut recourir.

Laissons parler d'abord Mme veuve Edin, administratrice du Calvaire. Elle déclare à la fin de sa déposition du 12 brumaire an III, dans l'enquête ouverte contre Vacheron et autres, en parlant de la fille Quenion, âgée de 26 ans... « Vacheron avait voulu » jouir de cette fille, elle s'y refusa, ce fut la seule raison qui la » fit fusiller. »

Trois témoins de La-Chapelle-Aubry, Eugénie Regnon, Hortense Regnon, Esther Regnon, déclarent, le 7 floréal, qu'elles ont entendu parler d'une nommée Rose, que Vacheron avait fait fusiller, parce qu'elle avait résisté aux provocations déshonnêtes qu'il lui avait faites.

Un homme dont nous invoquons avec confiance le témoignage, Gauthier Bénaben, ex-professeur de mathématiques au collége d'Angers, puis commissaire aux armées de l'Ouest, déclare, le 15 brumaire : qu'il tient du citoyen Scotty, ci-devant secrétaire de Francastel, que Morin et Vacheron lui avaient proposé plusieurs fois de venir s'amuser avec les femmes et les filles détenues dans les maisons du Calvaire et autres. En effet, Scotty dépose de ces propositions dans sa déclaration au comité, du 15 brumaire.

Ce sont ces mêmes hommes, Morin et Vacherot, qui écrivaient la lettre suivante dans un style approprié à leurs mœurs :

Prisons du Calvaire, 7 pluviôse an II.

« Citoyen président et collègue,

» Nous t'adressons l'extrait de trois interrogatoires... Sans doute que la commission va s'occuper sans relâche de juger les *mâles et les femelles*.

» Nous te donnons le baiser fraternel.

» *Signé* : MORIN, VACHERON.

» RUFFEY, s[re]. »

Je reviens en quelques mots aux déclarations de Bénaben, qui, à mes yeux, ont une grande importance. Après avoir pris une part trop active peut-être au premier mouvement de la révolution qui avait séduit tous les esprits libéraux, il se repentit, refusa de prêter la main à ce qui se faisait sous ses yeux, et se condamna à la retraite.

Il parle en ces termes de sa détresse, des horreurs dont il a été le témoin, et des plaisanteries cruelles de ces juges qui se disaient les hommes de la *justice et de la vertu*.

« J'évitai avec soin, dit-il, toute fonction publique, et je m'ensevelis dans une solitude profonde, aimant mieux me nourrir de pain de fèves trempé dans un peu de lait, que de vivre dans l'abondance, en occupant un emploi quelconque dans un gouvernement conspirateur... Pendant le peu de jours que je restai à Nantes, il s'y passa des choses qui m'auraient paru incroyables, si je n'eusse été témoin de celles qui s'étaient passées sous mes yeux au Mans et à Savenay... On en noya 200 (brigands) le jour de mon arrivée dans cette ville ; on en avait noyé la veille 300, et on devait en noyer le lendemain 1,200... A l'atrocité de cette action, on joignait encore la plaisanterie, car on appelait cela *envoyer au château d'eau* »

Il dit encore : « Il n'est pas possible d'imaginer le système de terreur qu'on avait établi dans ces deux villes (Nantes et Angers), ni les scènes d'horreur dont, pendant près d'un an, elles ont été le théâtre... Non, la postérité ne croira jamais que des hommes qui avaient sans cesse à la bouche les saints noms de liberté, d'égalité, de fraternité, aient pu se livrer contre leurs frères à des atrocités semblables. »

Jean-Jacques Lepeudry, administrateur du district de Montgione (Saint-Florent), membre du second comité révolutionnaire, 38 ans, dépose : ... Il est encore prouvé que les membres dudit comité envoyaient chercher dans les différentes maisons d'arrêt, et ce, au commencement de la nuit, les jeunes filles qui pouvaient être détenues ; qu'alors ils se permettaient avec ces jeunes filles tous les actes de libertinage ; que même une a été fusillée pour n'avoir pas voulu condescendre à la passion de ces différents membres, et que les orgies se prolongeaient toute la nuit... (1).

Marie Papiau, 50 ans, gouvernante des pénitentes, dépose : Vacheron boit avec des filles publiques... ; déclare, en outre, pour en avoir été instruite par la personne même, que les membres du comité révolutionnaire ayant mandé la citoyenne Janin, qui avait été arrêtée du côté de Daumeray, avec plusieurs autres habitants de ladite commune, et qu'après l'avoir interrogée et même fouillée, on la fit passer dans un cabinet, dans lequel, soit des hussards, soit des membres du comité révolutionnaire, l'insultèrent grièvement, et assouvirent avec elle la brutalité de leurs passions ; que cette personne, quoique âgée de 40 ans, mais d'une figure intéressante, ayant toujours eu des sentiments de vertu, éprouva une telle horreur de l'action à laquelle elle s'était vue forcée de condescendre, qu'elle tomba malade à un tel point, qu'elle est morte quelque temps après, dans la maison des pénitentes, où, elle déclarante, l'avait retirée pour la gouverner.

Nous lisons dans une instruction du 21 floréal aux tribunaux criminels, aux municipalités et corps administratifs :

« Ce sont les lois qu'on égorge, en égorgeant ceux qu'elles couvrent de leur autorité. Eh ! où recourir pour la sûreté publique, si elle n'est dans le dépôt même de la justice qui nous la garantit ? Chez tous les peuples, la prison fut un lieu sacré pour ceux qu'elle renferme. » (*Archives de la Préfecture.*)

Les dépositions qui précèdent et celle qui va suivre nous font voir une fois de plus avec quelle scrupuleuse fidélité les Jacobins de l'Anjou se sont conformés à cette instruction qui ne faisait,

(1) D'après le témoignage même de Robespierre, dans un discours à la Convention, les mêmes crimes se commettaient dans un autre département. « Les » folies tyranniques d'un commissaire de Strasbourg rendent vraisemblable tout ce » qu'on raconte de Caligula et d'Héliogabale ; il est allé jusqu'à mettre des femmes » en réquisition pour son usage. » (DE BARANTE, t. IV, p. 123.)

du reste, que leur rappeler leurs devoirs et la sécurité sur laquelle doivent se reposer les prisonniers.

Vacheron fut dénoncé au représentant du peuple par le commandant de la citadelle Baigné, nommé le 18 pluviôse.

Il le qualifie d'*exécrable* Vacheron... « Le 20, dit-il, il interroge Laigle, tisserand à Angers... Il l'injurie et dit : Qu'on le conduise *in capellâ* (qu'on le fusille).

» Vacheron buvait du vin.... de l'eau-de-vie.... Le 22, il fit fusiller 56 habitants de la campagne.

» Le 10 ventôse, Jean Harfeuille, maréchal des logis des hussards américains, avait été incarcéré... Vacheron lui voit une montre où pendait un cachet armorié... Il lui dit : Un républicain ne doit jamais porter d'armoirie... On la porta au comité révolutionnaire, j'en ai le reçu. Harfeuille fut mis en liberté le 21 thermidor, mais il ne revit pas sa montre. »

Dans la procédure relative à Vial et autres, on lit plusieurs déclarations du 7 floréal an III. Elles font connaître que le château de la Bougonnière fut pillé en présence du général Moulin, et par plusieurs collègues de Vacheron. Les témoins sont : Françoise Faucheux, fille de confiance de feu la citoyenne Grimaudet, depuis 15 ans ; René-François Cherbonnier la Guesnerie, et Pierre Péan, homme de confiance de la citoyenne Dandigné.

Les officiers municipaux de la commune de Beligné écrivaient, le 5 pluviôse an II, au comité révolutionnaire d'Angers :

« Citoyens, frères et amis,

» En réponse à votre lettre du 3 pluviôse, présent mois, au sujet de Thomas Dupré et Marguerite Dargent, qui ont été arrêtés par notre garde nationale, *le cheval, qui est une jument*, du dit Dupré, a été vendu au profit de ceux qui l'ont arrêté, pour le prix de 42 fr.... Quant à la valise du dit Dupré, ainsi que les effets, ont été vendus au profit de ceux qui l'ont arrêté, de manière qu'il nous est impossible de vous l'envoyer. »

Le 26 août 1793, le comité écrivait aux représentants du peuple :

« Voici le compte des dépenses du comité : ses occupations devenant tous les jours plus conséquentes et les besoins plus considérables, il pense ne pas devoir être exposé à vous demander journellement des fonds. Comme les membres qui le composent sont républicains, *et par conséquent bons comptables,* il n'y a aucun inconvénient de confier à son trésorier 3,000 fr. »

Il écrivait de nouveau, le 24, 2e mois de l'an II (brumaire) :

« Citoyens représentans,

» Nous avons besoin d'une certaine somme pour subvenir aux différens frais du comité, comme nous l'avons pratiqué jusqu'à ce jour, nous vous le demandons en ajoutant que si vous le trouviez bon et praticable, nous nous servirions des assignats déposés chez nous pour dons patriotiques ou provenant de ceux que *nous avons envoyés ad patres.*

» *Signé :* THIERRY, pt, etc. »

Les comptes ci-après ont été déjà publiés partiellement ; ils ont assez d'intérêt pour être exposés d'une manière plus détaillée et plus complète. On ne perdra pas de vue qu'il y a nécessairement, en outre, des sommes considérables provenant de confiscations et de pillages, et dont il n'a été rendu compte à personne.

25 brumaire an II.

« Citoyen,

» Vous connaissez les besoins pressans de la maison : faites-nous, je vous prie, voiturer les 150 bouteilles requises ; le même besoin s'étend sur le bois, etc.

» VACHERON, Sre. »

Et plus bas :

« Je ne conçois pas, cher collègue, comment vous avez pu oublier d'envoyer du vin aux représentans du peuple. Je vous prie de ne pas me mettre dans le cas de leur dire que c'est votre faute.

» J.-Ant. VIAL. »

3 octobre 1793. — Comité révolutionnaire.

« Citoyens, le comité instruit par le juge de paix des Ponts-de-Cé qu'il existe dans la maison du nommé Beaupied, émigré, ci-devant aubergiste de la Galère en St-Maurille des Ponts-de-Cé, 6 à 8 barriques de vin en bouteilles, enterrées dans sa cave, *requierre* les administrateurs du district d'Angers de faire procéder à la vente de ce vin, afin d'éviter *le pillage* qui pourrait être fait par les *soldats de la République* ou autres malveillans.

» GESLIN, THIERRY, BONIFACE, CORDIER. »

Vacheron écrivait le 15 frimaire an II (*l'adresse est déchirée*).

« Républiquain,

» Il faut absolument que ce matin tout de suite, tu fasses venir ou apporter dans la maison des représentans une quantité de bouteilles de vin rouge, dont la consommation est plus forte que jamais : *on a bien le droit de boire à la République*, quand on a coopéré à la conservation de la commune, que toi et les tiens *habités* ; je te fais responsable de ma demande.

» *Le républiquain*, VACHERON. »

Vacheron était alors *secrétaire* des représentants du peuple, qui n'étaient, paraît-il, pas trop exigeants pour le style et l'orthographe.

Plusieurs envois ont lieu sur reçus de Vacheron.

Une note est ainsi conçue :

« Doivent les citoyens représentans pour vins à eux livrés et pris dans différentes caves d'émigrés (particulièrement des maisons de Villoutreys, Durouzay, Poulain, etc.) (1). »

---

(1) Il y a aux archives de la Préfecture une lettre du 7 frimaire an II, dans laquelle les administrateurs du département demandent aux administrateurs du district « s'il faut livrer au citoyen Bucquet, pour l'hôpital militaire, sur le pied du » maximum, le vin en bouteilles de chez *la Durozée* (5 à 600 bouteilles, dont » la moindre vaut vingt sols). »

Du 15 brumaire au 11 frimaire (26 jours), 700 b[lles]. 1,728 liv.

Du 14 brumaire au 26 nivôse (un peu plus de 2 mois), 1,274 b[lles]. . . . . 3,478 liv.

Ce qui fait 1,974 bouteilles de vin du prix de près de trois livres, il y a soixante-quinze ans, pour la consommation de trois mois de la maison des citoyens représentants du peuple.

Dans une lettre du 19 ventôse an III, déposée aux mêmes archives, il est question de 6,100 bouteilles de vin envoyées au garde-magasin de la République, à Nantes; de 1,700 à l'hopice militaire d'Angers; de *1,600 et deux barriques* au réprésentant du peuple Bezard. — Ce représentant, nous l'avons dit, est l'un de ceux dont notre pays ait eu le moins à se plaindre. C'était toutefois, semble-t-il, un grand consommateur de vin; on peut en dire autant de son collègue, Francastel. Le directoire du département écrivait, en effet, le 26 germinal an III, à la commission des revenus nationaux, et lui signalait parmi les sommes à rentrer dans sa caisse, celle de 5,206 liv., 19 sols, 3 deniers, pour 1,974 bouteilles de vin (chiffre conforme à celui ci-dessus) prises dans différentes caves d'émigrés, qui ont été délivrées au représentant Francastel pendant qu'il était en mission dans le département de Maine-et-Loire. « L'administration voulant faire rentrer » dans la caisse nationale la dite somme de 5,206 liv., l'a demandée par écrit au représentant du peuple français qui n'a » fait aucune réponse; il est parti sans acquitter la somme précitée : nous t'invitons à prendre les moyens de la faire rétablir » dans la caisse du receveur de l'agence, etc. »

Le 29 mars 1793, la Convention avait, à la vérité, décrété : que les proconsuls qu'elle envoyait dans les départements auraient chevaux et voitures aux frais de la nation, et seraient, en outre, indemnisés des dépenses de leurs voyages. — La plupart d'entre eux eurent soin de ne pas les ménager, dit M. Dauban (*la démagogie à Paris*, page 125). S'il avait connu leur conduite en Anjou, cet écrivain aurait pu ajouter qu'ils ménageaient encore moins le vin, et que la Convention ne leur avait pas livré les caves des émigrés.

Dans le compte qu'Obrumier rend à la commission révolutionnaire, d'une somme de six mille francs qu'il a touchée chez le payeur général, outre les honoraires de chaque membre, qui sont de 360 fr. par mois, il porte les articles suivants, sans détail :

30 fructidor. A Goupil, pour un mémoire. . . . 532 fr.
1 vendémiaire. A Goupil, pour dépense. 500
15 vendémiaire. A Goupil, un mémoire 404

« Arrêté le présent compte, par lequel il reste entre les mains » d'Obrumier, une somme de 967 liv., 13 sols, qui doit être re» partie en sept parties égales, comme faisant partie des hono» raires de chacun des membres de la dite commission. »

Le compte de la cuisinière, depuis le 22 thermidor jusque et y compris le 14 vendémiaire (moins de deux mois), s'élève à. . . . . 2,024 liv. 10 s.

En regard de ce compte, nous mettons sous les yeux du lecteur le montant de deux mémoires de l'exécuteur Dupuy Louis, pour exécutions en brumaire-frimaire, pluviôse-ventôse-germinal an II, à Saumur, Doué, Laval, Angers, les Ponts-de-Cé :

L'un de.	4,183 fr.
L'autre, de.	3,810
Total.	7,993

Autre compte du 20 pluviôse au 20 floréal (trois mois) :

Frais de fusillade	780 fr.
A l'exécuteur des jugements criminels.	4,190
Frais des voyages indispensables vers les représentans du peuple et autres.	950
Secours aux déchargés d'accusation ayant une nombreuse famille.	5,300
Traitement de deux palefreniers chargés de soigner les chevaux affectés au service de la commission militaire pendant 60 jours.	600
Gratification aux gendarmes pour service particulier près le tribunal et celui relatif à l'exécution de ses jugemens, et principalement de ceux de fusillade	450

Recette.	21,500 l.	3 sols
Dépense.	25,898	»
La dépense excède de. .	4,397	17

Signé : FÉLIX, p[t] ; LAPORTE, ex-v. p[t] ; OBRUMIER fils.

Après l'énonciation de quelques articles de ces comptes, peut-on se demander encore si les hommes de la Terreur ont ou non mérité d'être appelés *buveurs de sang ?*

Je transcris un autre compte, d'après lequel les juges sont encore largement rétribués *pour le temps*, mais qui ne constate pas, au moins, de folles dépenses de table. Il est vrai que l'on n'y lit pas le nom de Vacheron.

Compte de la commission militaire d'une somme de.... reçue le 19 *messidor du représentant Bô, pour leurs fonctions à l'île de la Montagne (Noirmoutiers), ce jour* 19 *thermidor.*

Frais de bureau de l'accusateur public et frais extraordinaires.	400 fr.
Honoraires, pendant 30 jours, de 5 juges, un accusateur public et un secrétaire greffier.	2,520
Id. un secrétaire adjoint.	300
Un palefrenier, 30 jours.	90
Pour appointement de 2 juges pendant 6 jours, qui *se trouvent* omis au présent compte.	144

A Nantes. — Brutus THIERRY, v. p[t], GOUPIL fils, OBRUMIER fils, L. JOULAIN.

Vu et arrêté par le représentant du peuple près l'armée de l'Ouest. — 19 thermidor an II.

Bô.

Le 3 germinal an II, les administrateurs du district d'Angers écrivent à la Convention nationale :

« Pendant que vous élevez l'édifice de la République, de nouveaux conspirateurs, couverts du manteau du patriotisme, ont l'audace de prétendre le renverser:........

» Le produit de la vente des biens des émigrés, pendant les mois de pluviôse et ventôse, s'élève à 145,850 fr.... Celui de la vente des domaines nationaux, depuis le mois de brumaire jusqu'au 1er germinal, s'élève à 1,180,040 fr. — Enfin nous avons envoyé à la trésorerie nationale, depuis le mois de frimaire, 3,493 marcs, tant en pierres fines, or, argent, que *brulis* et galons, sans y comprendre 5,654 marcs envoyés précédemment. Nous avons, en outre, dans notre magasin, 300 marcs d'argent vermeil, 200,000 liv. de métal de cloches, 26,687 liv. de cuivre, 11,822 liv. de plomb, 5,600 liv. d'étain. »

Il avait déjà été expédié, le 19 janvier 1793, au directeur de la Monnaie de Paris :

1,561 marcs, 2 onces, en vermeil ;
22 marcs, 6 onces, 30 grains d'or ;
7 gros, 3 grains de pierres et perles fines.

Et le 13 octobre 1793, à la Monnaie de Nantes :
1,100 marcs d'argent.

Le 12 décembre, 766 marcs, 6 onces, 1 gros.

Le 26 germinal an III, le juge de paix Mijonnet écrivait à l'administration du district :

« En levant les scellés chez Avril Vitrier, j'ai trouvé différens » coquillages, pétrifications et minéraux, et autres pièces d'his- » toire naturelle. Je vous prie de m'envoyer quelqu'un qui ait » eu connaissance de ces différens objets, qui ont pu appartenir » à la nation, soit de me dire si pareils objets ont été dilapidés. »

Autre lettre du 29 germinal, relative au même objet. Il y est dit : « Ce serait le premier des mille et un objets dilapidés et » volés en ce temps, qui *rentrerait en la République.* »

Lors de l'apposition de scellés, dont nous venons de parler, on a trouvé plusieurs lettres d'Avril fils, caporal au 1er bataillon de Maine-et-Loire. L'une, du 16 pluviôse an III, datée de Briançon ; une autre, de Sainte-Menehould, 4 octobre an IV, à ses parents ; celle-ci peut-elle jeter un grand jour sur la question, encore indécise pour quelques-uns, du genre de mort de notre célèbre compatriote Beaurepaire ?

« J'ai été malade à Verdun, et les Prussiens étant venus à en faire le siége, ville où nous voudrions tous n'avoir jamais été en garnison, car elle nous a causé la perte de notre brave commandant, que nous regardions comme un second père ; il a mieux aimer *se brûler ta cervelle* que de nous sacrifier, ainsi que toute la troupe qui y était, car nous étions tous décidés à plutôt mourir que de nous rendre ; mais notre commandant voyant que la ville s'était rendue si lâchement et qu'elle menaçait de tirer sur nous et sur notre commandant qui était pour lors le commandant de la ville ; lui voyant que nous étions trahis de tous côtés, que nous n'avions que de très-mauvaises munitions, et a mieux aimé périr tout seul que de nous faire périr tous avec lui. »

M. Mordret possède un portrait de Beaurepaire peint par David en 1791, et une gravure qui doit être d'un temps voisin de sa mort, mais sans date précise : elle représente le commandant de Verdun, entouré de son état-major et des principales autorités de la ville, assis autour d'une table ; ne pouvant les ramener à son avis, il se brûle la cervelle.— L'inscription, mise au bas, fait connaître que Delaunay a fait le rapport des circonstances de cet événement à la Convention, et a demandé que le corps de Beaurepaire fût transporté de Sainte-Menehould, et déposé au Panthéon. — Il est certain que l'opinion généralement accréditée dans le temps, était que Beaurepaire avait volontairement mis fin à ses jours. Le gouvernement, menacé par l'invasion de l'étranger, cherchait par tous les moyens à surexciter le patriotisme et le dévouement des soldats, et glorifiait, comme un acte de courage civique, la mort volontaire du commandant de Verdun. D'autre part, on conçoit de quel intérêt il était de détourner les soupçons et de cacher un crime odieux. Je ne veux pas entreprendre de discuter et de résoudre cette question si controversée du genre de mort de Beaurepaire ; mais je citerai ce passage d'un illustre historien : « Verdun s'était rendu le 2 septembre ; le brave com-
» mandant Beaurepaire s'était brûlé la cervelle, plutôt que de

» signer la capitulation. » (De Barante, *Hist. de la Convention*, t. I, 363.) — Et dans le sens contraire, qui me paraît devoir être préféré, l'intéressante brochure de M. Ad. Lachèse, publiée en 1860. Elle contient divers documents très-graves qui tendent à démontrer que le commandant Beaurepaire a été assassiné, parce qu'il s'opposait héroïquement à la reddition de la place. Rappelons ici, en passant, que la nouvelle de la prise de Verdun est arrivée à Paris dans la nuit du 2 au 3 septembre, et que cet événement, *prévu depuis plusieurs jours*, n'a pas été sans influence sur les massacres de la capitale.

Revenons à l'objet principal de ce chapitre :

L'arrêté du comité du 3 octobre an II fait parfaitement juger les dilapidations auxquelles participaient les chefs eux-mêmes de nos armées :

« Considérant que, sous prétexte d'approvisionnement des armées, la plupart des préposés aux subsistances militaires ont accaparé des denrées de première nécessité, ou les ont fait élever à un prix excessif, soit pour retirer un plus grand avantage de leur droit de commission, soit pour les vendre ensuite plus chèrement aux particuliers, qui se trouvent dans l'impuissance de s'en procurer ailleurs, soit enfin pour ruiner la République par l'énormité des frais de la guerre.

» Considérant que dans la plupart des armées célèbres par leurs défaites, il a régné une coupable intelligence entre les chefs et les fournisseurs de ces armées, et qu'ils se sont impunément enrichis, les uns et les autres, en faisant disparaître, par des déroutes combinées, les traces de la déprédation ;

» Considérant que plusieurs officiers de tous grades et de toutes armes, moins flattés de l'emploi qui leur a été confié que de la facilité qu'ils avaient de s'enrichir, ont indignement trafiqué des deniers de la République, en exigeant, soit par eux-mêmes, soit par leurs soldats, des rations qui ne leur étaient pas dues (1). »

---

(1) Les actes de dilapidation commis, à cette époque, en Anjou, ne peuvent être énumérés. (*Voy.*, à ce sujet, les citations faites au chapitre 11.

7 nivôse an II.

Les administrateurs du district de Vihiers aux citoyens administrateurs du département de Maine-et-Loire.

« Le Directoire croirait manquer à son devoir s'il ne vous donnait pas connaissance des pillages et des brigandages qui se commettent journellement dans toutes les communes qui l'avoisinent. La loi l'oblige de faire apposer le séquestre sur les biens des émigrés, ou réputés l'être : il l'a fait faire en quantité d'endroits. Il a de même fait procéder à des inventaires ; mais ni les scellés, ni les inventaires ne sont des barrières capables de mettre en sûreté le mobilier de la nation. Il existe à Vihiers un bataillon, dit-on, venu de Loudun, composé de gens de la première réquisition. Ces citoyens devaient, sans doute, être les protecteurs des propriétés nationales ; mais nous avons la douleur de voir qu'ils en sont les dévastateurs. Ni les soins, ni l'activité du commandant de la place ne peuvent mettre de frein au pillage : nous ne voyons plus qu'un moyen, citoyen, c'est de rendre les officiers des bataillons personnellement responsables des désordres de leurs soldats. Si cette loi existait, les officiers ne souffriraient pas que, sans ordre, des troupes vagabondes courussent les bourgs et villages, en y portant la dévastation. »

12 juin 1793. — Au Lion-d'Angers.

Le Payeur général du département de Maine-et-Loire, aux administrateurs du département.

« J'ai la plus profonde inquiétude sur les fonds que j'ai été requis de conduire à Laval ; les droits que j'ai d'en surveiller le sort sont méconnus.... Comme rien n'égale l'insubordination de l'armée, qui n'a point de chefs, les projets de pillage sont évidens. On ne parle que de trahisons pour justifier les plus criminelles entreprises....

» *Signé :* DELACHAISE (1). »

J'ai parlé de cet enlèvement au chapitre du siége d'Angers.

(1) Delachaise est mort peu de temps après. — Le trésor a été enlevé vers le 15 juin. (*Voy.* délibération de la commission administrative, à Laval, 19 juin.)

L'enquête édifiée par Mijonnet, juge de paix, contre la commission militaire, fait connaître que dans la nuit du 11 au 12, l'église de Saint-Maurice fut pillée et saccagée par Proust, Bremaud et Girard. Ils passaient des cordes au col des statues et les renversaient par terre. Le jeune Leysner, artiste sculpteur, voulut en vain sauver des chefs-d'œuvre, il en offrit 3,000 fr. Proust, avec son sabre, mit plusieurs tableaux en pièces; le lendemain, ils enlevèrent du linge, les dépouilles des détenus... une ceinture qu'avait l'un d'eux, et contenant 15,000 livres en or.

Six membres du comité révolutionnaire commirent les mêmes dégâts dans l'église Saint-Samson... Au nombre de sept ou huit ils dévastèrent l'église Saint-Laud dans la nuit du 28 au 29 brumaire.

Voy. dépositions de Lepeudry, administrateur du district de Montglone;

Joubert, hôtelier au Cheval-Blanc;

Gasnier, ex sacriste de Saint-Samson;

Caillé, id.;

Aubin, sacriste à Saint-Maurice;

Audusson.

Nous lisons dans un ouvrage que nous avons souvent cité: « J'ai vu le cœur de notre excellent duc René, déposé dans la chapelle de Saint-Bernardin, aux Cordeliers d'Angers, servir de jouet à des manœuvres qui se le jetaient les uns aux autres. » (BLORDIER-LANGLOIS, t. I, 324.)

Les profanations de Saint-Denis rendent croyable cet acte de vandalisme, attesté par un témoin oculaire.

Tours, 16 pluviôse an II.

Julien à Robespierre.

« La réunion des trois fléaux, de la peste, de la famine et de la guerre, menace Nantes; on a fait fusiller peu loin de la ville une foule innombrable de soldats royaux, et cette masse de cadavres entassés, jointe aux exhalaisons pestilentielles de la Loire toute souillée de sang, a corrompu l'air.....

» On dit que la Vendée n'est plus, et Charette, à quatre lieues de Nantes, tient en échec les bataillons de la République qu'on lui envoie les uns après les autres, comme dans le dessein de les sacrifier ; on ne dissimule pas qu'on veut éterniser la guerre ; nous la finirons quand nous voudrons, disent les généraux, et cependant elle ne finit pas.....

» Carrier est invisible pour les corps constitués, les membres du club et tous les patriotes : il se fait dire malade et à la campagne, afin de se soustraire aux occupations que réclament les circonstances : et nul n'est dupe de ce mensonge. On le sait bien portant et en ville ; on sait qu'il est dans un sérail, entouré d'insolentes *sultanes* et d'*épauletiers*, lui servant d'eunuques ; on sait qu'il est accessible aux seuls gens d'état-major qui le flagornent sans cesse..... »

Hébert disait donc la vérité, dans le *père Duchesne*, quand il accusait les commissaires de la Convention dans les provinces, de vivre comme des Sardanapales.

Quelques écrivains, cédant à un honorable sentiment d'impartialité, se font un devoir de reconnaître de nobles instincts chez ces hommes profondément dépravés; ils admettent l'amitié de Robespierre pour la famille Duplay, l'affection de Joseph Lebon pour son fils, la tendresse conjugale de Carrier ; n'est-ce point là, je le demande à tous ceux qui ont connu ces choses divines, l'amour et l'amitié, une généreuse erreur de leur part ? Carrier aimait son épouse !!! lui que nous voyons entouré d'*insolentes sultanes*, se livrant dans son sérail à de sales débauches, à de scandaleuses et de sanglantes orgies, favorisées par de complaisants séides et de méprisables *épauletiers !* Non, non, cette ignoble conduite ne peut se concilier avec les douces et pures affections de l'intimité et du foyer domestique.

***Proclamation du comité révolutionnaire à Saumur,* 8 *floréal an* II.**

« Les membres....., considérant que la malveillance s'agite dans sa terreur et sa confusion actuelles plus fort que jamais, et que pour détourner de dessus sa tête la vengeance et la justice qui la poursuivent, elle emploie en séductions et menaces tout ce qui peut en imposer aux faibles et suspendre le cours des dénonciations qu'ils peuvent contre elle, tandis que dans les circonstances présentes elles sont d'un devoir si sacré, invitent et requièrent, au nom du salut public, tous les bons citoyens qui auront des souvenirs et des renseignements plausibles à leur fournir sur le compte des aristocrates ou faux patriotes quelconques, soit *du moment présent, soit du moment actuel,* soit de l'époque où les brigands désolèrent, etc., etc.

» *Pour copie conforme :* LEPETIT, p[t]. »

Ce Lepetit était poëte, mais je ne puis dire si ses vers valaient sa prose. Le 6 floréal, il écrivait de Saumur à son collègue Félix, président, alors à Angers :

« Je saisis l'occasion d'une ordonnance que nous t'envoyons pour l'affaire de Prost, pour te faire passer quelques exemplaires d'une chanson patriotique que j'adresse aux jeunes gens de la première réquisition ; tu voudras bien en faire part à tes collègues ; un tel sujet aurait dû être mieux traité, mais je m'attends à l'indulgence en faveur de ma bonne volonté. Nous te taillons de la besogne, attends-toi à recevoir sous peu de jours un convoi de prisonniers à la tête duquel est un ex-curé. »

LEPETIT.

La délation ayant été élevée, comme autrefois à Rome et à Venise, au rang de *vertu*, les dénonciations alimentaient abondamment les prisons et la commission militaire. Nous avons déjà parlé de listes de suspects dressées par les autorités locales, une entre autres à Rablay. Il en partait de tous les côtés, presque de chaque commune, dictées par des sentiments divers, par la cupidité, la haine, la faiblesse ou la peur. Segré, le Louroux-Béconnais, Châteauneuf, Saumur, Durtal, Chalonnes ne manquèrent pas de fournir leur contingent : il en était de même des plus petites communes : vingt-deux individus, hommes et femmes, étaient signalés, commune du *Champ*, comme suspects.

La femme Veron et Françoise Hamelin, sœurs, *deux vraies pestes.*

Françoise Guérineau, Perrine Grenouilleau, Renée Métaireau, aristocrates enragées, langues dangereuses, porte-nouvelles, etc.

6 novembre an II.

Le 5 avril 1793, les officiers municipaux de six communes se réunissent à Seiches et demandent que le département s'assure de la personne du sieur André-Guy Parage, comme aristocrate et suspect. Le 2 juillet, un acte de notoriété est signé par une foule d'habitants de Villevêque en faveur de leur maire. Le 12 août 1793, des commissaires réunis au Mans renvoient, pour prononcer, à la commission centrale : c'était après thermidor, et la sentence a dû être favorable au prévenu.

Les termes même de ces dénonciations auraient souvent dû suffire pour éclairer les juges. Parmi neuf personnes de Rablay dénoncées, on lisait le nom de 1° la femme Beauvais, cuisinière du comité contre-révolutionnaire, très-dangereuse par ses propos.

On l'arrêtait comme cuisinière, de même que l'on arrêtait et exécutait les deux Jacquet comme bouchers du comité.

2° La femme de Pierre Maindrou, comme aristocrate (une pauvre femme du peuple vivant de son travail !), mais non dangereuse.

Pourquoi donc l'arrêter?

C'était le 16 brumaire an II.

L'insurrection des jeunes conscrits du district de Saint-Florent, le 10 mars, donne l'explication du décret *ab irato* du 19-20 mars 1793, concernant la punition de ceux qui sont ou seront prévenus d'avoir pris part à des révoltes ou émeutes contre-révolutionnaires, qui ont eu ou auraient lieu à l'époque du recrutement. — Ce décret est spécial, on le voit; mais il contient en germe la procédure succincte suivie par les tribunaux et commissions révolutionnaires, d'après des principes bien différents de ceux de 1791.

Art. 1er. Pour les prévenus, point de défenseurs, point de jurés.

Art. 2. Ceux pris les armes à la main, exécutés dans les vingt-quatre heures.

Art. 3. Pour que le fait soit constant, il suffit d'un procès-verbal avec deux signatures, d'un procès-verbal avec une signature et un témoin, ou de la déposition orale et uniforme de deux témoins.

Art. 5 et 6. Ceux arrêtés sans armes, seront livrés aux tribunaux criminels, qui auront les mêmes moyens de conviction que les commissions militaires.

Art. 9, § 3. Ceux qui livreront les chefs ou auteurs ou instigateurs de révolte, dans quelque temps que ce soit, avant néanmoins l'entière dispersion des révoltés, ne pourront être poursuivis, ni les jugements rendus contre eux mis à exécution.

C'est bien là un des plus monstrueux monuments de la législation de cette époque.

La loi dit aux membres de la commission et du tribunal :

1° Un procès-verbal avec deux signatures ;

Un procès-verbal, une signature, un témoin ;

Ou bien deux témoignages uniformes,

entraîneront votre conviction... et la mort.

2° La trahison envers un chef de révoltés purgera, en faveur du traître, toute poursuite, toute condamnation.

Avec un tel code, j'ose le dire, on pourrait faire en peu de temps un peuple de bandits et de brigands. Toutefois, peu de Vendéens, s'il y en a eu, ont cédé à l'appât qui leur était offert, et vendu leurs chefs.

Je reproduis ici un acte de cruauté qui a déjà été flétri et livré à la publicité : il a été commis par le coureur de Vacheron. Voici dans quels termes le rapporte Trotouin : « Le 27 germinal, » Nicolas, huissier de la commission, vint chercher la femme » Auger, de Chalonnes..... Après lui avoir attaché les mains, il » l'attacha ensuite à la queue de son cheval, qu'il fit galoper dans » le jardin ; et après qu'elle eut été bien fatiguée par cette course » qui lui avait occasionné plusieurs chutes, il sortit, la femme » toujours attachée à la queue de son cheval, et la conduisit en » partie jusqu'à la rue Lyonnaise, où elle fut mise dans une » charrette avec d'autres femmes malades qui devaient subir la » peine de mort. »

La veuve Edin, administratrice du Calvaire, déclare au comité, le 13 brumaire an III : « Que plusieurs femmes ont été fusillées sans interrogatoires, entre autres les femmes Beauvais et Jacquet, de Rablay, à qui Obrumier devait de la reconnaissance. D'après un autre témoin, Obrumier revint huit jours après, croyant les trouver encore : elles avaient été confondues avec la masse et fusillées.

» La Cadi, chirurgienne, était utile à la communauté. Vacheron promit qu'elle ne serait pas fusillée : elle le fut le lendemain. »

La veuve Edin ajoute : « La Persac, religieuse, malade, infirme, était prête à faire le serment .. Nicolas, coureur de Vacheron, aidé par plusieurs personnes, la tire du lit et la met sur une charrette. Quatre-vingt-dix à quatre-vingt-quatorze autres furent fusillées avec elle. »

« La citoyenne Lorier, de Saint-Mathurin, avait un fils âgé de trente-quatre ans, qu'on disait alors émigré, mais qu'elle n'avait pas vu depuis dix ans (1). C'était une excellente patriote. Vacheron lui promit, un jour, sa mise en liberté : le lendemain, il revient avec Nicolas, fait l'appel des détenues, et cette malheureuse fut la première fusillée. »

Les promesses, la foi jurée n'étaient rien pour ces hommes ; le sens moral était oblitéré chez eux.

L'un deux, Marat-Boussac, écrivait un jour : « Si par un bouleversement de bon sens et de justice, ce que je ne peux prévoir, on me traitait de *buveur de sang* et de dilapidateur, on donnerait bientôt une couronne civique à l'intrigant et au calomniateur. »

De tels hommes ne sont bons que pour détruire, et ne peuvent rien fonder d'utile et de solide en fait de gouvernement. Le peuple a des besoins auxquels ils sont incapables de jamais répondre ; la crainte ne peut y suppléer que peu de temps ; l'affection et le respect sont de plus sûrs garants de l'existence et de l'avenir des sociétés ; et celles qui repoussent et dédaignent de tels appuis, portent en elles un germe de mort, et ressentent de cruels déchirements qui les mènent promptement à leur ruine.

---

(1) M. Lorier a longtemps occupé sous la Restauration les fonctions de procureur du roi à Angers.

Robespierre lui-même semblait comprendre que les excès et les crimes de la terreur, les haines qu'ils engendraient, devaient nécessairement amener une catastrophe prochaine. Quelques mois avant sa chute, le 18 pluviôse an II, il lisait un rapport à la Convention sur les principes de morale politique : il y faisait allusion aux factions qui divisaient l'assemblée, et disait : « La démocratie » périt par deux excès, l'aristocratie de ceux qui gouvernent ou » le mépris du peuple pour les autorités qu'il a lui-même éta- » blies, mépris qui fait que chaque coterie, chaque individu » attire à lui la puissance publique et ramène le peuple par » l'excès du désordre, à l'anéantissement, ou au pouvoir d'un » seul. »

Le pouvoir d'un seul, tel était son rêve. Sa vie retirée, austère, son orgueil, ses études même devaient lui inspirer peu de goût pour le règne de la multitude ; ce n'était évidemment pour lui qu'un moyen d'arriver à son but. Il n'avait en réalité nul penchant pour le gouvernement démocratique, et l'on ne peut oublier ce que rappelle M. de Barante : « Qu'avant la déchéance du roi, » lorsque Brissot et Mme Roland parlaient de la République, on » l'avait vu sourire de pitié. » Le même auteur dit de Marat : « Il disait et imprimait sans cesse, qu'un pouvoir absolu était » nécessaire pour sauver la France ; bien entendu que ce pou- » voir serait exercé par lui. » Et de Robespierre : « Il avait la » même ambition, et marchait au même but avec prudence et » hypocrisie... » — Ce sont cependant ces hommes que des démocrates de nos jours, abusés par des théories extrêmes, aveuglés par leurs haines, offrent comme modèles dignes d'admiration aux amis de la République et de la liberté ! ! !

CHAPITRE XIV.

Fêtes républicaines. — Pièces ridicules, grotesques. — Documents divers.

Dans le gouvernement même populaire, la puissance ne doit pas tomber entre les mains du bas peuple.

(*Esprit des lois,* liv. XV et XVIII.)

Il y a toujours quelque chose de respectable dans l'expression des croyances religieuses d'un peuple, et dans les fêtes ordonnées pour rendre hommage à la divinité; mais lorsque l'on sait qu'il y a absence de foi et de sentiment religieux chez ceux qui les ont établies, et qui ne l'ont fait que par calcul et système politique, elles ne font qu'exciter la moquerie et l'incrédulité des citoyens. Aussi n'ai-je pas hésité à esquisser le tableau de nos fêtes de la République, à le faire suivre de la copie de diverses pièces ridicules ou grotesques, et à réunir le tout dans un seul et même cadre. Ce chapitre à lui seul, dans sa dernière partie, pourrait faire juger de l'ignorance et de l'ineptie de certains agents révolutionnaires. A la suite des extraits qu'il renferme, à peine ai-je ajouté quelques mots. De presque toutes ces pièces dont il eût été facile d'augmenter le nombre, l'on peut dire la même chose, à savoir qu'elles auraient été dignes d'être débitées sur nos théâtres des boulevards, et de figurer dans les farces jouées par Odry ou par Potier.

Rien ne démontrerait mieux la nécessité d'un culte, si elle pouvait être sérieusement contestée, que l'institution des fêtes de la République, dans un temps où les principes fondamentaux de la religion et de la morale avaient été scandaleusement méconnus par le peuple et par ceux qui dirigeaient ses destinées.

L'homme dont le cœur s'épanouit dans le bien-être et le bonheur, est tout naturellement porté à remercier la providence de ses bienfaits : le malheureux soulage ses peines et ses afflictions en invoquant l'auteur de toutes choses, et en espérant un avenir meilleur ; le criminel lui-même éprouve parfois le besoin de se réfugier dans le sein de la divinité, de conjurer sa vengeance par ses prières et ses hommages ; il se défie *que les scélérats... après s'être élevés sur les ruines de l'homme de bien, ne peuvent dormir à ses côtés dans la mort, et goûter un repos aussi doux que lui.* (YOUNG, chant XIe.) — Nous avons donc tous besoin de l'appui et des consolations de la religion, les forts comme les faibles, les bons ainsi que les méchants. Les plus violents terroristes, après avoir saccagé les temples, massacré leurs ministres, ont reconnu l'existence d'un Dieu, la nécessité de l'adorer, d'instituer des fêtes en son honneur. « *Si la Grèce,* disait Danton à la séance de la Convention du 6 frimaire, « eut ses jeux olympiques, la France » solennisera aussi ses jours sans-culotides. Le peuple aura des » fêtes dans lesquels il offrira de l'encens à l'Etre suprême, au » maître de la nature, car nous n'avons pas voulu anéantir la » superstition pour établir le règne de l'athéisme. » – Le 18 floréal an II, Robespierre avait proposé un décret, dont voici la substance :

Le peuple français reconnaît l'existence de l'Etre suprême et l'immortalité de l'âme. Il s'écriait avec certaine éloquence, en s'adressant à Chaumette : « Non, la mort n'est point un sommeil éternel : effacez des tombeaux cette maxime gravée par des mains sacriléges, qui décourage l'innocence opprimée et qui insulte à la mort ; gravez-y : la mort est le commencement de l'immortalité. » — Il met au rang des premiers devoirs de détester la mauvaise foi, la tyrannie, etc., etc. Et c'est à peu près à l'époque où l'on organisait les fêtes révolutionnaires en l'honneur de la divinité, de la raison, de la vieillesse, de la fraternité, de toutes les vertus civiques et sociales, que l'on sacrifiait, sans pitié, femmes, enfants et vieillards. A Paris, en floréal, trois cent cinquante-quatre victimes périrent sur l'échafaud, dont trente-cinq de Verdun, de malheureuses femmes pour la plupart, et le célèbre

Lavoisier ; en prairial, cinq cent neuf, dont vingt-six membres du ci-devant parlement de Toulouse ; en messidor, sept cent quatre-vingt-seize ; en thermidor, trois cent quarante-deux. — *Voy.* Campardon, t. I, p. 516.

A l'instar de la capitale et avec une docilité moutonnière, la ville d'Angers avait pratiqué les mêmes cérémonies, mais aussi les mêmes cruautés. Le 20 prairial, le conseil général de la commune avait ordonné la célébration de la fête de l'Etre suprême. Le maire de la cité, en proclamant *qu'il existait un être suprême, et que notre âme est immortelle*, organisait cette fête. Il prescrivait la marche des différents ordres et classes ; ... en quatrième ordre venaient les mères et autres citoyennes, avec cette devise ambitieuse, mais que les Angevines ont justifiée au siége de la ville : *Nous sommes les émules des femmes de Sparte et de Rome.*

On chantait des strophes composées par le citoyen Renou :

Source éternelle de lumière,
Arbitre du sort des humains,
Confonds et réduis en poussière
Les prêtres et les souverains.
. . . .
. . . .

Puis se faisaient entendre les sauvages accents du *Chant du départ,* tout brûlants de colère et de haine.

.... Aux féroces Anglais,
Plus de paix, éternelle guerre,
A ces insulaires si fiers !
Que leurs noms maudits sur la terre
Le soient encor dans les enfers !

Ainsi c'était par des malédictions et des cris de rage qu'on rendait hommage au père commun de tous les êtres, au dieu de la paix !

En pluviôse, à la plantation de l'arbre de la liberté, d'après le programme du conseil général de la commune, on voyait le buste de Marat, oui de Marat ! porté majestueusement par six hommes sur des piédestaux et des brancards à l'antique. Entre chaque buste (je ne sais combien il y en avait) marchaient douze hommes d'armes, sabre nu à la main.

Combien le souvenir des actions de Marat, de ses discours, et les traits de sa *noble figure* étaient propres à inspirer au peuple des idées de grandeur et de beauté morale !

Le 9 thermidor an IV fut célébrée la fête de la liberté. D'après l'art. 11 de l'arrêté, deux membres de chaque autorité constituée, escortés d'un détachement de la garde nationale, devaient aller chercher la statue de la liberté, et la porter sur les débris des trônes détruits.

En l'an V et l'an VI, avait lieu la fête des époux. Considérant, disait l'arrêté, en style de l'époque, « que le cortége intéressant » des gages précieux de leur mutuel amour (des vertueux époux) » est un témoin terrible qui accuse publiquement le célibataire » de sa honteuse nullité parmi les hommes, et l'être corrompu, » de ses vices et de sa dépravation. » Deux années auparavant, une si vigoureuse accusation aurait pu être fatale à bien des célibataires.

La fête de la jeunesse avait aussi son tour. L'arrêté signé des officiers municipaux a dû sortir du même bureau de rédaction que les précédents. « Cet âge heureux, y est-il dit, ne semble-t-il » pas l'objet des plus vives sollicitudes chez tous les êtres vivants? Voyez ce jeune rejeton croissant à l'ombre du tronc vigoureux qui lui donna la naissance ! Voyez ces innombrables » familles d'animaux qui habitent la surface du globe : leur race » font tous leurs trésors ; rien ne peut les distraire de leurs » tendres soins. »

Il y y avait aussi la fête du 21 janvier, et des proclamations signées par des hommes qui depuis ont pleuré leur faute.

Nous célébrons aujourd'hui, disait M. La Revellière-Lepaux, président du directoire exécutif, l'anniversaire de cette mémorable journée, où la juste punition du dernier roi des Français anéantit pour jamais le stupide respect que d'âge en âge on nous inspire pour la race de nos tyrans... En 93, les forcenés qui déchiraient la France, etc., etc.

On chanta l'hymne du 21 janvier par Lebrun :

> Rien n'absout les tyrans ; quand un roi fut rebelle,
> Toujours la nation peut dicter son trépas,
> La voix d'un peuple entier n'est jamais criminelle,
> Et nous le sommes tous, si Louis ne l'est pas.

Peuple étrange, en vérité, humain et généreux, méchant et cruel, enclin à la haine comme à la sociabilité, il mérite bien qu'on lui applique ce passage de Vauvenargues : « Les contrariétés les plus bizarres entrent dans le même caractère. » Au moment où ces fêtes s'organisaient, les premières du moins, le sang inondait nos places publiques, et l'incendie dévorait nos campagnes, et les programmes de ces naïves bucoliques portent quelques-unes des signatures que nous retrouvons au bas d'ordres rigoureux ou de sanglantes exécutions

Au Mans, on imagina quelque chose de plus. Cette ville voulut avoir *des chœurs religieux ambulants*, à l'instar de sa célèbre commission Bignon. Les fidèles et les néophytes du culte républicain organisèrent des chœurs, qui parcouraient successivement toutes les localités principales, pour y célébrer des fêtes républicaines, et y chanter les louanges de leur bizarre divinité. Les promenades et les prédications ridicules de Bazar et du père Enfantin nous ont rappelé, en 1830, ces étranges aberrations qui, dans notre malheureux pays, ne cessent de se produire à des époques peu éloignées et sous des formes diverses.

A Lyon aussi des fêtes républicaines avaient lieu ; les passions populaires, la haine contre les prêtres y trouvaient satisfaction. A la société des Jacobins de Paris, le 18 brumaire an II, l'on donna lecture d'une lettre du citoyen Baigne, juge au tribunal de justice de commune affranchie, annonçant que « depuis trois » jours 21 têtes sont tombées par la guillotine, sans compter les » fusillades journalières, et qu'on a célébré en l'honneur de » Chalier une fête où le fanatisme *hesterrassé (sic)*. Le plus beau » personnage, dit-il, était un âne décoré de tous les harnais » pontificaux, et portant la mitre sur sa tête. »

A Angers, lorsque l'on menait de nombreuses victimes à la

guillotine, ou à la fusillade, on cherchait à donner un air de fête à ces exécutions. C'était, paraît-il, un nommé Menard qui était toujours en tête, avec *le même air de triomphe*, accompagné de tambours de la commission militaire. Hudoux surtout *témoignait tant de joie*, qu'un jour, en faisant courir son cheval, il tomba et se démit la jambe. Telle est la déclaration faite au comité le 14 brumaire par Jaudin, adjudant major de la place d'Angers, qui avait assisté à toutes les fusillades, à l'exception de la dernière, parce qu'il était malade.

Scoty dépose du même fait concernant Hudoux. Il ajoute « qu'en faisant rétrograder la troupe, Vacheron chanta des » hymnes patriotiques auxquelles la troupe ne parut point pren- » dre part ; elle paraissait, au contraire, consternée. »

Un homme de couleur, Alexandre Julien dit Lindor, tambour major du 4e bataillon de la garde nationale, se faisait remarquer par sa haute stature et plus encore par l'exaltation de son sans-culotisme. Il le manifestait bruyamment en toute circonstance : tantôt il marchait comme un triomphateur à la tête des convois des condamnés, tantôt il parcourait les rues centrales, la place Neuve, etc., en chantant avec affectation la *Marseillaise*, l'*Etendard*, etc... Le 9 thermidor ne fut pour lui qu'une occasion d'exprimer avec plus de violence ses sentiments et ses haines. Il criait de toute la force de ses poumons : *A bas le réveil du peuple, je m'en f..., il ne sera pas chanté longtemps ; d'ici à peu les aristocrates verront une belle danse !...* L'air menaçant et farouche de cet étranger inspirait la frayeur dans notre cité, mais ses démonstrations sauvages y restaient impunies.

En parlant des fêtes républicaines, on ne saurait s'empêcher de rappeler encore cet Angevin célèbre, qui a pris une part importante dans leur institution et leur organisation : homme de mœurs simples, de goûts modestes, peu propre aux exigences de la représentation, beaucoup plus fait pour la vie privée que pour l'éclat et le bruit de la vie politique, La Revellière-Lepaux est cependant arrivé au pouvoir suprême, à la présidence du directoire. Cela ne peut s'expliquer que par le désordre des idées dans le temps où il a vécu, car il n'avait rien de ce qui fait reconnaître les chefs des gouvernements, ni étendue, ni grandeur dans les idées, ni ces qualités extérieures qui attirent et commandent le respect des masses : ses formes, tout au contraire, étaient disgracieuses, ses conceptions politico-religieuses ridicules, et j'ai souvent entendu raconter à un magistrat angevin qu'il invitait à sa table, que ses rêveries théophilanthropiques n'étaient pas à l'abri des sarcasmes et des moqueries de ses convives eux-mêmes; il ne s'en offensait pas. Sa vanité naïve l'armait d'une foi robuste dans ses utopies, et rien ne pouvait le distraire d'une complaisance absolue dans le grotesque déisme dont il était le pontife. Les hommes de ce caractère ne sont pas nés pour la direction des peuples; et si le hasard les y appelle un jour, c'est pour le malheur de tous : leur imagination déréglée ne peut manquer de les entraîner dans les plus déplorables erreurs. La Revellière-Lepaux, dans les premiers temps de la Révolution, protesta hautement et sincèrement aussi, je n'en doute pas, de son dévouement à la monarchie et au roi; comme les Girondins, il a voté résolûment la mort de l'infortuné Louis XVI, et son vote n'a pas été suivi d'amers regrets. Dans la discussion relative au tribunal révolutionnaire, il prononçait ces paroles exclusives de tout sentiment de repentir : « Je m'élèverai tant que je vivrai contre ces » brigands démagogues avec la même énergie que j'ai poursuivi » les brigands couronnés. » Une intrigue le fit sortir du pouvoir; il le quitta, disons-le à son honneur, plus pauvre qu'il n'y était entré; il sut reprendre ses premières habitudes, et résister aux offres séduisantes du nouveau chef de l'état. Si l'on est en droit, en jugeant sa conduite politique, de lui reprocher des actes coupables qui chargeront sa mémoire, au moins ne pourra-t-on lui contester une âme ferme, convaincue, et une incorruptible probité.

PIÈCES RIDICULES.

Parmi les lettres que nous allons citer, quelques-unes, émanées du comité de salut public, et adressées à nos autorités révolutionnaires qui se conformaient à ses instructions, sont déposées aux archives de la préfecture. Nous avons cru qu'elles pouvaient convenablement figurer dans cet essai, au milieu de celles que nous livrons à la publicité.

Le 2e jour, 2e décade, 2e mois an II, le comité révolutionnaire, considérant « qu'autant il serait impolitique d'arrêter tous les habitans des communes dont il s'agit (Rablay, Beaulieu, Saint-Lambert, Labrosse et Chanzeaux), lesquels la plupart n'ont été qu'égarés, autant il est prudent de les laisser libres quelque temps.... arrête provisoirement... qu'il s'en rapporte à la prudence et au républicanisme du citoyen Robineau, commandant le détachement de Beaulieu, pour l'arrestation des chefs seulement, ainsi que pour l'arrestation et le désarmement des ci-devant nobles, ci-devant seigneurs, leurs agents, ci-devant avocats, procureurs et prêtres, conformément aux lois sur les gens suspects. »

Comprend-on bien qu'un corps raisonnable mette, pour ainsi dire, en délibération la question de savoir s'il y a lieu d'arrêter les habitants de quatre communes sans distinction, et qu'il s'en rapporte entièrement à un homme de la localité pour l'arrestation et le désarmement des gens suspects.... Les autres, dit l'arrêté provisoire, resteront *libres quelque temps*. Cette mesure n'était pas une mesure exceptionnelle à cette époque ; il existe un autre arrêté, dans le même sens, du 9 octobre. Pas plus que le premier, il ne se recommande par la sagacité et la connaissance pratique des affaires, que l'on aurait pu supposer chez ceux qui l'ont signé... Sa *possibilité*, pour me conformer au langage du comité, a dû rencontrer de sérieux obstacles : je ne le juge pas au point de vue politique et administratif. Il ne s'agit de rien moins que d'une arrestation en masse des habitants suspects de la rive droite de la Loire, depuis *Ingrandes inclusivement jusqu'à et inclusivement Savenières*, c'est-à-dire dans un parcours de près de quatre lieues, d'un pays très-peuplé. Or, c'était quinze jours après le passage de la Loire, et le nombre des *suspects* sur les bords de ce fleuve était considérable à cette époque : il devait l'être d'autant plus que la jurisprudence du comité ne tendait nullement à le diminuer.

En effet, le comité délibérant le 1er octobre an II, estime que,

« conformément à l'article 10 de la loi relative aux gens suspects,
» ledit Chapeau, quoique acquitté, n'est pas à l'abri de *suspec-*
» *tion.* »

Chapeau a donc pu, quoique acquitté le 1er octobre, être repris le 9, en exécution de ce mémorable arrêté que voici :

« Le comité.... autorise les citoyens Gourdon et Bergereau à
» mettre en état d'arrestation toutes les personnes qu'ils connaî-
» tront ou qui leur seront désignées comme suspectes sur la rive
» droite de la Loire, depuis inclusivement Ingrandes jusqu'à et
» inclusivement Savenières... et à laisser un des individus de
» chaque famille, et celui qui sera reconnu moins suspect pour
» avoir soin de leurs maisons. »

Le comité avait, au moins, le bon esprit de reconnaître que ce n'était pas trop de laisser un individu dans chaque exploitation rurale, industrielle ou commerciale. Mais on se demande : 1° s'il avait mis l'armée de Mayence à la disposition des citoyens Gourdon et Bergereau; 2° s'il s'en est rapporté à leur perspicacité, ou s'il leur a donné des instructions à l'effet de discerner sûrement les plus suspects et les moins suspects : la mission ne devait pas être facile.

Frimaire an II.—Le comité « considérant combien il est instant de donner au comité de salut public des renseignements locaux et moraux sur le chancre politique sorti de la Vendée, prêt à rentrer et qui toujours nous ronge ;

» Considérant enfin l'ambition qu'il a de posséder dans ses murs les bustes de Marat, Lepelletier et autres martyrs de la révolution,

» Arrête révolutionnairement que deux commissaires pris dans leur sein partiront de suite pour Paris, qui sont Neigeon et B. Thierry ; qu'ils accompagneront le trésor à la Convention (c'est-à-dire les objets confisqués) ;

» Que ces commissaires fraterniseront avec la société mère des Jacobins, qu'ils se transporteront au comité de salut public, etc. »

Le 19 brumaire an II, Duquesnay proposait à la Convention de décréter que chaque individu qui aura plus de six chemises, en donnera au moins uue pour les défenseurs de la patrie. Romme dit qu'il faut se borner à une simple invitation. Chabot demande que les comités révolutionnaires fassent en personne les invitations aux aristocrates. — Décrété.

Quels aristocrates angevins ne se seraient estimés heureux de remettre une chemise aux citoyens *Tell* et Brutus ! Ils leur auraient bien donné jusqu'à la dernière.

A la séance du 22 brumaire an II, on lit une lettre des représentants Lequinio et Laignelet, datée de Rochefort-sur-Loire. « Ils viennent de terrasser un préjugé non moins sot et non moins enraciné que les momeries presbytériales. Ils ont proclamé guillotineur le citoyen Ance, et l'ont invité à venir, en dînant avec eux, prendre ses pouvoirs par écrit. »

Peu de mois après cette séance, où l'on glorifiait en quelque sorte le bourreau, un membre de la même assemblée osait dire emphatiquement :

« Le peuple français semble avoir devancé de 2,000 ans le » reste de l'espèce humaine ; on serait tenté même de le regar- » der au milieu d'elle comme une espèce différente. »

(BILLAUD-VARENNES, *séance de la Convention du 1er floréal an* II.)

Ces paroles étaient prononcées devant les représentants d'un grand peuple, à l'époque même où le sang coulait à flots sur divers points du territoire. Il n'y a que cette seule chose à en dire, c'est qu'elles sont d'un monstre ou d'un fou.

***Le comité de salut public, aux communes. — Instruction sur la loi révolutionnaire* (17 *septembre et* 14 *frimaire*).**

Elle se terminait par ces recommandations si cruellement méconnues par ceux-là même qui s'adressaient aux communes :

« Oubliez que vous êtes hommes, pour vous souvenir que vous êtes juges. Impassibles aux passions d'autrui et aux vôtres, méritez par la vertu le droit de punir le crime. »

ROBESPIERRE, BILLAUD-VARENNES, CARNOT, PRIEUR, BARÈRE, LINDET et COUTHON.

Et dans une autre instruction sur cette loi du 14 frimaire, on lisait : « L'homme pur marche vers ses devoirs dans le calme de sa conscience. Comme les montagnes élevées, il porte sa tête au-dessus de la foudre : une seule pensée l'occupe, *la patrie;* et comme elle a toutes ses affections, elle est aussi sa récompense. La voici devant vous les palmes dans les mains. Méritez....

BILLAUD-VARENNES, ROBESPIERRE, BARÈRE, COUTHON, PRIEUR, LINDET, CARNOT.

A propos de la proclamation du gouvernement révolutionnaire, les administrateurs du district d'Angers, doués de peu de clairvoyance assurément, écrivaient le 19 frimaire an II :

« Le siècle orageux qui nous éclaire, prépare et annonce le calme et la tranquillité des siècles qui nous luisent *(sic)*..... Malheur (*à celui qui* — omis), couvert du bonnet sacré, ne s'attache au char de la liberté que pour en ralentir la marche et retarder le règne des lois. »

28 nivôse an II. — Les membres du comité de salut public aux autorités constituées.

» ... Voyez l'instruction s'avancer à grands pas, l'esprit public s'agrandit, le jour de la vérité perce tous les nuages, déjà en politique la raison triomphe partout ; et en morale, son règne n'est pas éloigné.

» Il ne reste donc plus qu'à laisser grossir ce torrent de lumières ; bientôt il balaiera les préjugés ; bientôt le fanatisme n'aura plus d'aliment. A le bien prendre, ce n'est déjà plus qu'un squelette qui, réduit chaque jour en poussière, doit insensiblement tomber sans efforts et sans bruit, si, assez sages pour ne pas remuer ses restes impurs, on évite tout ce qui peut lui permettre d'exhaler tout à coup des miasmes pestilentiels et orageux qui, inondant l'atmosphère politique, porteraient en tous lieux la contagion et la mort. »

ROBESPIERRE, BILLAUD-VARENNES, CARNOT, PRIEUR, LINDET, SAINT-JUST, COLLOT-D'HERBOIS, BARÈRE, COUTHON.

21 *ventôse an* II. — *Les représentans du peuple, membres du comité de salut public, aux administrateurs du district.*

« ... Présentez aux pervers un assemblage révolutionnairement formidable ; écrasez au dedans les traîtres, tandis que la frontière se teint du sang de l'étranger..... Alors la République, majestueusement assise sur la masse immortelle de ses triomphes, fera rejaillir sur vous quelques rayons de sa splendeur...

« Voyez au sommet de la Montagne les foudres et les lauriers de la liberté...

» Concourir à sa gloire, voilà votre tâche.

ROBESPIERRE, CARNOT, BARÈRE, etc.

Les signatures de Robespierre et de Barère, dont rien ne peut étonner, vont bien à ces phrases cruelles et boursoufflées ; mais pour Carnot, il a dû lui coûter d'y apposer la sienne ! Ou plutôt, il l'aura signée sans la lire, comme il l'a fait de beaucoup d'autres pièces, a-t-il prétendu, en répondant aux accusations dirigées contre lui depuis thermidor.

Nous avons vu qu'en ventôse an II, le comité révolutionnaire avait été renouvelé, ainsi que les autres autorités, par arrêté des représentants du peuple ; les nouveaux membres ne pouvaient refuser sous peine d'être regardés comme *suspects*.

Le 26 ventôse, les membres de l'ancien comité se réunirent et prirent lecture dudit arrêté. Nous trouvons ce qui suit sur le registre : « L'un de nous a dit : Comme mes collègues et moi, en quittant notre poste, nous avons l'intime conviction d'avoir fait le bien, d'avoir *révolutionné, de Rolandiné, défédéralisé,* et, qui plus est, *défanatisé* le département de Maine-et-Loire, aujourd'hui il plaît à la volonté nationale, par la bouche de deux de ses représentants, Hentz et Francastel, de nous destituer, eh bien ! s'ils croient trouver dans Maine-et-Loire de plus grands révolutionnaires que nous ! Vive la liberté? »

6 *prairial an* II. — *Les membres du comité révolutionnaire aux administrateurs du district.*

« Frères et amis, vous avez donné de nouveaux noms aux communes du district en changeant les noms superstitieux et féodaux ; nous haïssons les moines et tout ce qui peut porter le nom de ces plantes parasites qui ont vécu si longtemps aux dépens du peuple, sans en faire le bonheur. Nous vous prions de substituer au nom de Roche-aux-Moines, canton de la commune d'Epiré, celui de Roche-Vineuse. Cette roche est couverte de vignes qui produisent d'excellent vin ; nous pensons que ce nom lui convient... »

Le comité de Thouars écrit, le 20 nivôse an II, à la commission militaire de Saumur :

« Notre surveillance s'étend partout, et les brigands, fussent-ils outre mer, ne pourraient échapper à nos recherches ... Nous gémissons de ce que plusieurs des individus que nous vous avons envoyés sont morts sans être jugés. Hâtez-vous donc de juger ce qui reste, et surtout Caffin, maire, et Girard Boiteaux. »

Certificat de civisme concernant plusieurs femmes détenues au Calvaire, adressé au citoyen Goupil, le 27 pluviôse an II.

« Nous, maire et officiers municipaux de la commune de Saint-Jean de la Croix, certifions n'avoir aucune connaissance envers les détenues au *Calvere,* qui sont de notre commune pour ce qui regarde la *Ristocratique,* pour vol, poin à la messe, etc. »

Lettre de Coulonnier du 2 pluviôse an II, *au comité révolutionnaire.*

Il réclame cinq enfants Gauthier, ses neveux et nièces, orphelins âgés de huit mois à quinze ans, de la Chapelle-du-Genêt, mis en état d'arrestation...

« La nature et l'humanité, bien loin de répugner au républicanisme, *en sont les plus doux apanages,* lorsqu'elles ne contrarient pas le bien de la patrie ; à ce titre je les réclame sous ma responsabilité.

» COULONNIER. »

Nota. Vacheron prendra toutes les *préquausion nesesere* pour se conformer à la nécessité et à la loi.

Son collègue, MORIN.

Puis on lit : « Vacheron adhère avec joie à la demande du citoyen Jean-Baptiste Coulonnier.

» VACHERON, COULONNIER. »

La nature et l'humanité, les plus doux apanages du républicanisme, en 94, en pluviôse ! Quel outrage à la fois à la nature, à l'humanité et au vrai républicanisme ! Que de citoyens dans ce mois victimes de la fusillade ou de la guillotine !

Rossignol écrit de Chemillé, le 17 avril 1793, relativement à Jean Petiteau, de Montjean, arrêté dans une cave... : « Je l'ai fait désarmer sur-le-champ. Je le *soupçonne* moi-même *très-suspect*. Je demande à être entendu, car je l'ai trouvé visitant tous les scélérats qui sont à Saint-Pierre de Chemillé blessés par notre armée républicaine. »

Brutus Thierry, président du comité révolutionnaire, écrit, le 8 ventôse an II, à Orgebin, officier de police militaire :

« Le comité te fait passer une dénonciation contre le nommé Dubreuil, *officier d'il ne sait quel corps*, dénonciation fort au-dessous de ce dont il s'est rendu coupable : car sur le refus qu'il fit de marcher à la citadelle par les ordres du comité, il dit qu'il n'était pas f... pour obéir à un comité révolutionnaire. »

23 thermidor an II. — *Le comité à la municipalité de Savennières.*

« Nous vous recommandons de continuer votre surveillance avec le plus grand zèle. Si nos ennemis veillent, prouvons-leur, par notre activité à déjouer leurs complots, *que des hommes libres voient bien plus clair* encore que des esclaves courbés sous le despotisme d'un tas de scélérats, de brigands qui les commandent. »

Le général Ronsin, adjoint au ministre de la guerre, nomme, par arrêté du 10 juillet 1793, Martin-Lusson, membre de la commission militaire, déjà membre du comité révolutionnaire d'Angers. Les représentants du peuple Tallien, Choudieu, Turreau, Richard approuvent, le 11, cet arrêté.

Martin refuse. Mes raisons, écrit-il, sont que je ne puis abandonner ma boutique e ma famille.

Le ministre de la guerre, en 1793, était le citoyen Bouchotte, ardent jacobin, mais reconnu comme incapable et ne pouvant conserver ses fonctions. Le 26 juillet, une députation de la société républicaine du 10 août demande à la Convention son maintien au ministère. « Il vaut mieux, dit l'orateur, à la tête des » administrateurs des patriotes que des *scientifiques.* » *La République n'a pas besoin de savans,* disait le président du tribunal révolutionnaire.

Le 31 du même mois, Lakanal fait décréter le dépôt à la bibliothèque nationale de la tête de Brutus, trouvée dans les ruines d'Herculanum.

(*Voy.* séances de la Convention des 26 et 31 juillet 1793.)

La tête de Brutus devait être précieuse aux membres de la Convention. Mais apparemment ils auront été faciles sur les preuves de l'authenticité de la découverte.

Lettre du 6 octobre an II. — *Le comité révolutionnaire aux administrateurs, etc.*

« Le comité requiert les administrateurs du district d'Angers de faire prendre à ses écuries une cavale pleine et malade pour être conduite aux prairies de Saint-Aubin, *et fait purger;* comme c'est une bête de prix, vous voudrez bien *ne la pas perdre de vue*, et lorsqu'elle sera guérie, nous en avertir, pour que nous l'employions aux travaux du comité. »

Les représentants avaient mis quatre chevaux à la disposition des membres du comité, qui avaient leurs écuries à l'Evêché.

Montreuil-Bellay, 3 ventôse an II. — *Caillebon, officier municipal, au citoyen Roussel, membre du comité.*

... Il lui recommande Jean Durand, boucher, et Prudhomme... Ce qu'on lui impute, c'est d'avoir tué des vaches pleines, *qui à la vérité n'était pas grâcieux.* Néanmoins il était fort embarrassé pour fournir deux bataillons... ce sont de bons patriotes, etc.

L'éloquence de Caillebon a obtenu plein succès. Durand et Prudhomme ont été rendus à la liberté.

25 messidor an II.

La société populaire de l'Ile-la Montagne, à la commission militaire établie dans l'Ile-la Montagne.

« Citoyens, la société populaire, dans sa séance d'hier, a arrêté qu'il vous serait écrit pour vous inviter à faire balayer la salle de la société, et y faire répandre du vinaigre chaque jour, sitôt la levée de vos séances. Nous vous prions, etc.

» Sté-Pre LA MONTAGNE.

» MAUBLANC, v.-présT. »

26 *messidor an* II. — *Lettre de Hudoux, accusateur public de la commission militaire, au citoyen présidant la société populaire.*

« Il a plu sans doute à quelques ignorans et pusillanimes, solliciter la société populaire que tu présides, une lettre qui vient de me parvenir à l'instant, dans laquelle on invite le tribunal à faire balayer et jeter du vinaigre.

» Comment se peut-il qu'une société, amie de la liberté et l'humanité, n'ait pas rejeté des propositions qui ne ressentent que l'égoïsme, pour ne pas dire plus ; quoi toujours penser à soi pour le superflu, lorsque de sangfroid on voit ses semblables qui périssent faute du nécessaire !... Réclamer des mesures de salubrité pour empêcher que la très-grande pureté de l'air qu'elle seule respire, ne s'altère, tandis qu'un air corrompu assassine et jusqu'à des patriotes sans qu'on y remédie !... Le tribunal irait dans les prisons de cette commune en chasser l'air empoisonné qui *assassine tranquillement* depuis bien des mois les malheureuses victimes des haines et des vengeances particulières... Je dis encore aux provocateurs de la lettre que j'ai sous les yeux... Allez dans les maisons d'arrêt de cette commune : et que n'y avez-vous été y arracher à la mort plusieurs centaines d'individus qui y ont déjà peri, parmi lesquels peut-être un grand nombre de patriotes... Vous y auriez vu des jeunes enfants sur le sein de leurs mères, presque morts, faute d'avoir soulagements que notre mère commune la patrie vous ordonnait de leur accorder...

Combien l'air empesté des prisons de cette commune en a-t-il assassiné !

» HUDOUX. »

28 *messidor.* — *A la commission militaire.*

« La société populaire... vous invite à lui faire connaître si la lettre qu'elle a reçue d'Hudoux était au nom de la commission ou d'un seul de ses membres.

» *Signé :* LA MONTAGNE, ADRIEN aîné, DESBROSSES et Lionnet PENOUCQ. »

Réponse de la commission le 29 messidor.

« Républicains citoyens,

» Le républicain Hudoux, accusateur public près notre tribunal, vous a écrit en date du 26 courant. Nous partageons les sentiments énoncés en sa lettre, et nous attendons extrait du procès-verbal de votre séance d'hier.

» *Signé:* OBRUMIER, Brutus, JOULAIN et RUFFEY. »

Août 1793.

« Le comité délibérant, arrête qu'il ne sera joué aucune pièce à Angers dans la salle de spectacle connue que les pièces *Guillaume Tell*, *Brutus*, les *Gracch*, la *Mort de César*, *Coriolan*, *Charles IX* et autres pièces de ce genre tragique ou comique, et qu'à cet effet le citoyen directeur sera mandé pour rendre compte *de la possibilité* de son arrêté.

» GESLIN, BOUSSAC, DORGIGNÉ. »

Le directeur aura nécessairement fait quelques objections sur la *possibilité de l'arrêté*. La population angevine a toujours eu le goût du théâtre, et quoique ce goût fût moins développé et moins exigeant qu'il ne peut l'être de nos jours, je doute que les plus purs républicains se soient contentés du répertoire peu varié des censeurs Geslin, Boussac et Dorgigné.

Le comité surchargé d'occupations, correspondant avec les sociétés populaires, le comité de salut public, les généraux, la commission militaire, les représentants, etc., etc., éprouve le besoin de faire classer ses archives ; il prend, à cet effet, une délibération le 16 septembre 1793 :

« Le comité, convaincu de la nécessité d'avoir dans son sein un archiviste, dont les fonctions seraient d'accélérer les opérations des secrétaires et des copistes, de mettre de l'ordre dans ses bureaux, en un mot de faire et exécuter tout ce qui peut appartenir à l'*essence de ce mot archiviste*, a procédé à la nomination, par la voie du scrutin ; la majorité s'est réunie sur le citoyen Thierry. »

Je l'ai prouvé précédemment, l'épicier Thierry n'a pas mis beaucoup d'ordre dans les archives du comité.

DOCUMENTS DIVERS.

A ces extraits que j'aurais pu multiplier, et qui sentent tous, plus ou moins, la charge et la caricature, j'ajouterai quelques documents de diverse nature, qui ne seront pas sans intérêt pour le lecteur. Le premier fait connaître les incroyables prétentions au privilége qui existaient dans toutes les corporations, et opposèrent une si vive résistance aux premières explosions de la révolution. Les autres concourent au but principal de ce travail, la démonstration de la justice cruelle, arbitraire, et de l'incapacité des autorités constituées, dans les rangs de l'armée, des administrations ou de la magistrature ; quelques-uns portent les traces de cet esprit gaulois, de cette gaieté qui ne nous abandonne pas dans les situations les plus désespérées ; chez plusieurs enfin on aime à rencontrer l'expression des sentiments de la nature, douce consolation au milieu de tant d'indignités.

Le 18 mars 1789, après sa séparation des ordres du clergé et du tiers-état, eut lieu la réunion de la noblesse des sénéchaussées d'Angers, Beaufort, Baugé, Châteaugontier et La Flèche. Le procès-verbal de ses séances constate l'abandon de ses privilèges pécuniaires.

Une corporation angevine ne crut pas devoir imiter ce sage exemple, et réclama le maintien du monopole dont elle jouissait.

Sa protestation est faite dans une forme assez curieuse pour que j'aie cru devoir la copier textuellement ; elle indique la haute idée que ces corporations, jalouses de leurs droits, avaient de leurs pouvoirs et des services qu'elles rendaient à la société.

Adresse de la communauté des maîtres perruquiers, barbiers, baigneurs et étuvistes de la ville d'Angers, à l'Assemblée nationale.

« ... Si l'on supprime la communauté, y est-il dit, alors l'homme à talens dispensé d'épreuves et d'informations s'établira sur les ruines de l'honnête père de famille et, n'ayant plus de frein, commettra tous les crimes dont la liberté que lui procure cet état multipliera les occasions. Tremblez alors, magistrats, financiers, etc. »

J'ai connu plusieurs des signataires de cette réclamation peu libérale.

Guémas père avait vendu quatre bœufs pour l'armée républicaine. Le 4 septembre 1793, il vint avec son fils en réclamer le prix à la municipalité de Feneu. Le maire leur répondit qu'ils n'auraient rien de l'indemnité qui leur était due Le procès-verbal d'arrestation énonce que Guémas père dit des invectives commençant par ces mots : *Qu'il allait faire estimer ses bœufs, et bien d'autres propos inciviques.*

On avait trouvé chez un sieur Brémont, ci-devant baron, un petit livre intitulé : *La République en vaudeville,* une chanson entre autres, sur l'air : *Ce fut par la faute du sort.*

Vous avez en bons citoyens
Fait décréter avec prudence
Qu'il fallait mettre en vente les biens
De ceux qui désertent la France.
A ce décret je n'entends rien,
Il semble fait par la folie.
Si l'on émigre, on perd son bien ;
Et si l'on reste, on perd la vie.

Brémont produisait en sa faveur un grand nombre de certificats et d'attestations, mais il mourut en prison le 9 germinal.

Comme c'était un crime d'assister à la messe d'un prêtre réfractaire, c'en devait être un plus grand d'accepter le parrainage d'un enfant baptisé par un prêtre non assermenté. Il existe au greffe une procédure dirigée à cette occasion. Le procès-verbal est signé Louis Choudieu, membre du comité ; Boniface, p[t] ; Martin et Cordier. Il constate que pendant que les *brigands* étaient à Angers, la femme Camus, sage-femme, âgée de 53 ans, a porté l'enfant de la femme Galard Charon, demeurant porte Saint-Michel, à baptiser à l'église Saint-Maurice, dont la femme Dondeville, ex-noble, et M. Legoux, ex-cordon rouge, furent parrain et marraine ; que le baptême se fit avec somptuosité ; que ce fut l'évêque d'Agra qui fit la sérémonie (*sic*)....

Segré, 4 pluviôse an II.

Au républicain Félix, président.

« Je viens te demander la liberté de ma mère, âgée d'environ 70 ans, mère de 40 enfans et petits-enfans, douée du caractère le plus doux et le plus humain... Sa seule faute, elle n'allait pas à la messe des prêtres assermentés... Rends-moi ma mère, et je te réponds sur ma tête.

» *Le Receveur du district de Segré,*

» BANCELIN. »

« Citoyens,

» Je me serais représenté à votre tribunal sans une fièvre violente qui m'accable ces deux jours, pour réclamer ma mère et deux sœurs que j'ai au Bon-Pasteur, avec quatre petits enfans, et qui sont détenues depuis trois mois, et ce, pour cause de suspicion seulement. J'espère que vous ne refuserez pas cette consolation à un vrai républicain, qui a sacrifié sa santé et sa vie, même en donnant tous ses soins à nos frères d'armes. »

11 pluviôse an II.

BASTARD, *chirurgien à l'ambulance.*

Une première lettre avait été écrite le 24 nivôse.

Ces femmes furent mises en liberté. Mais n'a-t-on pas lieu de s'étonner que les fonctions de Bancelin et de Batard, et les services rendus par ces citoyens, n'aient pas suffi pour les mettre à l'abri de toute poursuite? La première ne reconnaissait pas les prêtres *jureurs !* les autres étaient frappées de suspicion ! C'était, à cette époque, paraître coupable au premier chef.

Extrait des délibérations du district de Saumur, 10 *pluviôse an* II.

Installation des administrateurs du district et de l'agent national.

Ollivier Defosse, président;
Sailland, Vachon, administrateurs;
Hubert, Touplin, Moreau, membres du conseil;
Chasles, agent national.

Ce dernier prononce un discours dans lequel ou remarque la phrase suivante :

« .... Si, dans des temps orageux, des scélérats ont tenté de dégrader le cœur des Français, la justice a succédé à l'iniquité des factieux. Nous prouverons que si ces monstres, avides de sang humain, sont parvenus, à force de crimes, à comprimer les âmes honnêtes, elles ont repris toute leur énergie, et que jamais elles ne souffriront que la terreur revienne favoriser des projets assassins. »

Ce discours reçoit les applaudissements de l'assemblée. Sur la proposition d'un membre, le conseil général arrête qu'il sera inscrit en entier au procès-verbal. (*Archives du département*, liasse *Arrêtés, proclamations, etc*)

Cet agent national (et ce fait à lui seul prouverait la mobilité des passions populaires) avait été incarcéré au château de Saumur, et ses jours avaient été mis en danger. Peu de temps après, il était, à l'Élection, nommé membre du tribunal de cassation.

Les communautés religieuses, celles surtout qui étaient puissantes par leurs richesses et le nombre de leurs membres, étaient signalées à l'animadversion des comités, et ne pouvaient guère échapper à *la terreur*. Les religieuses de Beaufort furent donc à peu près seules inquiétées à cette époque dans cette ville. Le maire sut y maintenir l'ordre et la sécurité, et la vie d'aucun habitant ne fut sérieusement menacée. Cependant les personnes *suspectes* du canton de Beaufort devaient être arrêtées par ordre du comité révolutionnaire du 29 septembre. Le citoyen Delescluse, procureur de la commune, fit au comité révolutionnaire un rapport à la date du 2 octobre 1793 : il y mentionnait l'avis de douze membres du conseil municipal et général qui disaient ne connaître ni aristocrates, ni fanatiques dans la commune de Beaufort. Ce fut grâce à cette conduite pleine d'énergie et d'humanité, que l'on vit les relations sociales se continuer dans une petite ville alors habitée par une riche et nombreuse bourgeoisie, tandis que les cités qui l'environnaient étaient en proie aux fureurs de nos discordes civiles. — Je n'ai trouvé trace que de deux arrestations faites à la fin d'octobre 1793; et encore les deux prévenus, François Grandière et Jean Jarry, du district de Sablé, étaient-ils étrangers au pays.

Le maire était le sieur F. B., avocat, surnommé dans son pays Tête de Fer. Il était de ces hommes de la bourgeoisie, ardents, éclairés, ennemis de la licence et ne séparant jamais, dans ses aspirations et ses actes, la cause de l'ordre de celle de la liberté et des immortels principes de 1789. Il avait de la littérature, une éloquence rude, mais vive et passionnée Il a laissé des livres classiques criblés de ses notes, et un manuscrit sur la procédure. J'ai souvent entendu raconter par plusieurs de ses administrés, et par M. Lorier, mort conseiller à la Cour royale d'Angers, une anecdote qui peut donner une idée de son caractère. Lors de l'insurrection de la Vendée, un représentant du peuple vint à Beaufort, et donna l'ordre de faire couper les ponts et voies de communication qui pouvaient favoriser l'invasion du pays par les troupes vendéennes. Le maire opposa un refus formel à cet ordre, développa ses motifs et se rendit garant de tout péril. Le représentant, outré d'une obstination qu'il ne peut vaincre, et peu accoutumé à rencontrer un obstacle à l'exécution de sa volonté, prend vivement une plume et se met à écrire. L'officier municipal s'assied en face de lui, écrivant aussi sur le bureau de la mairie. Une demi-heure s'écoule, et le représentant plus calme demande au municipal récalcitrant ce qu'il vient de faire.— Tu as fait ton rapport, citoyen, répond le maire ; c'est bien ! mais voilà le mien, tu peux le lire. Cette lecture fit une heureuse impression, et fut suivie de ces paroles : « Tu connais bien le pays ; tu as raison, » sans doute : déchirons ce que nous avons fait l'un et l'autre, » et qu'il n'en soit plus question. » L'un de mes narrateurs ajoutait qu'un déjeuner amical avait scellé la réconciliation. D'après le même, les expressions du représentant auraient eu une crudité républicaine qui était bien dans les mœurs du temps. « Tu es un bon b....., aurait-il dit, viens déjeuner avec » moi. »

A l'époque même où le comité expédiait vers Nantes les prêtres de Nevers, il prenait des mesures dictées par un sentiment de justice et d'humanité : ainsi, le 7 ventôse, délibérant sur une pétition de Charles-Félix Claveau père, tendant à obtenir la liberté de sa femme et de sa fille, et sur une pétition semblable présentée par le citoyen Dorgigné, membre du département et entrepreneur de carrière, et signée d'une centaine de *careilleurs,* motivée sur les charités sans nombre et les secours que ces deux femmes dispensaient journellement à l'humanité souffrante,

« Considérant que la femme et la fille Claveau n'ont été mises » en état d'arrestation que pour ne pas aller à la messe des » prêtres constitutionnels ; qu'il n'y a pas eu de dénonciation » portant d'autres délits contre le civisme...

» Arrête que la femme et la fille Claveau seront mises en liberté, sous la responsabilité des personnes et biens du ci» toyen Claveau, qui les présentera à la première réquisition. »

Et le 13 ventôse, délibérant sur la demande du citoyen Baron fils, considérant qu'il n'a été « arrêté que comme suspect, à rai» son de son *Muscadinage,* et des messieurs qu'il fréquentait » dans l'ancien régime, lesquels hommes sont émigrés dès » le commencement de la révolution.

» Arrête qu'il sera mis en liberté (il était détenu à Chartres). »

C'est à partir de cette époque qu'Obrumier signe Tell-Obrumier.

Les juges de paix de ce temps ne brillaient guère plus que les autres autorités par leur capacité et leurs lumières ; un rapport avait été adressé à l'un d'eux sur des cris séditieux proférés aux environs de la ville. Le juge de paix écrit en ces termes au commandant de la place d'Angers, le 14 germinal an III :

« Citoyen,

» Les royalistes relèvent plus que jamais la tête ; l'on vient de me porter plainte de plusieurs cris de vive le roi ! répétés la nuit sur les confins de notre commune, vers le bois d'Eventard, les Banchais et autres lieux voisins de la grande route de Paris : rentrés aujourd'hui dans leurs premiers droits de connaître des cris, proclamations et actes tendant à renverser la constitution, les juges de paix et officiers de police de sûreté *sont pour en connaître ; je te requere* dont, etc., etc. »

Un homme dont le nom est honorablement connu dans notre Anjou, Jean-Pierre Gain, juge de paix de Montreuil-Bellay, fut arrêté comme suspect au mois de septembre 93 ; il occupa les loisirs de sa détention à mettre au net un projet de constitution de la France en république ; c'est tout un volume qu'avait écrit l'honnête magistrat ; il l'adresse aux républicains ses juges : à une époque où la justice n'était qu'une cruelle moquerie, il me semble que de la part de l'auteur c'était une ironie amère, qui ne manquait ni de finesse, ni de courage, que d'écrire : *Que la justice est la base d'un bon gouvernement....... Que la nature de l'homme est telle qu'elle est en rapport avec celle de son auteur,* alors que l'on faisait des déesses de la raison....... N'est-ce pas malignement aussi que l'auteur ajoute : *Notre vieux code demi-gaulois déjà en partie réformé par les décrets......* Il termine par un plan complet de l'éducation de la jeunesse, par des détails sur le perfectionnement du cadastre. Tout cela annonçait un homme studieux, inoffensif, qui n'aurait pas dû être arraché à son prétoire et troublé dans ses travaux. Il n'en fut pas moins traîné de cachots en cachots, lui et sa femme, et tous deux moururent dans les prisons de Bourges. Grâce à une évasion miraculeuse et à l'avénement du 9 thermidor, leur fils, père du conseiller à la Cour impériale, après une vie des plus agitées et un second emprisonnement de plus de quinze mois, put enfin se soustraire à l'échafaud.

Arras, 14 pluviôse an II.

Buissart à son ami Maximilien Robespierre.

« Nous mourrons de faim au milieu de l'abondance, je crois qu'il faut tuer l'aristocratie mercantile, comme on a tué celle des prêtres et des nobles. Les communes, à la faveur d'un comité de subsistances et de marchandises, doivent seules être admises à faire le commerce. Cette idée étant bien développée peut se réaliser ; alors tout le bénéfice du commerce tournerait à l'avantage de la république, c'est-à-dire à l'avantage du vendeur et de l'acheteur. »

Avons-nous bien le droit de nous récrier contre un tel système, nous qui en 1848, en 1869 même, avons vu enseigner publiquement d'aussi extravagantes théories sur la famille, l'industrie, la propriété, et qui avons entendu librement développer les confuses aspirations des socialistes.

Payan, agent national (ex-juré du tribunal révolutionnaire de Paris), à Roman-Fonrosa, membre de la commission populaire à Orange.

Messidor an II.

« .... Tu as une grande mission à remplir ; *oublie que la nature te fit homme et sensible*........ Dans les commissions populaires l'humanité individuelle, la modération qui prend le voile de la justice est un crime........ »

De la citadelle, 19 germinal an II.

Perrin, capitaine d'artillerie légère, au Comité révolutionnaire.

« .... N'est-il pas bien cruel de souffrir depuis huit mois dans les prisons, sans avoir un jugement quelconque ? Républicains, si je suis coupable, pourquoi avez-vous tardé à faire tomber sous le glaive une tête blanchie au service de la nation ; ou bien, si je suis innocent, pourquoi m'empêcher d'aller chercher une mort plus glorieuse en combattant pour mon pays ? »

Le 8 brumaire an III, Marie-Pélagie-Marine Chéron, femme de Louis Châteaurenaud, déclare au comité que Thierry lui a dit, en présence de Roujou, qu'il y avait encore douze à quinze cents individus d'Angers à guillotiner et qui devaient l'être.

Plusieurs autres témoins rapportent aussi ce propos.

Nantes, 24 brumaire an II.

Thierry aîné, citoyen du monde, à Boussac.

« Je ne te parlerai point politique, ni nouvelles dans cette lettre. Je songe, j'examine....... Obrumier, Hudoux et moi, nous nous comportons assez bien. »

De nombreux individus accusés de vols, de propos séditieux, etc., ont été enrôlés comme soldats en l'an IV.

Dans la procédure instruite par le conseil militaire, convoqué à Ingrandes (t. V, liasse 8e) contre Louis Tesnier, bécheur, 33 ans, demeurant commune du Mont-Rude (Saint-Saturnin), accusé de vols avec escalade, je lis, *in fine:* a été enlevé pour l'expédition de Hoche. La même mention se trouve sur le dossier de Jean Guiet, né à Gonnord, et Jean François Minée, accusés de vol d'effets à la Rangeardière, près la Pointe ; et sur la procédure concernant Antoine Poulard, 29 ans : vol à force ouverte dans le canton de Chappe, commune de Longué. Il n'y a pas eu de jugement ; seulement il était tout préparé.

Rochefort, 1er vendémiaire an V.

Le juge de paix du canton de Rochefort, comme officier de police judiciaire, à l'accusateur public.

« Citoyen,

» Je vous accuse par la présente la réception de l'ordonnance de prise de corps envers etc......... Je vous invite à mettre plus d'aisance à la lecture de vos lettres, vu que dans *l'impromptu* elles sont difficiles à lire, etc.

» M. L., *juge de paix.* »

Je suis porté à croire que la plupart des lettres de M. L. devaient être difficiles à comprendre ; on pouvait donc lui adresser à lui-même sa propre recommandation.

CHAPITRE XV.

Caractères généreux, traits d'humanité et de courage. — Fin de quelques hommes de la Terreur.

Tu satisfferas toujours la justice divine, dans ce monde ou dans l'autre.

(PLATON, *Des Lois.*)

Dans les pages en nombre infini que j'ai si péniblement feuilletées, il est bien rare d'en trouver quelques-unes que l'on relise avec plaisir, qui vous révèlent un sentiment humain, une bonne action, au récit de laquelle on sente sa poitrine et son cœur se dilater ; tant rares soient-ils, ces actes généreux, il faut les recueillir avec soin comme des joyaux de prix ; il faut glorifier ceux qui les ont accomplis.

En première ligne je placerai, comme s'étant distingué par sa philanthropie, Joseph Trotouin, faïencier, administrateur du Calvaire, demeurant rue Beaurepaire, ainsi que Joachim Trotouin, qui ne partageait pas ses sentiments, comme nous l'avons fait remarquer dans le procès de la Planche de Ruillé ; tous les écrivains qui se sont occupé de ces malheureux temps, signalent Joseph Trotouin, non pour ces actes éclatants d'audace et de courage qui étonnent et déconcertent même le crime, qui commandent à tous l'enthousiasme et l'admiration, œuvres ordinaires des âmes ardentes et passionnées, mais pour l'aménité de ses mœurs, sa bonté, et les inspirations de sa constante charité : il est resté longtemps administrateur du Calvaire ; quelque pénibles que fussent pour lui ces fonctions, qui le mettaient en contact journalier avec Morin, Vacheron, Hudoux, etc., il avait à cœur de les conserver, puisqu'il y faisait du bien ; parfois il réussissait à tempérer ces natures incultes et féroces, et quand il échouait, du juge inflexible il allait à la victime, à sa famille, et leur prodiguait les consolations et les secours inépuisables de son cœur bienveillant : les détenues, grâce à lui, n'étaient pas privées de toute assistance, de tout témoignage d'affection, avant de tomber entre les mains impitoyables de Vacheron et de ses exécuteurs : Trotouin était également un appui pour les religieuses dévouées du Calvaire ; il les fortifiait dans l'accomplissement de leurs devoirs vis-à-vis des prisonnières, il les soutenait encore quand elles-mêmes devenaient prisonnières à leur tou : il menait donc, non sans risques, une vie toute d'abnégation et de dévouement ; il a rendu de véritables services à son pays, à l'humanité : son nom vivra honoré dans la mémoire des Angevins.

L'abbé Gruget raconte qu'il avait coopéré à l'arrestation d'un grand nombre de religieuses et d'autres personnes, et qu'il avait même aidé à les conduire en prison (d'où sans doute il espérait les voir sortir) ; il savait mieux « que personne qu'elles n'étaient
» coupables d'aucun crime ; aussi ne put-il s'empêcher de mur-
» murer, quand il les vit emmener le lendemain aux bois des
» Bonshommes pour y être massacrées ; ses plaintes furent en-
» tendues, et, dès le lendemain, il fut pris et conduit au tribunal
» révolutionnaire pour y être interrogé ; il ne nia pas ce qu'il
» avait dit, il témoigna même sa surprise et son indignation de
» ce qu'on faisait mourir tant de personnes sans aucun crime,
» et sans aucun jugement préalable : comme c'était le moment
» où on commençait à se plaindre, les juges voyant que les es-
» prits s'échauffaient et s'indignaient contre leur conduite, le
» renvoyèrent chez lui après un jour environ de prison. »

La *Terreur* s'avoua vaincue par la popularité qui protégeait cet honorable citoyen, et recula devant l'émotion qu'eût inévitablement produite sa condamnation.

Un autre administrateur du Calvaire, le citoyen Maireau, s'inspirait des mêmes sentiments que Joseph Trotouin : comme lui, il portait intérêt aux prisonnières, et plusieurs fois ils ont dû se concerter ensemble pour en sauver quelques-unes. Il écrivait en pluviôse an II, par conséquent dans le temps le plus malheureux, au président de la commission militaire :

« Citoyen, je te recommande nos prisonnières et réclame » prompte justice de ton tribunal pour les coupables et acquit- » tement pour les innocentes ou celles qui ont péché par l'er- » reur d'un moment... »

Il était très-lié avec l'ancien curé de la Trinité et n'a jamais trahi cette vieille et sainte amitié : « On a fait des reproches, dit » M. Gruget dans ses Mémoires, à M. Maireau, mon ancien ami, » de ne pas m'avoir arrêté tandis que j'étais dans ma paroisse : » il a répondu que le moment n'était pas venu, qu'il y avait en- » core des brigands en ville, et qu'il eut été en danger. » Ajoutons que pour M. Maireau le moment de l'arrestation de l'abbé Gruget ne devait jamais venir.

Le registre du comité contient, à la date du 7 ventôse an II, une délibération inspirée par des sentiments de pitié et d'humanité que nous avons plaisir à signaler ; elle fait honneur au secrétaire Audio qui l'a rédigée. Je crois devoir la transcrire :

« Considérant qu'il résulte de l'examen de toutes les pièces déposées au comité de la part de Lemarié père, que l'émigration du citoyen Lemarié-Crossonière fils n'est point prouvée ; que l'individu qui les a dénoncés est indigne de notre confiance ; que les moyens qu'il a employés dans cette arrestation révoltent toujours toute âme honnête, tout vrai républicain ; considérant qu'il n'est parvenu au comité aucune dénonciation contre ledit Lemarié fils et son épouse ; qu'ils sont tous les deux attaqués de maladie dangereuse, et dans l'impossibilité de se procurer dans le lieu de leur détention les choses nécessaires au rétablissement de leur santé .., arrête que provisoirement ils seront mis en liberté. »

La séance du 27 pluviôse à la société des Jacobins fut des plus animées : Francastel, Hentz et Garreau s'y étaient rendus sur l'invitation qui leur avait été adressée ; la présence de ces trois représentants et l'objet de cette discussion donnaient de la solennité et de l'intérêt à cette réunion. C'est sans doute à cette séance que fait allusion M. Gruget, lorsqu'il dit : « Proust et plu-

» sieurs autres parlent au club avec beaucoup de force contre » les cruautés qui se commettaient et contre la barbarie avec » laquelle on traitait MM. Delanoue-Couraudin, Brevet de Beau- » jour, etc. » Proust, non suspect d'incivisme, y dénonça Morin, Hudoux et Loizillon, pour leur rigueur et leur cruauté. Francastel prit chaleureusement leur défense, et c'était un devoir pour lui, car il ne pouvait avoir de plus souples et de plus fidèles serviteurs ; puis il en vient à attaquer la société, *qui est corrompue par l'esprit de modérantisme et ne mérite plus de confiance*... Un citoyen courageux, le nommé Lacroix, républicain exalté, mais honnête, cédant à son indignation, se lève alors, et s'adressant au représentant : « ..... Hudoux et Loizillon sont » ceux que je te dénonce..... Eh bien ! Francastel, voilà ces » hommes qui ont ta confiance, ceux-là même qui ne veulent » faire qu'un cimetière de notre cité..... »

Ces paroles avaient leur danger : elles annonçaient une résolution et une énergie peu communes. (*Voy.* lettre du comité, ch. II, *in fine.*)

J'ai retrouvé une note dans le même sens, signée par Lacroix, le 30 brumaire.

La société populaire du Mans ne montra pas moins d'énergie. Le 16 mai 1793, elle envoya à la Convention, dit M. Dauban, une adresse vigoureuse, dans laquelle elle lui reprochait le scandale de toutes ses séances ; elle lui disait hautement qu'elle n'avait d'énergie que lorsqu'il s'agissait de personnalités, d'injures..... A raison de l'alliance que j'ai rappelée au chapitre Ier et des rapports qui se sont continués entre Angers et Rennes pendant la révolution, j'ai le droit de parler ici d'un noble Breton, M. Duplessis de Grénédan, maire de Rennes en 1793. Plus tard, à la vérité, il a embrassé avec toute l'ardeur de son âme une foi politique qui n'était pas la mienne ni celle de la jeunesse, en grande partie au moins ; mais cette foi était chez lui consciencieuse et désintéressée et doit dès lors être honorée : ce sont les excès révolutionnaires, les orgies sanglantes de la liberté, je veux dire du jacobinisme, qui l'avaient rejeté en arrière, ou plutôt du côté des opprimés, et avaient modifié les opinions et les premiers élans de ses jeunes années ; il avait accepté avec enthousiasme le grand mouvement de 1789, et les idées qui en étaient la déduction logique et nécessaire. A 25 ans, il était nommé maire de Rennes le 10 décembre 1792 : tous ses soins étaient consacrés au maintien de l'ordre, et à la protection des proscrits, au nombre desquels on comptait le courageux Lanjuinais, son maître et son ami. Après le 31 mai, il rédigea, avec Gilbert, une adresse dans laquelle il exprimait avec énergie à la Convention l'intérêt qu'inspirait la cause des Girondins ; mais rien n'égale en vigueur et en audace la lettre qu'il écrivait à Saint-Just et à Robespierre, à l'époque de leur toute-puissance : il fallait une âme forte pour la braver alors et la braver en ces termes : « ..... Grâce au ciel, votre fin s'avance, la voilà qui » vient : la France que vous avez perdue, ne sera pas garantie » du despotisme; mais la divinité, la patrie, la liberté, l'huma- » nité, les mœurs seront vengées ! oui, vous périrez avec vos » complices..... Votre mort sera pour la France un jour de déli- » vrance et de fête..... » C'était une menace et un pronostic qui ne devaient pas tarder à se réaliser, et qui se seraient, sans nul doute, réalisés plutôt, si les maires des grandes villes s'étaient ainsi rendus les organes de l'indignation des bons citoyens.

La lettre de Duplessis fut suivie d'un décret d'arrestation du 9 août 1793 ; l'on devait bien s'y attendre. La tête de l'ancien maire fut mise au prix de 200 louis, par Carrier, qui heureusement ne put parvenir à découvrir la retraite d'un homme qui avait rendu tant de services et comptait tant d'amis. Une trentaine d'entre eux voulaient l'accompagner armés, prêts à le défendre, jusqu'à un port où il se serait embarqué : il s'y refusa et ne voulut pas quitter sa Bretagne, confiant en Dieu et dans l'avenir. Nous retrouvons, en 1828 et 1829, M. Duplessis Grénédan à la chambre des députés, dans les rangs des royalistes exaltés ; il avait d'autres idées, mais avec toute l'ardeur et le feu de la jeunesse. Que cela ne nous empêche pas, nous et tous ceux qui suivaient un autre drapeau, de lui rendre justice, et sachons toujours reconnaître dans nos adversaires politiques les actions généreuses et les services rendus à la patrie.

M. Duplessis Grénédan était président à la Cour de Rennes ; il a refusé de prêter serment au gouvernement de 1830. Honneur à ceux qui meurent fidèles à leurs convictions ! ! !

Vingt jours à peine avant le 9 thermidor, les citoyens de Rennes, réunis en assemblées primaires, avaient fait un grand acte d'audace et de courage qui aurait dû trouver de nombreux imitateurs. Ils écrivaient à la Convention : « Rapportez l'odieux » décret qui met en état d'arrestation nos plus incorruptibles » défenseurs ; rendez-les à la République ; vous en répondez » sur vos têtes. A cette adresse est jointe un arrêté ayant pour » objet la levée d'une troupe destinée à marcher sur Paris. » Billaud-Varennes demande le décret d'accusation contre les » administrateurs d'Ille-et-Vilaine (Renvoi au comité de salut » public). »

Un autre maire de Rennes, un simple tailleur, Leperdit, dont la vie a été plus d'une fois racontée, s'est conduit avec autant de courage que son prédécesseur. Il a prouvé dans toute sa carrière que la noblesse de cœur, la générosité, le dévouement, se rencontrent dans toutes les conditions sociales. Sa vie modeste le mettait plus qu'un autre à l'abri des défiances populaires, et il lui a été permis de rendre de grands services et de sauver la vie à beaucoup de concitoyens. Lorsque Carrier vint à Rennes à l'époque de la proscription de Lanjuinais, il demanda une liste de *suspects* au conseil ; on la présenta à Leperdit. « Vous avez » oublié un nom, dit-il. — Lequel ? — Le mien, car la plupart de » ceux que vous avez inscrits là, sont mes frères d'opinion et » ont combattu comme moi pour la liberté...... Cette liste est un » bon pour le bourreau...... » Il la déchire et tendant la main à ceux qui l'entouraient : Je vous recommande mes enfants........ puis il se présente à Carrier, qui le reçoit avec colère et lui dit : Je puis t'envoyer à la guillotine. —Leperdit réplique simplement : *J'irai*, et il va reprendre son poste ; mais il ne fut plus question de la liste des proscrits, et Carrier retourna promptement à Nantes. On pourrait citer de lui plusieurs autres traits de noble fermeté. A propos des prêtres bretons qui venaient d'être arrêtés, Carrier lui disant : Ils sont hors la loi. —Mais ils ne sont pas hors l'humanité, lui répond Leperdit..... Souvent il dirigeait lui-même les perquisitions. Un jour, il ouvre un grand placard, où deux prêtres étaient cachés; il reste tranquillement devant le meuble et les malheureux sont sauvés. En 1808, lors du passage de l'empereur à Nantes, il faisait partie de la députation du conseil municipal de Rennes : l'empereur le remarqua et s'entretint une heure avec lui dans l'embrasure d'une croisée...... Il fut aisé de voir que la discussion avait été vive : *Homme de fer*, dit l'empereur en le quittant. Leperdit, que la présence du grand homme n'avait point intimidé, s'était montré insensible à des séductions trop souvent irrésistibles.

Il serait injuste, après avoir rappelé les vies honorables de deux maires d'un pays voisin, de ne pas dire quelques mots d'un homme que beaucoup d'Angevins de nos jours ont connu : M. Urbain-René Pilastre, homme d'un caractère doux, de mœurs simples et modestes. Lui aussi a exercé dans notre ville les fonctions du mairat, pendant les plus mauvais jours : il s'y est conduit avec courage et humanité. Au mois de septembre 1793, un agent de la terreur voulait qu'on massacrât plus de trois cents prêtres emprisonnés au Grand-Séminaire ; il insistait, et M. Pilastre, ne se contenant plus, lui lança cette menace foudroyante : « Si vous n'êtes hors d'Angers dans trois heures, je » vous fais jeter dans la Maine. » Il sauva donc, pour le moment du moins, ces malheureux prêtres. Comme député à la Convention, il fit également des efforts afin de sauver le roi ; il vota pour la réclusion et le banissement à la paix. Plus tard, voyant ses vœux impuissants et la Montagne triompher, il donna sa démission, fut proscrit et obligé de se cacher : il se réfugia chez d'honnêtes ouvriers, y travailla comme menuisier, et demanda ainsi à ses bras les moyens de gagner le pain de chaque jour (*Voy*. Blordier-Langlois, t. II, p. 264). Pilastre était un ami d'enfance des deux La Revellière et de J.-B. Leclerc, de Chalonnes.

Nous devons dire aussi quelques mots de M. Berger, médecin, qui fut également maire d'Angers. Il était doux, humain, et ses fonctions l'ont mis plus d'une fois à même de se montrer charitable et généreux : avec un caractère plus énergique, il aurait empêché beaucoup de mal, si on lui eût permis de continuer ses fonctions ; il a fait des efforts réitérés pour obtenir le serment (seul moyen de salut alors) d'un grand nombre de prêtres et de religieuses ; il n'a jamais pu y réussir auprès de M. Gruget, qui parle de lui à plusieurs reprises et dans des termes qui démontrent qu'il a toujours, malgré des erreurs qu'il déplore, conservé des sentiments affectueux pour cet administrateur. « C'est avec bien de la peine, dit-il, que nous rapportons la conduite de M. Berger (il s'agit du serment). Nous aimerions bien mieux parler de sa douceur et de son caractère honnête qu'on lui connaissait autrefois, et qui lui avait attiré l'estime et l'amitié de tous les honnêtes gens. C'est un grand malheur pour lui d'avoir fréquenté la compagnie des méchants ; bon par caractère, il n'a pas eu la force de se mettre au-dessus de leur bassesse (ce mot peu lisible). La crainte de se voir méprisé l'a fait donner dans tous les écarts où on l'a vu tomber ; mais on espère que les prières de sa respectable sœur produiront les mêmes effets que celles de sainte Monique pour son fils Augustin. » C'est surtout aux sœurs de l'hôpital général, à qui il s'adressait plus particulièrement comme médecin de la maison, pour les déterminer au serment.

En un autre endroit, il parle de sa conduite, « qui n'est point » en rapport avec son extérieur honnête qui avait si longtemps » prévenu en sa faveur ; nous n'avons point été surpris de lui » voir gagner une fièvre putride, qui a pendant longtemps fait » craindre pour sa vie ; mais sans doute Dieu la lui a envoyée » pour le faire rentrer en lui-même. »

A ces noms on peut ajouter ceux : 1° de Mortier, épicier, membre de l'un des derniers comités révolutionnaires, capitaine de la garde nationale, chaud patriote en apparence, prêchant le sans-culottisme, vociférant dans les clubs contre les aristocrates, les fédéralistes, mais au fond républicain modéré, et cherchant à utiliser ses fonctions et sa popularité au profit des malheureux proscrits. Il aurait fait plus de bien encore sans son indécision et une faiblesse de caractère qui neutralisaient quelquefois ses bonnes intentions.

2° De Boquet, adjudant, et Savaton, sous-adjudant de la garde nationale ; l'un et l'autre ont souvent procuré des saufs-conduits aux suspects et aux détenus.

Après ces vies qui n'ont pas été toutes sans éclat, je passe à des existences plus modestes, mais qui dans leur petite sphère ont, sans calculer les dangers qui les menaçaient, consolé, adouci bien des infortunes, et qui à ce titre méritent un souvenir. C'est d'abord Javotte, humble servante d'hôtel, puis orangère ; sa vie est racontée dans le *Bulletin monumental* de M. de Soland, 1867, p. 17. Je me bornerai à citer ce qui se rapporte à notre sujet. « Pendant la terreur, elle déroba plus d'une victime au tribunal » révolutionnaire, et faillit payer de sa tête le dévouement » qu'elle mettait au service des proscrits. »

On peut faire le même éloge d'un homme jeune alors, habitant une maison de peu de valeur, place Falloux, affectant les dehors d'un rude et sévère patriotisme, fréquentant le club de la Trinité, et y développant avec chaleur les principes de la fraternité et du républicanisme. A peine avait-il quitté les *sans-culottes*, que la nuit venue il se dirigeait vers d'obscures retraites, muni de diverses provisions qu'il distribuait aux prêtres, aux nobles, à tous les proscrits. Que de fois il fut sur le point d'être trahi ou découvert ! mais rien ne refroidissait sa charité. Telle est la nature humaine : faire le bien est un besoin pour les uns, faire le mal un bonheur pour les autres ; c'est de ceux-ci que dit le poëte :

> Ever to do ill our sole delight,
> Toujours faire le mal, c'est notre seul bonheur.
> (MILTON, *Paradis Perdu*, liv. Ier.)

***** assistait assez assidûment aux exécutions de la place du Ralliement ; je veux, disait-il, apprendre à mourir.

M. Aimé de Soland est dépositaire de notes laissées par ce bon citoyen ; il en donnera, sans doute, quelques précieux extraits.

Les moyens les plus ingénieux, les plus repoussants quelquefois étaient employés pour sauver de malheureux détenus du sort qui leur était réservé. Deux porteurs avaient enfermé un homme dans une bière ; la sentinelle s'aperçut du stratagème et les dénonça. J'ai retrouvé, t. VIII, du greffe, l'interrogatoire subi, le 4 floréal an II, par Bois-Ramé, porteur, 45 ans.

D. — Si en mettant le prévenu, Chevalier, ici présent, dans le panier au nombre des morts, c'était seulement pour avoir ses dépouilles pour récompense ?

R. — Qu'il s'y est mis tout seul ; mais que s'ils mirent un mort sur lui, c'était pour rire et pour voir s'il aurait le cœur de rester dans un panier où l'on mettait les morts... . que ce n'était qu'un badinage.

Le 20 floréal an II, Bois-Ramé fut mis en liberté.

Lorsque l'ordre fut rétabli en France, lorsque l'on commença à respirer avec quelque liberté sur cette terre privilégiée de l'Anjou, si belle, si richement dotée par les mains de la nature, si odieusement maltraitée par la main des hommes, chacun de ceux qui avaient organisé ou pratiqué la terreur, rentra dans l'obscurité d'où il n'aurait jamais dû sortir, et pour son honneur, et pour le bonheur de son pays. Quelques-uns, je le pense, se seront éloignés, avec l'instinct des bêtes féroces, du lieu du carnage, ou bien se seront fait oublier en vivant dans une retraite profonde ; d'autres, dépourvus de toute pudeur et de tout sens moral, sont demeurés parmi leurs concitoyens, marchant la tête haute et ne reniant rien de leur passé. Tels se montrèrent Brutus Thierry, et Boniface, l'ex-bénédictin de la Congrégation de Saint-Maur. C'est pour ces grands coupables qu'est réservée toute la sévérité de l'histoire, car ils n'ont droit à aucune indulgence. N'omettons pas de signaler cette circonstance, que parmi les hommes dont les noms resteront fameux par leurs crimes dans notre pays, plusieurs étaient des étrangers. Le capitaine Bignon, Parein, Vacheron, Félix, étaient sortis de Paris. Parein n'a quitté l'Anjou que pour aller présider la célèbre commission révolutionnaire de Lyon, fonctions bien dignes de ses premiers exploits.

Les Mémoires de l'abbé Gruget nous fournissent quelques détails sur la mort de Loizillon et Roussel, membres de la commission militaire. Nous les transcrivons ci-après :

« Le dimanche 2 mars 1794, le sieur Loizillon, successeur de M. Delage dans la place des économats, un des juges de la commission militaire, fut conduit en terre, accompagné de ses dignes confrères et des gendarmes qui servaient à leurs exécutions. Il était mort la veille, de la mort des pécheurs, au milieu des plus cuisantes douleurs. Il souffrait dans son corps tout ce qu'on peut souffrir de plus violent, et les souffrances lui occasionnèrent des contorsions dans les membres et dans la figure qui effrayaient tous ceux qui le voyaient. C'est ainsi que Dieu lui faisait déjà expier les crimes dont il s'était rendu coupable. »

« Le matin 5 mars, les membres de la commission militaire avaient rendu les derniers devoirs à un de leurs dignes confrères, nommé Roussel. Il était mort de la veille, on ne sait trop de quelle maladie : tout ce qu'on sait, c'est qu'il ne fut malade que deux ou trois jours au plus. Après sa mort, son cadavre infestait tout l'appartement : on s'empressa vite de le porter dans un coin du jardin et de le couvrir dans la crainte des mauvaises exhalaisons. On découvrit, après sa mort, que c'était un prêtre de Paris ; il passait pour avoir de l'esprit : heureux s'il en avait fait bon usage. On rapporte de lui qu'il engageait une certaine personne qui avait occasion de le voir, de conserver son opinion : sans doute que les remords de sa conscience se faisaient sentir ; mais le malheur, c'est qu'il y fermait l'oreille. »

Le 27 mars 1795, disent ces Mémoires, deux buveurs de sang qu'on *apèlle* (ils ne les nomment pas), se sont noyés. On leur a trouvé des pierres et du fer dans leurs poches.

Mais trois surtout des terroristes angevins doivent être signalés à la postérité. Ils ont expié leurs fautes dès ce monde, et la fin de leur existence mérite d'être rappelée. L'un, moins homme d'action et beaucoup moins coupable que les deux autres, artiste enthousiaste, exalté jusqu'à la folie, d'une sensibilité maladive, se tenait souvent à sa porte en face du château, d'où il avait vu, d'un œil sec, sortir tant de victimes. Il jouait sur sa guitare des airs d'opéra, de Monsigny, Dalayrac, Grétry, etc. ; et la foule, dont il se plaisait à se voir entouré, pouvait souvent remarquer ses yeux mouillés de larmes. M. Blordier raconte ses sanglots et ses cris, quand il lui parlait de la mort de celui qui avait eu soin de son éducation, et qu'il regardait comme son bienfaiteur. Ses dernières années se sont passées dans la douleur. Il avait deux filles d'une rare beauté ; il s'occupait avec joie de leur prochain mariage : un accident, peu grave en apparence, les lui enleva en quelques jours, et leur mère mourut de chagrin.

Un autre, d'un caractère sociable, obligeant dans sa jeunesse, avait cédé aux perfides suggestions d'hommes plus énergiques, mais moins bien élevés, et qui avaient excité outre mesure ses jalousies et son ambition. Ils savaient qu'une fois admis dans leur cénacle, ils n'auraient aucune opposition à redouter de sa part. Ils le chargèrent de plusieurs missions qui lui répugnaient sans nul doute, mais qu'il n'eut pas le courage de répudier. Lorsqu'il eut à rendre compte de sa conduite, ses amis cherchèrent à la faire excuser en le représentant comme un *être passif*, instrument faible et docile qu'un corps vigoureux avait fait mouvoir : lui-même insista dans sa défense sur ce moyen de justification. Après une détention de plusieurs mois, il fut rendu à la liberté, mais non au repos. On le rencontrait seul dans nos rues, marchant la tête baissée, triste, pensif, saluant à peine ses concitoyens qu'il avait le plus connus, et qui le laissaient passer sans rien lui dire. Quelques années de cette vie intolérable s'écoulèrent, puis un jour les eaux de la Maine rejetèrent son cadavre sur le rocher de la Baumette, près de l'endroit même où l'on dit qu'elles avaient englouti de nobles martyrs.

Le troisième était un homme sans éducation, de mœurs rudes et grossières, d'un caractère inébranlable ; il a traversé des événements affreux, il y a pris une part active, sans jamais s'être montré vivement ému. Il paraissait, au contraire, rempli de joie, suivant la déclaration de quelques témoins. Ame d'airain, étrangère à tout sentiment de pitié, à toute sympathie pour le malheur, le remords ne pouvait avoir prise sur cette brutale organisation : il a vécu de longues années ; il habitait une rue étroite dans le centre de la ville ; il restait chez lui pendant le jour, et ne sortait de son repaire qu'à la nuit; il se glissait le long des murailles, évitant les regards : objet d'horreur pour son voisinage, si par hasard il était reconnu, on se le montrait du doigt, et les femmes disaient à leurs enfants : Le voilà celui qui envoyait les gens à la guillotine! Cet homme, vous le reconnaissez, c'était l'ami de Carrier.

CHAPITRE XVI ET DERNIER.

Réflexions générales.

On ne l'entoure (la France) de défiance ou d'espoir, de bienveillance ou d'inimitié, qu'autant que l'on croit voir qu'elle continuera par la sagesse ou la violence la révolution commencée, qu'elle fera de l'esprit de 1789 le réformateur pacifique ou le perturbateur du monde.

(*L'Angleterre au* XVIIIe *siècle*,
(Ch. DE RÉMUSAT.

Je me demande encore une fois, en donnant la dernière touche à ces lugubres tableaux, s'il n'est pas vrai que nulle part la *terreur* n'a sévi plus cruellement qu'en Anjou ; c'est bien là que l'on pouvait dire, avec toute raison, ce que disait hautement, après le 9 thermidor, le conventionnel Tallien, qui avait vu de près mettre en action les ressorts secrets d'un gouvernement qu'il avait servi avec ardeur, et qu'il eût secondé plus activement encore, dit-on, sans une intervention bienfaisante et généreuse à laquelle il ne savait pas résister. « Sous chaque pas » un piége, dans chaque maison un espion, dans chaque famille » un traître, sur le tribunal des assassins, tous les citoyens à la » torture par le supplice de quelques-uns : tel est l'art de ré» pandre la terreur. Convient-il à un gouvernement régulier, » libre, humain ? » C'est vers cette époque que Couthon osait s'écrier : Le règne des mœurs commence. —Oui, des mœurs de la plus odieuse tyrannie ! ! ! Et pour personne il n'est difficile de discerner quelle est la plus saine appréciation, celle de Couthon ou celle de Tallien. — En rappelant toutes les souffrances qu'ont endurées nos pères, il y a des griefs que je n'ai pas dû passer sous silence : pillages exercés par les autorités, dilapidations éhontées, confiscation de biens de toute nature et de toute origine... Mais, il faut l'avouer, c'est un mince délit que la violation de la propriété, même la plus légitime, quand nos regards sont affligés par le spectacle journalier de la violation effrénée de ce que les lois divines et humaines ont commandé de respecter avant tout : nos temples souillés, nos statues renversées et brisées, et sur nos autels couverts du sang de leurs ministres, de grotesques ou d'infâmes divinités érigées et proposées aux hommages, si ce n'est à l'adoration des citoyens ; le Christ remplacé dans nos basiliques par la déesse *Raison*, représentée par une femme, et par quelle femme souvent ! Je n'ose le dire. Toute pratique de la religion de nos pères est abolie : s'y livrer, c'est commettre un crime et se vouer à la mort ; c'est presque un crime aussi d'observer les préceptes que le code de la morale a prescrits de tous temps. La foi jurée n'est plus qu'une moquerie, les généraux eux-mêmes la foulent insolemment aux pieds, et se font un titre et un honneur de cet indigne procédé (ch. 12). La fidélité conjugale, l'affection la plus touchante d'un père pour son fils ou d'un fils pour son père, deviennent des motifs de suspicion et de condamnation ; on les énumère à ce titre dans les interrogatoires et dans les arrêts (Voy. ch. 4). Les plus nobles courages, les plus sublimes réponses ne désarment point, et ne font qu'irriter les tyrans, insensibles à tout ce qui d'ordinaire émeut et attendrit le juge. La naïveté et la grâce de l'enfant, le charme si puissant de la jeunesse, la majesté du vieillard, la pudeur même de la jeune fille, dont la misère et la captivité ont brisé les forces, tout ce qui peut enfin faire hésiter la conscience devant le devoir, ne trouve point grâce auprès des bourreaux (ch. 4). Nos Scévola, nos Brutus, nos Tell, nos Sidney et nos Vacheron, s'élèvent au-dessus de l'humanité, et leur incorruptible génie les emporte dans des régions supérieures, d'où ils n'entendent plus qu'avec indifférence les plaintes des malheureux et les cris de la douleur : on les en voit descendre quelquefois, et venir se placer en face de l'échafaud, afin de pouvoir en quelque sorte, suivant une déclaration rappelée par M. Godard, *lécher le sang des victimes*. Tout cela n'est-il, suivant Robespierre dans sa réponse au manifeste de la coalition, que des *irrégularités* inséparables des mouvements orageux et d'une grande révolution ?

En traçant ces lignes, je n'exagère point, on le sait maintenant ; je ne me sers pas du crayon de la fantaisie, je ne fais que me reporter aux témoignages, aux actions avérées, aux mœurs notoires des personnages du temps, à leurs paroles, à leurs confidences intimes, à ces lettres où l'ami ne garde pas de secrets pour son ami : c'est de l'histoire pure que j'ai faite, sans passion, ce qui certes ne veut pas dire sans émotion. Ainsi racontés les faits peuvent être d'un utile enseignement ; ils apprennent à détester la tyrannie, qu'elle se produise sous le nom des Tibère, des Néron, des Louis XI, des Henri VIII, des *sans-culottes*, et du comité de salut public. D'incroyables tentatives de réhabilitation, entreprises à ces époques où le scepticisme envahit et trouble les consciences, ont échoué contre la réprobation universelle ; et les menteuses apothéoses des écrivains adulateurs des rois, des empereurs et de la populace, ne prévaudront point contre le bon sens public et ses impartiales appréciations, par lesquels seuls l'historien, vraiment digne de ce nom, doit se laisser guider. Tout écrivain, en effet, qui prend la plume pour raconter les événements des âges écoulés et les faire revivre aux yeux des générations nouvelles, se condamne à une tâche grande et noble, mais rude et austère. Son rôle est loin de ressembler à celui du pamphlétaire, s'inspirant aux passions du jour qui font son succès, frappant, sans discernement et sans pitié, avec le fouet sanglant dont son bras est armé. L'historien doit se garder, au contraire, de céder à des mouvements de colère et d'indignation, et ce n'est qu'après avoir longtemps comparé, médité, réfléchi, qu'il prononcera ses jugements ; s'il laisse clairement entrevoir que le cœur de l'honnête homme et du bon citoyen n'a pu rester froid au récit de belles et nobles actions, ou de cruautés indignes, de crimes sans nom et sans excuse, il faut que personne ne puisse mettre en doute l'autorité de sa parole et la sagesse de ses observations.

Envisager ainsi l'histoire, c'est dire quels modèles aurait à suivre, d'après nous, celui qui projetterait d'écrire les annales complètes de nos malheureuses contrées, à la fin du dernier siècle. Sa tâche ne se réduirait pas à celle d'un greffier consignant froidement sur ses registres tous les actes et les faits qu'il a pour but d'attester ; circonscrite dans ce rôle mesquin, l'histoire ne serait plus, pour ainsi dire, qu'un simple journal sans intérêt et sans couleur. Il n'est pas possible d'ailleurs que l'auteur conserve, en toute circonstance, cette froideur et cette impassibilité de commande, qui sont la règle et la loi de certaine école. En dépit de tout système, de toute idée préconçue, un moment vient où chez le plus impartial le sang s'échauffe, où l'écrivain chercherait inutilement à dissimuler les sentiments de l'homme et du citoyen ; et, puisqu'il en est ainsi, ne vaut-il pas mieux suivre résolûment la grande voie de l'école philosophique, qui retrace les événements avec une scrupuleuse fidélité, les juge et les apprécie sans partialité ni passion, mais avec justice, et s'il le faut avec sévérité. Qui n'admire et ne loue Tacite d'avoir raconté et flétri d'un mot ou par une image ineffaçable les forfaits de Néron et de Tibère? Nos grands historiens modernes, Macaulay, Lingard, Guizot, Sismondi, Thiers... ont-ils eu tort de mêler à leurs récits l'éloge et le blâme, des considérations morales et politiques, de sages et hautes réflexions qui font l'éducation des rois et des peuples, et qui peuvent éviter aux uns et aux autres de grandes fautes et de terribles catastrophes, quelquefois la honte et la ruine? Puisse donc un jour se rencontrer un homme supérieur, qui, guidé par ses principes, prenne à tâche de faire l'histoire complète *de la terreur* en France, et de réunir tant de matériaux épars pour élever, en quelque sorte, un monument funèbre à tout ce qui a souffert pour son Dieu, pour son roi ou son pays! Supposez cet homme, grand moraliste, politique habile, philosophe éminent; quel puissant intérêt s'attacherait à la lecture de son travail, à ses appréciations et à ses déductions diverses, relativement à l'une des périodes les plus funestes, sans doute, mais les plus instructives de l'histoire ! Il nous expliquerait par quelles causes le peuple de la capitale, si enthousiaste et si démonstratif parfois sous la monarchie, est tout à coup devenu si sévère et si cruel envers elle ; comment cette ville, centre de la mode élégante, de la littérature et des arts, a laissé pendant des années entières ses rues et ses places inondées de boue et de sang ; comment les clubs, les hommes les plus méprisables et les plus hideux, ont exercé jusque sur les provinces éloignées une irrésistible influence ; il expliquerait l'action des comités de salut public et de sûreté générale sur ceux des grandes villes, les relations des sociétés populaires entre elles, des Jacobins de la province avec ceux de la capitale sur lesquels ils se modèlent, qu'ils s'efforcent même parfois de dépasser en zèle, en extravagance, en rigueur; il dépeindrait les provinces de la Bretagne et du Poitou, royalistes fidèles, loyales et chevaleresques, quelquefois, hélas ! cruelles dans leurs représailles, l'Anjou aux idées monarchiques, aux mœurs faciles et douces, contenant dans son sein tous les éléments de force et de résistance, mais négligeant de les utiliser, de les organiser, comme le fait presque toujours le parti de l'ordre, qui cependant est la *force vive* de la nation, ne s'opposant pas en temps opportun aux projets des scélérats et devenant comme Lyon, Arras et Paris, le théâtre sanglant des plus honteux et des plus lamentables excès. Ce fut la faute impardonnable de ce parti ; aujourd'hui ce serait un crime, averti comme il l'est ; qu'il se tienne prêt à tout événement ; qu'il forme une ligue du bien à l'encontre de cette ligue du mal qui affiche hautement ses projets, et ne les révèle que par l'audace et la violence ; il montrerait enfin tout ce qui fait la vie et la gloire d'une grande nation, frappée de mort et de stérilité. Ce cadre, on le voit, embrasserait l'histoire morale, religieuse et politique de la France entière pendant nos années les plus malheureuses ; il dépasse le but que se sont proposé MM. Mortimer-Ternaux, Dauban, Berriat Saint-Prix et de Barante, dont j'admire toutefois les laborieuses investigations et les magnifiques travaux.

Cette immense revue n'aurait que peu de lignes à consacrer

aux productions de l'esprit et du goût : dans ces effroyables crises d'un peuple civilisé, le génie des arts et des lettres ne saurait trouver sa place ; le langage élégant et poli, la belle et noble poésie se tiennent à l'écart, et le jargon rude et grossier des clubs ne tarde pas à se répandre dans tous les rangs de la société ; la peinture et la sculpture, filles de la paix, des loisirs heureux, de la fortune, sont livrés au plus complet oubli, alors qu'il n'y a plus ni repos, ni bien-être, ni richesse : l'éloquence, qui vit de liberté, est chassée du barreau (1) et du forum après la mort de Mirabeau et des Girondins : son unique refuge est dans les camps ; là se rencontrent de nobles cœurs, que le sentiment de leur force soutient et grandit : c'est Bonaparte, disant aux soldats dans son style plein d'images, au moment de leur départ pour l'Égypte : « Vous êtes une des ailes de l'armée » d'Angleterre ; » c'est l'immortel Hoche, plus mâle encore et plus simple peut-être dans ses pensées, disant aux troupes désorganisées par la défection de Dumouriez : « Le brave veut » près de lui un brave qui le suive ou le venge : hors des rangs » ceux qui tremblent ! la force de l'armée est dans le courage, » et non dans le nombre de ceux qui entourent le drapeau... » Au général Vincent il écrit : « Lorsque je t'enverrai l'ordre, » songe aux maux que nous souffrons, et fonds sur l'ennemi » comme l'aigle sur sa proie. » Paroles simples et dignes des héros de l'antiquité.

Quant à la presse, organe habituel de l'opinion publique, elle était comprimée comme elle ; on sait en quel nombre ses écrivains ont été persécutés et déportés : — « Ce sont les plus dan» gereux ennemis de la patrie, » disait Robespierre. — Libre d'entraves, la presse n'aurait point eu, du reste, l'influence que depuis elle a conquise. « Le journalisme, dit avec raison M. de » Barante, était loin d'avoir, surtout en province, l'habi» leté, les ressources et l'importance qu'il a de nos jours ; » il dispose souverainement des réputations des individus ;

(1) Couthon ne parlait des avocats que comme de gens voués à la défense des ennemis de la patrie.

on pourrait presque dire qu'il dispose aussi du sort des empires; on se rappelle quelle part il a eue dans les révolutions de 1830 et de 1848; c'est une puissance d'autant plus redoutable, qu'elle a quelque chose d'indéterminé, qu'il est difficile de fixer ses attributions, ses droits et ses devoirs, de lui tracer les limites au-delà desquelles il y a licence et abus, attaque et violence, et non plus critique raisonnable et juste censure; avec de l'audace et du talent, et nombre d'écrivains ne sont dépourvus ni de l'un ni de l'autre, il est aisé de côtoyer prudemment ces limites et même de les franchir impunément. Les coups portés sont rapides, mortels quelquefois, et je ne puis admettre cet axiome trop répandu : *La presse guérit les blessures faites par la presse*, axiome insensé s'il en fût! Nous avons vu dans ces dernières années le plus beau de nos fleuves rompre ses digues, inonder nos campagnes, détruire nos récoltes, nos habitations, et laisser en se retirant des miasmes pestilentiels et des germes de mort; ses eaux, à la vérité, ont déposé sur nos sillons un gras limon qui les a fécondés; est-ce une raison, dites-le-moi, pour ne plus s'opposer à la violence des flots, et s'efforcer de prévenir le retour de ces funestes débordements?

Si déjà deux révolutions sont en partie dues à la presse, est-il invraisemblable, comme plusieurs de ses organes l'annoncent chaque jour, que dégagée de tout lien, elle parviendrait à en produire une troisième, à l'aide de ses soldats si bien enrégimentés, de ses engins de nouvelle invention, de ses prédications incendiaires, propagées au loin par les Marat de nos clubs? Quel serait le caractère, et surtout la durée de cette crise? Nul ne saurait le dire : l'imprévu prendrait sa part dans les événements; mais bien des gens, même ceux disposés à s'incliner devant la loi librement émanée du peuple et du suffrage universel, auraient peine à ne pas reconnaître, dans cette révolution, la fille aînée de 93, car, quoique non émancipée encore, elle ne cesse de revendiquer avec violence tous les bénéfices de l'héritage paternel, l'égalité absolue, la spoliation, la réalisation des projets insensés de Babœuf et des principes atroces de Saint-Just et de Robespierre.

J'admets toutefois une presse libre, libre dans la plus large mesure, mais avec un remède efficace contre ses excès. Une liberté absolument illimitée est terrible dans ses écarts ; elle doit rencontrer devant elle une répression sérieuse, offrant des garanties réelles pour les particuliers et pour l'ordre public, émanant de qui l'on voudra, magistrature ou jury, pourvu que la juridiction instituée protège également et sans passion tous les droits, ceux des individus qui ont à cœur l'intérêt de leur considération et de leur honneur, ceux de la société qui ne peut vivre sans ordre et ne fait que dépérir, nous le savons, dans une agitation entretenue par les élucubrations malsaines du communisme et de la démagogie. Il ne faut pas que des jeunes gens doués de talent, mais sans expérience, sans études réfléchies, puissent impunément, au gré de leur imagination et de leurs rêveries, tout excusables, généreuses même que soient celles-ci, se proclamer les mandataires infaillibles du peuple, faire appel aux passions politiques, aux mauvais instincts, porter inconsidérément le désordre dans les familles ou dans l'État : cela ne doit rester impuni sous aucun gouvernement bien et solidement organisé, qu'il s'appelle république, empire, ou royauté.

A Angers, à l'époque de la révolution, la presse avait deux organes principaux, *les Affiches d'Angers*, et *le Journal de Maine-et-Loire*, s'imprimant l'un chez Mame, l'autre chez Jahyer et Geslin : le premier, représentant habituel du parti modéré, mais encourant parfois le reproche d'avoir trop de complaisance pour les actes du pouvoir ; le second, expression vive et ardente des idées révolutionnaires : *les Affiches* étaient rédigées et soutenues par des écrivains qui n'étaient pas sans mérites, notamment Mevolhon, ex-oratorien, professeur distingué ; Toussaint Grille ; Benaben, professeur instruit, spirituel, enthousiaste ; Papin, autre professeur, mais sec et pédant, froid classique, peu porté aux innovations en toutes choses. Le journal de Geslin admettait dans ses colonnes les écrits de Dubouix, grand vicaire de Mgr Peltier ; de B. Piquelin, membre du comité révolutionnaire. Aucun de ces noms ne pouvait donner une autorité imposante à ces feuilles politiques et imprimer aux esprits une direction salutaire.

Outre les articles fournis par les auteurs que nous venons

de désigner, ces journaux contenaient quelques extraits des séances de nos assemblées, de nos clubs, des nouvelles locales, des analyses de pièces de théâtre, et enfin quelques articles de variétés.

Quant à la littérature proprement dite, il faut la chercher hors de France, suivant Cantu, dans son *Histoire universelle*, t. XIX, Quelques esprits en très-petit nombre devaient la cultiver, dans un temps où la qualité d'homme de lettres menait à la proscription et non à la gloire : « La vue ou l'attente de grandes commotions, dit l'illustre historien que nous venons de citer, enlevèrent aux écrivains la réflexion, le calme aux lecteurs ; la main dut alors combattre au lieu de tenir la plume ; » plusieurs auteurs, dégoûtés des scènes de la vie actuelle, s'en éloignent par la pensée, remontent aux âges primitifs, dans l'espoir d'y trouver la paix et le bonheur qui n'existent plus parmi les hommes. L'un de nos compatriotes, J.-B. Leclerc, écrit ses idylles et ses contes, sans pouvoir néanmoins s'abstraire complétement des agitations et des événements du jour. Dans des vers plus empreints de sentiments honnêtes que de souffle poétique, il s'élève contre les crimes de la révolution :

Paris aussi semble un repaire
De brigands et de factieux,
Au sein duquel on ne prospère
Que par des cris séditieux ;
La vertu craintive, éplorée,
Fuit la multitude égarée ;
Le trouble est dans tous les esprits :
On excite au meurtre, on menace,
Sur des tréteaux, dans chaque place,
Dans les clubs et dans les écrits.

. . . .

O honte ! ô ma chère patrie,
Quel homme, sans verser des pleurs,
Pourrait voir ta gloire flétrie
Par un ramas d'hommes sans mœurs !
Lève-toi, ce sont là les traîtres :

Sur le front de tes nouveaux maitres,
De l'opprobre imprime le sceau :
Rends tous leurs efforts inutiles,
Saisis, étouffe ces reptiles
Qui t'attaquent dans ton berceau.

Ailleurs et moins heureusement inspiré, il rappelle des haines et des passions qu'il eût mieux valu chercher à étouffer.

Dégoûté des événements qui s'accomplissent sous ses yeux, il oppose dans son *siècle pastoral* le calme des champs aux désordres et aux vices de la civilisation : — « Les bergers, dit-il, » quittèrent leurs hameaux pour aller trafiquer dans les villes ; » ils osèrent même traverser les mers, et cette contrée..... con- » nut enfin la propriété, l'industrie, le commerce, les arts, le » vice et le malheur. »

Un autre Angevin, âme probe, esprit vigoureux, dit M. Gerusez, doué d'une indépendance et d'une vertu antiques, quittait sa patrie pour aller se livrer dans la solitude aux plus profondes études : voyageur intrépide, désireux de voir avec soin les pays qu'il allait décrire, il s'était endurci à la fatigue par de rudes et longues épreuves ; puis il s'enfermait dans un couvent arabe, pour y étudier pendant près d'une année les langues et les civilisations des temps passés. Revenu en France, il publie ses voyages et ses ruines, de 1787 à 1791. On le lit, on l'écoute avec intérêt et curiosité : des liaisons assez intimes se forment entre lui et ce jeune officier d'artillerie qui plus tard devait devenir le maître absolu de nos destinées. Les descriptions de Volney, ses récits animés ont, plus d'une fois, dit-on, excité chez son auditeur un vif enthousiasme, enfanté dans son esprit, enclin au merveilleux des rêves brillants qui devaient se réaliser un jour, et ils n'ont pas ainsi été étrangers à cette grande expédition d'Égypte, prodigieuse par ses résultats divers et par l'influence qu'elle a eue sur les destinées de la France et du monde. — L'illustration de Volney, le libéralisme de ses idées, ne purent le soustraire, pas plus que ceux qui n'admettaient pas toutes les niaiseries du sans-culottisme, à la persécution, à l'accusation de royalisme ; il fut arrêté, subit une détention de dix mois, pour expier sa liberté de penser ; et celui-là même dont le *catéchisme* avait été enseigné dans toute la France, ne dut sa délivrance qu'aux journées de thermidor. -- Comme lui, Laharpe, Ginguené, Bitaubé, Florian, furent emprisonnés ; ce dernier ne fut également sauvé que par la réaction thermidorienne ; il était malade, affligé d'un état de choses qui répugnait à ses habitudes, à ses goûts délicats, et ne survécut que peu de temps à la détention rigoureuse qu'il avait subie. Parmi ses divers ouvrages, on distingue ses fables, dans lesquelles, à force de finesse et d'esprit, il fait presque oublier que les qualités qui font la perfection du genre sont la naïveté, la grâce simple et sans art.

Quelques noms doivent être ajoutés à ceux qui précèdent.

Garat, après de brillants succès, avait quitté la littérature pour la politique. Il succéda à Danton comme ministre de la justice, et s'opposa à la poursuite réclamée contre les auteurs des massacres de septembre. C'était les couvrir d'une amnistie que la justice vengeresse ne ratifiera jamais, et se montrer ainsi le digne successeur de celui qui avait fermé les yeux et laissé massacrer les prisonniers.

Louvet, homme de talent et d'énergie, est l'auteur d'un livre trop connu, et qui, dans le temps où il parut, devait obtenir une déplorable célébrité : il vaut mieux, pour la mémoire de ce conventionnel, rappeler l'audace et le courage avec lesquels il s'est élevé contre la tyrannie de Robespierre.

Nous devons à Bernardin de Saint-Pierre la description des grandes scènes du nouveau monde ; mais ce qui le fera vivre surtout, ce sont ces pages délicieuses qui ne cesseront jamais d'exciter les plus douces et les plus tristes émotions, quoiqu'elles soient le produit plutôt des élans d'une imagination vive et sensible que des inspirations du cœur.

L'esprit de Chamfort était trop porté à la satire pour ménager même, dans ses attaques indirectes, les puissances redoutables du jour. Il fut arrêté une première fois, menacé plus tard de l'être une seconde ; mais le dégoût de la vie le porta au suicide le 13 avril 1794.

Evidemment, dans des temps comme ceux-là, les belles-lettres, les sciences et les arts, ne peuvent prospérer. On sait ce que Robespierre disait des écrivains (1). Le président du tribunal révolutionnaire proclamait hautement, en prononçant la condamnation de Lavoisier, à qui on refusa un seul jour pour trouver la solution d'un problème, *que la République n'avait pas besoin de savans.* Richelieu avait dit comme eux... : dans un état bien ordonné, il faut plus de maîtres ès arts mécaniques que de maîtres ès-arts libéraux. Ainsi nous voyons Roucher, André Chenier, Bailly, Lavoisier, arrachés à leurs nobles travaux, et mourir sur l'échafaud.

Saint-Just fit abattre une partie des statues de la magnifique cathédrale de Strasbourg ; les Jacobins de cette ville firent fermer la bibliothèque publique, pour en faire un magasin à fourrages.

Telle était la protection que trouvaient alors en France les hommes de lettres, les artistes et les savants (2). Il n'en était pas de même en Allemagne, en Italie, en Angleterre, où cependant avaient pénétré les principes de la régénération moderne. Ces pays avaient leurs philosophes, leurs poëtes, leurs historiens et leurs orateurs, et nous ne pouvions plus, sous ce rapport, rivaliser avec eux. Les lettres, les sciences, les arts y étaient honorés autant qu'ils étaient négligés parmi nous. Goëthe, Schiller, Hegel, Tieck, Uhland, jouissaient d'une immense popularité, et ils exerçaient un ascendant considérable sur la jeunesse allemande.

---

(1) « Quels sont nos ennemis ? Les riches et les écrivains mercenaires.
» Comment ferez-vous taire les écrivains ? Comment les attacherez-vous à la
» cause du peuple ! Ils sont à ceux qui les paient. Or, les seuls hommes capables
» de les payer sont les riches, ennemis naturels de la justice et de l'égalité.
» Que conclure de là ? Qu'il faut proscrire les écrivains comme les plus dange-
» reux ennemis de la patrie. »

Cette sentence impitoyable doit être recommandée à la méditation des journalistes, qui se font encore les avocats et les admirateurs de Robespierre ; il les proscrivait comme feront tous les tyrans. A la presse, il faut la liberté, elle la réclame, c'est son droit. Mais son devoir est de respecter la Constitution et de se soumettre aux lois ; ne pas le faire, tout attaquer, hommes et institutions, n'est-ce pas exercer la tyrannie ?

(2) Il faut être juste cependant, et reconnaître que parmi ces derniers, en dépit de *la terreur*, des hommes illustres, tels que Monge, Havij, Bertholet, Daubenton, etc., etc., ont honoré le pays par leurs travaux et leurs découvertes.

J'en puis dire autant de Monti et d'Alfieri pour l'Italie. La tribune anglaise adressait au monde les patriotiques accents de ses plus célèbres orateurs : Pitt, Burke, Fox et Shéridan. La science politique elle-même n'était chez nous qu'un code barbare des doctrines les plus absurdes et les plus contradictoires, un amalgame étrange d'une liberté effrénée et d'une sauvage tyrannie. Il n'y avait donc presque aucune branche des connaissances humaines qui ne fût en souffrance sur ce sol si fécond en intelligence et en richesses, mais frappé momentanément de stérilité. Il n'y avait plus en politique, en morale, ni règle ni mesure : on s'acheminait à grands pas vers la décadence et la barbarie, et nous ne pouvions être arrachés à cette avilissante dégradation que par une main puissante qui viendrait rétablir l'ordre et rendre la sécurité à ce pays si cruellement déchiré et si apauvri. On oublie trop vite qu'un peuple ne vit pas uniquement de liberté, et qu'il lui faut aussi pour la garantir et la rendre durable, des lois fortes et respectées. Au pouvoir populaire, force immense, aveugle souvent, il est sage d'opposer un pouvoir moins mobile, moins facile à entraîner, qui sache résister aux écarts terribles d'une foule impressionnable et passionnée ; à une chambre qui est le produit du suffrage universel, un contrepoids énergique, chambre des pairs, ou sénat, peu importe, choisi par le chef du gouvernement, ou par l'élite de la nation, pouvoir modérateur qui, sans méconnaître les besoins et les aspirations légitimes des populations, sache les contenir dans de justes bornes, et résister aux mouvements impétueux et aux vœux irréfléchis qui ne peuvent amener que la misère et la ruine d'un pays : on peut alors éviter les malheurs et les crimes d'un temps où une seule chambre dominée par une force brutale se faisait l'instrument d'un despotisme sans contrôle et sans frein. Nous avons à peu près aujourd'hui, grâce aux larges réformes qui viennent de s'accomplir, les lois organisatrices que réclamait le vrai libéralisme des temps modernes. L'expérience, si nous savons l'attendre, nous indiquera les sages modifications qu'elles peuvent subir progressivement dans l'intérêt de la société. Nous avons fait assez de ruines depuis un siècle, nous avons effrayé le monde, ainsi que le dit M. de Rémusat ; rassurons-le donc en consolidant par des mains habiles et prudentes nos monuments ébranlés. Quant aux lois de détail, elles sont aussi perfectibles, sans aucun doute ; mais telles qu'elles sont, civiles ou pénales, elles sont dans leur ensemble supérieures à celles de nos voisins, et leur servent souvent de modèles : *nos codes sont un monument* (1) ; il y a imprudence à en arracher la moindre pierre : gardons-nous de soumettre une législation si savamment coordonnée par les plus doctes jurisconsultes, renfermant à la fois les principes de haute morale sur lesquels étaient fondés les anciennes sociétés et les éléments qui doivent vivifier les sociétés actuelles, à certaines conceptions irréfléchies des utopistes et des rêveurs. La loi est une chose sainte qui a besoin du respect des peuples, et qui n'a plus aucune autorité si elle change sans cesse : à ces conditions, la France pourra jouir en paix des bienfaits de la civilisation et de la liberté, et ces paroles prophétiques de Napoléon Ier n'auront plus rien de menaçant pour les peuples : « Après moi, la révolution, ou plutôt les idées » qui l'ont faite, reprendront leur cours. » Ainsi réglées et contenues, nous leur devrons l'ordre et la prospérité.

---

(1) Discours de l'Empereur du 21 mai 1870.

FIN.

ERRATA.

Page 25, 34e ligne, au lieu de : *Amar*, lisez : *Ancar*.

— 25, 35e ligne, au lieu de : *du palais*, lisez : *du palais à Tours*.

— 26, 5e ligne, après *étaient dévolues*, ajoutez : *Elle fut installée à Angers*.

— 28, 25e ligne, au lieu de : *une nouvelle commission militaire fut instituée à Tours, et composée d'Amar, Félix, Delaunay, Millier, Senart*, lisez : *cette commission militaire de Tours dont nous avons parlé plus haut*.

— 60, 7e ligne, au lieu de : *où s'élevait*, lisez : *les bois de*.

— 60, 22e ligne, au lieu de : *plusieurs registres du greffe*, lisez : *un registre du greffe*.

BIBLIOTHÈQUE NATIONALE
R.F.
IMPRIMÉS

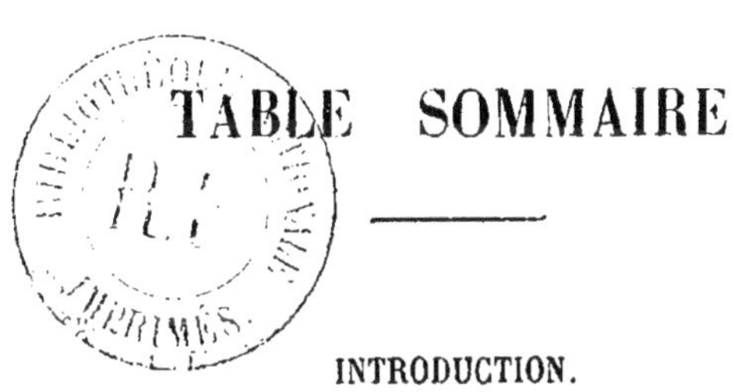

TABLE SOMMAIRE.

INTRODUCTION.

Réflexions sur nos fréquentes révolutions. — Crimes qui ont suivi celle de 1789, et qui ont désolé l'Anjou.

CHAPITRE PREMIER.

Enthousiasme de la jeunesse angevine. Ne pouvait-elle empêcher les excès qui ont ensanglanté notre pays? Son alliance avec la jeunesse bretonne. Troubles de Rennes. Adresse des étudiants angevins. — Premières mesures révolutionnaires, séquestres, confiscations, etc. — Causes diverses de l'insurrection de la Vendée. Le 10 mars à Saint-Florent. Dévastations, incendies et ruines du pays. Sa prospérité actuelle, ses progrès dans l'agriculture et l'industrie.

CHAPITRE II.

Choudieu, son caractère, son indomptable énergie, sa conduite envers sa mère. Il siége à la Convention entre Chabot et Couthon. — Dieuzie, Couraudin, Viger, Bodi, Brevet de Beaujour, de Soland, Delaunay l'aîné et son frère : Fin misérable du premier, courage du plus jeune ; il flétrit à la tribune les massacres de septembre, peu de jours après, et en face des coupables qui les ont ordonnés ou laissé commettre ; lui seul, en Anjou, s'il avait été bien secondé, aurait pu neutraliser l'influence de Choudieu.

CHAPITRE III.

Multiplicité des juridictions révolutionnaires Leurs incessantes réorganisations. — Tribunal criminel institué le 29 septembre 1791. Il jugeait avec assistance de jurés. — Instruction pour la procédure criminelle. Ses magnifiques développements, vrai modèle pour toutes les législations. — 9 mai 1793, création du tribunal extraordinaire et révolutionnaire. Il juge sans jury Le titre *extraordinaire* est supprimé. — Etablissement de diverses commissions militaires à Angers, à Tours, au Mans. — Nombreuses condamnations. — Transport des commissions à Saumur, Doué, Chemillé, Sablé, etc. — Conflits avec le comité révolutionnaire. Arrogance de ce dernier. — Costume des membres des commissions. — Nos armées ont à leur suite une commission militaire. — Tribunal révolu-

CHAPITRE IV.

CHAPITRE V.

breuses exécutions à Angers pendant les mois de nivôse et de ventôse. — Affreuse boucherie des Ponts-de-Cé. — 250 prisonniers fusillés au Bois-Planti, 1250 dans la prairie, qui s'étend entre les Ponts-de-Cé et Sainte-Gemmes. — 32 cadavres écorchés ; dépositions attestant ce fait monstrueux. Lemonnier refuse de tanner les peaux. — Epoque de recrudescence de la Terreur.

CHAPITRE VI.

Condamnation et exécution des officiers municipaux des Ponts-de-Cé, d'Espinard, de La Grandière, Gastineau, Saunier, Girard, la Durandière, Drouineau, Loir-Mongazon, Chalou, des huissiers Camoin et Lérat, des chirurgiens Bompois et Batard, Joussebert, Guillot de Folleville, évêque d'Agra. — Passage de la Loire. — Bonchamps ; son cri : Grâce aux prisonniers. — Procès de La Planche de Ruillé. — Dénonciation contre Perrier-Dubignon, Dumans de Chalais. — Exécution de Jeanne Dupercher, des demoiselles Legrand de la Liraie, de Castelnau, Beauvais, Michel des Essarts, Donissant, Morna, juge, Falloux du Lis, Michelle Falloux, veuve Marcombe, Pichonnière, notaire. — M. Desmazières, ex-premier président de la cour impériale et sénateur, aide de camp du général Suleau, fait mettre deux détenus en liberté. — Exécution de Mélanie Louet, veuve Dupineau ; son fils dit Montiron. — Bourg de Rablay, nombreux suspects. — La famille la Sorinière. — Procès de Brevet de Beaujour, Dicuzie, Tessié du Closeau, Couraudin, la Réveillère, Maillocheau, Despujeols ; ces deux derniers seuls acquittés — Intérêt qu'inspirait Brevet de Beaujour. — Détention de Mamert-Goullion, de Pavie. — Les Choletaises enregimentées. — Procès de Vial ; son caractère, son activité, son audace, son énergie ; il est défendu par son fils, admis le 10 fructidor à la barre de la Convention. Son acquittement le 24 vendémiaire.

CHAPITRE VII.

Dispositions pénales concernant les enfants. — Arrestation d'une trentaine d'enfants au-dessous de treize ans. — Propos de Jeffreys sur un enfant. — Olitro, jeune marin de Lorient ; un membre de la commission s'intéresse à lui ; René Chartier le recueille dans sa maison. — 6 enfans de 13 à 17 ans exécutés ; ils faisaient partie de 200 Vendéens qui s'étaient rendus. — 43 enfants massacrés à Bicêtre, aux journées de septembre. — Nombreuses condamnations, à Laval, d'enfants de moins de 16 ans ; Garnier de Saintes fait des observations à cet égard. — Elisabeth Chavenot, son interrogatoire : *s'il aime à danser ?* — Enfant de 10 ans, fusillé au Port de l'Ancre. — Un autre de moins de 16 ans. — Pierre Queneau, colporteur ; Morton, ex-curé ; Victoire Avril ; Julien Martin ; Jérôme Allain, chantre d'Igoville, tous atteints de folie et exécutés, sauf Martin et le curé Morton qui est mort en prison.

CHAPITRE VIII.

Dispositions des membres du clergé en 1789 ; elles changent lors de la promulgation de la constitution civile de 1790, qui les oblige à prêter le serment civique. — L'évêque d'Autun. — Bref du pape ; son sage désir de conciliation. — Opinion de MM. Mignet et Thiers sur cette constitution. — Nouveau bref du 13 avril 1791, qui annule les élections des évêques et curés constitutionnels. — Abus qu'entraînait le système d'élection pratiqué autrefois. — Elections de curés faites par Carpentras, maréchal, vers la fin du XVIIe siècle à Angers, faubourg Saint-Michel — Hugues Peltier, ancien prieur-curé de Beaufort, est nommé évêque d'Angers : sa lettre du 20 septembre ; plusieurs curés lui répondent en termes violents et injurieux ; son abjuration ; il est reçu membre de la société populaire ainsi que Duboueix, son grand-vicaire. — Le nombre des membres du clergé angevin s'élevait à 1529 : ce qu'ils sont devenus : MM. Denais, Dion, David, Forest, Abelard, Montalant, Breton, Monsalier, Gruget ; mémoires laissés par ce dernier, communiqués par M. le comte de Quatrebarbes. — Les prêtres de Nevers. — Lettre atroce du comité à Francastel ; elle devait faire présumer que tous avaient été massacrés ou noyés. — Les archives de la Loire-Inférieure prouvent qu'ils sont arrivés à Nantes le 25 ventôse, et qu'ils ont été déportés. Carrier était alors à Paris ; son portrait donné par lui à son ami Hudoux.

CHAPITRE IX.

Siége d'Angers. — Défense héroïque de ses habitants et de leurs femmes ; belle conduite du 2e bataillon de la garde nationale ; il ramène contre les assaillants, le général Danican. — Amnistie proclamée par Westermann ; les représentants du peuple n'en tiennent pas compte. — Détresse et découragement des Vendéens ; Larochejacquelein les soutient et les ranime ; il entre au Mans. Les républicains reprennent la ville. Déroute de l'armée vendéenne ; massacres dans les places et les rues ; désastre effroyable. — Actes de générosité ; actes de faiblesse. — Marceau ; il sauve Angélique Desmeliers ; elle se réfugie à Laval, et se dénonce elle-même pour ne pas compromettre ses hôtes ; récits légendaires. Suivant l'un d'eux Marceau quitte à la hâte la frontière et vient à Paris où il obtient la grâce de la prisonnière ; mais il arrive à Laval au moment où elle venait de mourir, et retourne à son poste. — D'autres écrivains transforment, en quelque sorte, Angélique en déesse de la fable, ou bien en héroïne du Tasse. — Marceau s'illustre à l'armée du Nord ; il est frappé mortellement ; noblesse de son caractère ; tous le pleurent, amis et ennemis, et lui rendent en commun les derniers honneurs : un monument lui est élevé sur la terre étrangère. — Strophes de lord Byron. — Un officier républicain, M. de Fromental, sauve également Mlle Eulalie Boguais.

CHAPITRE X.

Talot préposé à la défense de la Convention, le 9 thermidor. — La chute de Robespierre ne termine pas brusquement le régime de la Terreur. — Exécutions qui ont immédiatement précédé et suivi cette journée Le général Beauharnais, André Chénier, Roucher, le baron de Trenck, Goësmann, conseiller au Parlement Maupeou; les membres de la commune. Couthon, Henriot, Cofinhal, vice-président du tribunal révolutionnaire. — Attaques contre la Convention; luttes violentes dans son sein. — Arrestation de Choudieu, de Léonard Bourdon, etc., etc. — Choudieu traité d'assassin. — Ces luttes se produisent aussi en province dans nos clubs; la société populaire de l'Ouest; réaction notable dans l'esprit de cette société; Choudieu qui l'avait longtemps dirigée est dénoncé par elle après la chute de Robespierre. — Etrange mobilité des opinions en temps de révolution. — Pacification de la Vendée; Enjubault, ancien député, lâchement trahi par Esnue La Vallée, et exécuté à Laval. — Ce que Francastel est devenu. — Impossibilité de préciser le nombre des victimes de la Terreur en Anjou; toutefois il ne peut être inférieur à dix mille.

CHAPITRE XI.

1er septembre 1793; lettre du comité au département; séquestre du château de Sainte-Gemmes; son pillage par les bataillons de Paris. — septembre 1793, au représentant Pérard. — Même mois, délibération relative aux femmes qui desservent les hospices. — Brumaire an II, au représentant Richard; la *sacram sanctam guillotinam...... Saint Félix hiérophante du sacré collége.* — 9 brumaire an II, au comité révolutionnaire de Chinon: « *Nous avons tous les sentimens d'humanité qui respire pour la liberté......* — Au commissaire du département de Cholet. — (Brumaire) à Francastel, promesse d'un convoi de cent hommes et deux cents femmes .... *Ça ira.* — 27 brumaire au comité révolutionnaire de Nantes....... *Votre ville est entachée de fédéralisme et d'égoïsme.* — Autre, au même comité.. .... *La montagne sainte assassinée par l'infernal fédéralisme.* — (Brumaire) au procureur de Saint-Melaine. – Autres au comité révolutionnaire de Bordeaux, à la commission militaire; à Francastel, le 12 pluviôse an II, pour se justifier des mesures prises. — 16 pluviôse, à la commission militaire. — 17 pluviôse, au commandant de la place d'Angers. — Le 18, à Francastel. — Le 22, au comité révolutionnaire de Thouars. — Le 25, lettre au républicain Félix, par Boniface, qui s'évertue à expliquer le mot *suspect.* — 29 pluviôse, au comité de salut public..... *Crouzac est un traître.... Rossignol un assassin..... les marchands de déroute..... les marchands d'argent.* — 4 ventôse, aux représentants à Nantes. — 11 ventôse, au comité de sûreté générale: *la commission militaire, médecin des aristocrates, juge les fédéralistes..... les généraux de la Vendée..... on a beau couper, il reste toujours une tête.* — 12 prairial, adresse à la Convention; assassinat de Collot-d'Herbois. — 7 thermidor an II, au général Radermaker. — 7 thermidor, au citoyen Drouet, directeur de l'artillerie. — 28 pluviôse, aux représentants du peuple ; dénonciation contre Hudoux et Loizillon.

CHAPITRE XII.

Liste nombreuse des généraux qui ont exercé un commandement dans la Vendée ; conduite inexcusable de Santerre, Rossignol, Crouzac, Ronsin, etc.; plusieurs de ces généraux arrêtés et exécutés. — Cruautés du général Huchet dénoncées à la Convention ; Robespierre patronne ce général et oblige Carnot à lui donner de l'avancement. — Infamies de Turreau désavouées par Billaud-Varennes : déclaration de Bénaben contraire à celle de Billaud-Varennes. — Merlin de Thionville veut que la Vendée soit entièrement dépeuplée Fayau, qu'elle soit incendiée, *et que nul homme, nul animal n'y puisse subsister.* — Défaut d'entente parmi les généraux républicains : incapacité, indiscipline, cause de leurs défaites ; combats de Beaulieu, du Pont-Barré, de Coron ; M Laroche, médecin, assistait à ce dernier. Carrier ose en parler comme d'une victoire remportée par Santerre. — Les autorités administratives sont beaucoup moins coupables ; leur activité et leurs prodigieux travaux. — Dénonciation à Robespierre des gros épauletiers de la Vendée. — Déroute de Dol. — Blessés Vendéens égorgés dans les hôpitaux. — Des prêtres se glissent dans les commissions militaires. — Lettre du 30 ventôse, à Robespierre, *tout est massacré dans la Vendée.* — Lettres atroces relatives aux exécutions de Lyon. — 23 septembre 1793, lettre de Westermann signalant l'ineptie de Rossignol ; ce dernier défendu par Tallien. — 15 frimaire an II, lettre du représentant Gillot. — Cruautés des généraux Danican, Vachot, Rossignol. — 2 frimaire an II, lettre de Danican : *Ah ! grand dieu ! qu'il est difficile de faire le bien !* Il commande les sections le 13 vendémiaire : Phelipeaux l'avait dénoncée. — 4 floréal, lettre d'Angers : *il n'y eut jamais rien d'aussi pervers, d'aussi immoral que tous ces généraux.* — Turreau voulait encore passer 20,000 brigands au fil de la baïonnette. — Proclamation des représentants après la déroute du Mans. — Dénonciation d'un commandant. — Le général G ..... excite aux mesures de rigueur ; il est dépassé par Crouzac. — 3 brumaire an II, dénonciation des autorités de Chalonnes. — 1er frimaire, Francastel à la commission militaire de Saumur : *Le fanatisme ne bat plus que d'une aile.* — 2 nivôse, lettre du même. — 22 frimaire, le district à la Convention nationale ; éloge du représentant Bézard. — 1er nivôse an II, lettre d'un commandant ; prière de faire exercer le couteau national. — Lettre du 3 ventôse, supplice d'*une espèce de père éternel.* — 10 pluviôse, lettre d'un commandant, un Brutus. — 3 floréal, stratagème indigne d'un général. — Lettre du 28 messidor ; le général Vachot se fait accompagner de deux *brigandes.* — Traits de courtoisie et d'humanité.

CHAPITRE XIII.

Manières rudes et grossières des membres des comités, des tribunaux, etc., etc.; ils s'appelaient Brutus, Tell, Sidney, Mucius, etc.; leur cynisme, leurs débauches ; une jeune fille fusillée pour leur avoir résisté ; la femme Janin, victime de leur brutalité ; elle meurt peu de temps après. — Dilapidations, caves d'émigrés saisies et pillées ; près de 2.000 bouteilles de vin, évaluées 5,206 livres, sont délivrées à Francastel en deux mois et quelques jours. — Comptes de la table de la commission militaire, de l'exécuteur des jugements criminels. — Frais de fusillades. — Traitement des palefreniers. — Vente de biens d'émigrés, d'objets d'histoire naturelle saisis chez le vitrier Avril. — Lettre d'Avril fils sur la mort de Beaurepaire ; s'est-il suicidé ? — Détournements dans les fournitures des armées. — Dévastation et pillage des églises. — Carrier ; son sérail. — Dénonciations prescrites comme un devoir sacré. — La trahison encouragée et récompensée. — Actes de cruauté de Nicolas, coureur de Vacheron. — Femmes qui devaient être mises en liberté, fusillées par erreur. — Marat-Boussac ; *il serait étrange qu'on l'appelât buveur de sang*. — Jugement de la démagogie par Robespierre lui-même ; il aspirait, ainsi que Marat, à la dictature.

CHAPITRE XIV.

Les fêtes instituées par la République, dans le temps même des persécutions religieuses, indiquent le besoin pour tous d'invoquer la divinité. — Proclamation du maire d'Angers : *il existe un être suprême et notre âme est immortelle;* devise des angevines. — Fêtes de la liberté, buste de Marat porté par six hommes sur des brancards à l'antique. — Fête des époux, de la jeunesse, du 21 janvier, etc. ; hymne de Lebrun à Lyon. — Il y avait aussi des fêtes républicaines au Mans où l'on organisa même des chœurs religieux ambulants. — A Angers, on cherchait à donner un air de fête aux exécutions en masse. — Julien-Lindor, tambour-major du 4e bataillon ; ses sauvages démonstrations. — La Reveillère-Lepaux ; sa ridicule *théophilanthropie*, sa rare probité. — Le comité décide qu'il serait *impolitique* d'arrêter tous les habitans de Rablay, Beaulieu, Saint-Lambert, etc. Il décrète l'arrestation de tous les *suspects* sur la rive droite de la Loire, depuis Savenières jusqu'à Ingrandes. — Décret pour dons de chemises. — Les représentants invitent le *guillotineur* Ance à dîner avec eux. — Réclamation des bustes de Marat et Lepeltier. — Pièces diverses. — Le comité de Thouars à la commission militaire. — Lettre de Coulonnier. — Supériorité des français (Billaud-Varennes). — Lettres de Rossignol, de Brutus-Thierry. — Martin-Lusson nommé membre de la commission militaire : *il ne peut abandonner sa boutique*. — Bouchotte ministre de la guerre : *il vaut mieux des patriotes que des scientifiques*. — Tête de Brutus découverte à Herculanum. — La cavale malade..... Les chevaux du comité révolutionnaire. — Lettre de la société populaire de l'île de la montagne (Noirmoutiers) à la commission militaire ; réponse de celle-ci ; suite. — Août 1793, arrêté relatif aux pièces de théâtres. — Le comité veut avoir un archiviste pour *exécuter tout ce qui peut appartenir à l'essence de ce mot archiviste*. — Pétition des maîtres perruquiers. — Guémas réclame le prix de quatre bœufs ; il est arrêté. — Vers du sieur Brémont sur la confiscation. — Baptême fait par l'évêque

CHAPITRE XV.

CHAPITRE XVI.

Angers, imp. E. Barassé.